EL NOTTINGHAM FOREST DE
BRIAN CLOUGH

DE LA SEGUNDA DIVISIÓN A BICAMPEÓN DE EUROPA EN 1000 DÍAS

LORENZO GUARNIERI

El Nottingham Forest de Brian Clough / Lorenzo Guarnieri. - 1a ed. - LIBROFUTBOL.
com, 2021.
 252 páginas; 15,2 x 22,9 cm.

 ISBN 978-987-3979-58-3

1. Fútbol. I. Título.
CDD 796.33409

**EL NOTTINGHAM FOREST DE BRIAN CLOUGH - DE LA SEGUNDA
DIVISIÓN A BICAMPEÓN DE EUROPA EN 1000 DÍAS**
de Lorenzo Guarnieri

Maquetación: Luciano Medvetkin
Diseño de cubierta: Luciano Medvetkin
Foto del autor: © Lorenzo Guarnieri
Fotos de portada: © Bob Thomas Sports Photography

LIBROFUTBOL.com
Olga Cossettini 1112 - oficina 8F - Ciudad de Buenos Aires -
Argentina
ediciones@librofutbol.com - whatsapp +54 9 11 2215 1982

1ª edición: marzo 2021

ISBN 978-987-3979-58-3

ÍNDICE

PRÓLOGO

Estaba ahí. Parada como raras veces la habían fotografiado alrededor de Europa en las noches de fin de mayo, cuando las grandes estrellas del fútbol la besaban y la levantaban hacia el cielo.

Esos 74 centímetros de altura y 11 kilogramos de peso asomaban en la mesa de la sala de prensa del City Ground de Nottingham ante el asombro de todos los presentes. Periodistas y camarógrafos la observaban y fotografiaban casi con desconcierto. "Tenemos que despedirla con elegancia". Y luego de pronunciar esas palabras, el entrenador Brian Clough brindó con champán para dar el último saludo a los días de gloria, como si en ese preciso momento supiera que nunca más en su vida volvería a pisar esa competición.

La Copa de los Clubes Campeones de Europa se mostraba con el melancólico semblante de una reliquia de la historia. El Nottingham Forest, bicampeón europeo de las últimas dos temporadas, había quedado eliminado de la edición 1980/81 de la Copa de Europa en primera ronda. Su verdugo había sido el CSKA Sofía de Bulgaria, que había superado al Forest con un doble 1-0. Era el final de una época y de un dominio inesperado. De manera aún más inesperada había conocido su abrupto final.

Ahora que en octubre de 1980 el Nottingham Forest había frenado su marcha sobre Europa, Brian Clough, hacedor de ese fantástico ciclo de victorias, tomaba finalmente real dimensión de lo que había plasmado y sujetado por tanto tiempo en sus manos. Era un poco como si Napoleón, el día después de la derrota en la batalla de Waterloo, hubiese celebrado en honor a sus tropas por la vapuleante avanzada que éstas habían desplegado sobre el Viejo Continente, a pesar de la caída que estaba a punto de desmembrar todas sus conquistas.

***

En mayo de 1978, después de que Nottingham Forest se convirtiese en el sorpresivo y flamante campeón del fútbol inglés, Clough participó en un programa de televisión como panelista, como era costumbre desde hacía por lo menos diez años.

Liverpool acababa de coronarse por segundo año consecutivo campeón de Europa. Para el Forest las competiciones UEFA eran un terreno desconocido, pero por cierto no para Brian Clough. La perspectiva de jugar la Copa de Europa no le amedrentaba de ningún modo, pese a que pocos de sus dirigidos tuviesen previa experiencia en ese tipo de competición. Clough conocía ese territorio: en 1972/73, al mando de Derby County, había llegado al umbral de la final de la Copa de Europa perdiendo una polémica semifinal ante la Juventus de Italia, favorita probablemente por el árbitro en el encuentro de ida.

Tan pronto como el presentador del programa le alcanzaba la copa conquistada por Liverpool, Clough no tenía ningún empacho en agarrarla. La observaba y estudiaba con sus manos y su mirada como si se tratase de algún espécimen extraño o planta exótica.

En aquella oportunidad, el periodista le preguntó: "¿Cuál es tu sensación, Brian, de tenerla entre tus manos?", con la clara intención de enfatizar la grandeza e importancia del trofeo. Entonces Clough respondió: "Definitivamente está muy pesada". Y agregó: "Pero si podremos ganarla al final de la próxima temporada será como levantar una pluma. Me gustaría que selláramos nuestro nombre sobre ella".

Y el presentador continuó entre risas: "Bueno, entonces, Brian, ¡sujétala bien!", poco persuadido por las palabras del técnico y con escasa confianza en torno a las chances del Nottingham Forest de lograr el anhelado triunfo.

Ahora, pasados dos años y medio desde aquel momento, las imágenes de aquel encuentro cercano con la Copa de Europa en el estudio televisivo revolvían en la mente de Clough. Asimismo, lo hacían los recuerdos de las 18 batallas que lo condujeron desde la provincia central de Inglaterra a dominar todo un continente.

Trayendo el cáliz de champán a sus labios, Brian Clough finalmente tomó un trago. Por un lado, tenía el amargo sabor de la derrota, pero en el cual quizás por primera vez deleitó por completo su paladar con la grandeza del imperio que había sabido construir.

CAPÍTULO 1

EL MÁS GRANDE QUE JAMÁS DIRIGIÓ A LA SELECCIÓN DE INGLATERRA

"Hoy es un día grande e histórico para el club de Nottingham Forest. ¿Por qué? ¿Cómo por qué? Es obvio, porque ahora me tienen a mí como manager del club". Sin la mínima modestia o temor en resultar soberbio, Brian Howard Clough se presentaba ante los periodistas e hinchas en el City Ground, campo de juego y sede del club de fútbol de Nottingham Forest. Lucía las licencias del profeta, de un santo capaz de cumplir milagros, del hombre que como alquimista podía volver en oro el rústico metal. Si bien era ya reconocido desde hacía unos años como uno de los mejores técnicos ingleses, Clough no estaba tomando las riendas de un equipo de Primera cuya ambición fuese la de salir campeón nacional o pelear para conseguir alguna copa doméstica o internacional.

Ese 6 de enero de 1975, cuando la temporada del fútbol inglés ya había recorrido la mitad de su itinerario, el Nottingham Forest era un equipo provincial, olvidado, apagado, donde hasta la utilería escaseaba y, por encima de todo, hundido en la zona de descenso de la Segunda División de Inglaterra, categoría en la que el Forest yacía desde hacía tres temporadas. Ese día de comienzo del año en Nottingham, como en el resto de Inglaterra, era una fría jornada de invierno. Gran Bretaña aún estaba en shock por el fallido intento de asesinato del primer ministro Donald Heath. La inflación había aumentado en el último año en más del 30%, mientras que una señora de mediana edad llamada Margaret Thatcher se aprestaba a convertirse en la líder del Partido Conservador.

Entre amenazas de bombas de los separatistas irlandeses en todo el Reino Unido, la incursión en las radios del cover de Lucy in the sky with diamonds de Elton John y la espera delante de la tele para un nuevo capítulo de la serie

"Coronation street", la estallante noticia de aquel día era justamente la asunción de Brian Clough como director técnico de Nottingham Forest. Por un lado, era una tajante sorpresa: Clough había dirigido entre 1967 y 1973 al Derby County, club archienemigo de Nottingham Forest, logrando para ese equipo el primer título de campeón en el fútbol inglés en la temporada 1971/72 . Además, apenas unos cinco meses antes había dirigido -si bien durante unos escasos 45 días- al poderoso Leeds United, el mejor club de Inglaterra de la primera mitad de esa década.

¿Cómo entonces podía ahora Clough recalar en la Segunda División, en un club que además de ser el más grande rival de la ciudad que lo había idolatrado estaba estancado en el fondo de la tabla desde hacía tres temporadas? Interesante interrogante, pero no sorprendente. De hecho, el Derby County, con el que Clough había cosechado el laurel más importante de su carrera, era un equipo que él había rescatado y forjado al calor de la segunda categoría del fútbol nacional. Aún después de haber sido despedido por esa institución a mitad de 1973 en controvertidas circunstancias, el técnico, no obstante, había decidido sin demasiados empachos bajar hasta la Third Division para dirigir al modesto Brighton & Hove Albion.

La historia del Nottingham Forest a partir de ese día daría un giro cuyas consecuencias eran a esa altura totalmente impredecibles. Una transformación de la cual el principal responsable era ese hombre que ya la avizoraba en ese frío día de invierno.

A Brian Clough nunca le había gustado quedarse callado, disimular sus pensamientos y expresarlos con medios términos. Esa actitud siempre había sido su incondicional forma de ser, un aspecto que no solo le traía salva de críticas de sus rivales, advertencias de los directivos de sus clubes y de la federación, sino también la tapa de diarios o, en su defecto, de la sección deportiva de éstos. Los periodistas lo veneraban, porque con sus palabras Clough era para ellos una inagotable mina de oro, fuente de oraciones jamás banales con las que siempre tenían material disponible para armar notas altisonantes. Su locuacidad y espontaneidad, sin embargo, le jugaron también en contra en aquellos años en los cuales Clough, en lugar de dirigir, se encontraba al otro lado de la línea de cal apilando goles sin parar.

ABAJO AL NORTE

Antes de ser entrenador y convertirse en lo que irónicamente se conoció como "el mejor DT que jamás dirigió a la selección de Inglaterra", Brian Clough había sido entre la mitad de los años 1950 y los primeros de la siguiente década un famélico e imparable goleador de la Segunda División, la segunda categoría nacional. En total fueron 265 los goles que anotó en

296 encuentros jugados: 202 en 222 partidos con Middlesbrough y luego 63 tantos en 74 encuentros con Sunderland. Una carrera desarrollada en el profundo noreste de Inglaterra, esa región que casi linda con Escocia y donde el acento de Cambridge y Oxford ya se ha disipado hasta casi desaparecer.

Middlesbrough fue la primera etapa futbolística de Brian Clough, porque esa fue la ciudad donde vio la luz un 21 de marzo de 1935 y donde desde luego vivió hasta pisar una cancha de fútbol. Hijo de Joseph, empleado y luego gerente de una fábrica de golosinas, y de Sarah, una ama de casa, Clough se crio en una humilde vivienda obrera de ladrillos rojos ubicada en Valley Road 11. Junto a él compartían el espacio de esa council house otros siete entre hermanos y hermanas. "Middlesbrough, especialmente en tiempos de guerra y en los años sucesivos, no debió ser el lugar más atractivo del mundo, pero para mí fue el paraíso. Poquísimas cosas en mi vida me han dado más placer que anotar goles o ganar copas con mis equipos: una de ellas por cierto fue la sonrisa constante que tenía mi madre. Si amé al lugar donde he nacido y donde me he criado, probablemente fue sobre todo por ver a mi madre trabajar duro para criar a ocho hijos, de la mañana hasta la noche, como no vi trabajar a nadie, pero siempre lista para sonreír y hacerme sentir importante".

Para Brian Clough fueron duros los primeros años de vida. Si bien durante la Segunda Guerra Mundial Middlesbrough no padeció los martilleantes y devastadores bombardeos de las V-2 que pondrían en jaque Londres o las pesadas incursiones aéreas como la que en 1943 arrasaría a la ciudad de Coventry, también la tierra natal del pequeño Brian cayó bajo el fuego de la Lutwaffe nazi: el 3 de agosto 1942 a las 12 horas de Greenwich los aviones de caza alemanes atacaban a Middlesbrough, bombardeando la estación ferroviaria y centenares de edificios adyacentes. El saldo de ocho muertos provocado por el ataque no representaba evidentemente el momento más álgido de la Segunda Guerra Mundial, pero daba una vez más cuenta de la brutalidad del conflicto que el mundo conocía en esos años dramáticos.

Así y todo, Brian Clough disfrutaba en sus primeros años de los momentos placidos típicos de la vida infantil, aunque la estricta prohibición de salir al aire libre "hasta que las tejas de los techos no estén secas" era algo muy limitante para un niño que crecía en el noreste de Gran Bretaña. También la observación de un día de descanso completo y abstención desde toda actividad lúdica los domingos para estar junto al resto de la familia, era otro factor que no dejaba mucho margen para dedicarle un buen tiempo al juego. Además, ni siquiera la práctica deportiva organizada en días hábiles era una opción para el pequeño Brian: su escuela -así como la mayoría de las escuelas públicas de la ciudad- carecía de estructuras deportivas, ergo no había horas dedicadas al deporte de lunes a viernes en el ámbito

escolar. La única verdadera actividad informal a la que hasta los 11 años se dedicaría Clough era la de correr detrás de los carteros que se movilizaban con sus bicicletas.

UNA PELOTITA PARA BRIAN

¿Cómo es entonces que un niño que vio tan poco la pelota de fútbol durante su infancia terminó convirtiéndose en uno de los mayores goleadores en la historia de la liga inglesa? Hasta los 15 la experiencia futbolística de Clough se resumía en ocasionales encuentros jugados con compañeros del colegio, con quienes organizaba esporádicamente picaditos en el Albert Park. La pelota de cuero era para el joven Brian una compañera menos asidua que la pelotita del cricket, su primer amor deportivo. "Habría cambiado tranquilamente el sueño de un gol decisivo en el estadio de Wembley por poder jugar con la selección inglesa de cricket en el estadio de los Lord's ante Australia", relataría años más tarde en sus memorias. En vez de querer ser el nuevo Stanley Matthews, varios de los veranos de su infancia y primera adolescencia transcurrieron con el sueño de imitar al campeón de cricket Len Hutton.

MINERO, CARTERO, AVIADOR

A sus 15 años, Brian Clough, junto a los hermanos mayores Bill, Joe y Des, empezaba a jugar para el Broughton Rovers, un pequeño club local. El tiempo dedicado al deporte le pasaba factura con el estudio: al tiempo que comenzaba a jugar con el Broughton, Clough abandonaba sus estudios. Desde luego sus padres le habían recomendado buscarse un trabajo, sugiriendo al hijo un empleo en el ICI, la compañía minera local, donde Brian fue contratado al poco tiempo.

Sin embargo, viajar hacia las entrañas de la tierra no resultaba ser algo muy seductor para el joven Clough, quien luego de unos pocos meses abandonaría ese trabajo, aterrorizado por el solo hecho de pensar en ese mundo oscuro de donde se extraía el carbón. Acto seguido, decidió trabajar como cartero. Ese oficio había inspirado sus primeras hazañas atléticas cuando perseguía corriendo a sus predecesores. Ahora en cambio, arriba de la bici, podía a su manera mantenerse en condición entregando cartas y paquetes a lo largo y a lo ancho de la ciudad.

El comienzo de su actividad laboral no era igualmente un impedimento para continuar anotando goles. En 1951, luego de haber jugado en el Billingham Synthonia, había llegado el momento de dar el gran salto: a los

16 años, Brian Clough entraba en los juveniles de Middlesbrough. Aquí no tenía el tiempo suficiente para destacar todo su potencial. En 1952 llegaba el llamado a las armas.

La Segunda Guerra Mundial era afortunadamente apenas un triste recuerdo, pero Europa, dividida entre el bloque occidental por un lado y soviético por el otro, estaba aún consolidando su paz y en todos los países el servicio militar era obligatorio.

Clough fue asignado en principio al cuartel general de la Fuerza Aérea Real (RAF) de Padgate, cerca de Manchester, un lugar relativamente próximo a Middlesbrough, lo cual le posibilitaba volver de vez en cuando durante el fin de semana y sumarse al equipo. Luego desde allí fue trasladado cerca de Bristol, en el sudoeste del país, que por el contrario le habría obligado a un viaje de al menos dos días para ir y venir, imposibilitando de hecho su continuidad con el Boro.

APARECE UN AMIGO

Terminada la leva obligatoria, en 1953 Clough volvió a Middlesbrough. Las cosas en su club no eran para nada fáciles: un año y medio bajo las armas le habían quitado mucho tiempo para dedicarse a lo que más amaba. Pasarían todavía dos años para que Brian debutara en la primera de Middlesbrough. Bob Dennison, el entonces DT del Boro, no se daba cuenta de lo que el fútbol de Clough podía traerle a su equipo.

Llegaba así el verano de 1955 y un encuentro cambiaría indefectiblemente la vida de Clough. Peter Taylor era el arquero suplente del equipo de Middlesbrough. Había nacido, vivido y dado sus primeros pasos futbolísticos en Nottingham, casi una señal del destino en esta historia. Al lado de Brian Clough tanto en Derby County como en Nottingham Forest jugará un papel fundamental, encontrando a talentosos futbolistas para construir los dos equipos ganadores. Pero su primer verdadero descubrimiento fue el hombre con quien en calidad de asesor técnico treparía hasta las más altas cumbres de gloria. Fue el sábado 6 de agosto de 1955 cuando estos dos hombres cruzaban finalmente sus caminos. Clough era la cuarta opción para la posición de 9 en Middlesbrough, en tanto que Taylor, de 26 años, se había convertido en flamante arquero suplente de la reserva, contratado unos días antes desde el Coventry City.

Ese día jugaban juntos algunos minutos en un amistoso entre titulares y suplentes de Middlesbrough: hasta treinta eran los jugadores presentes para ese encuentro. Esta era la razón por la cual el DT Bob Dennison hablaba

abiertamente de "podar las ramas secas", pues no habría lugar para todos en la temporada 1955-56.

En los últimos veinte minutos de ese partido, Brian Clough hacía su ingreso a la cancha. Nada trascendente, a partir del mero hecho que no anotaría ningún gol. Sin embargo, había alguien que quedaba impresionado por la agresividad y la manera frontal de atacar que mostraba ese joven de 20 años: "Ey, pero ¿ustedes tienen idea de quién es el muchacho ese que entró jugando de 9 en los últimos veinte minutos?". A Peter Taylor no le habían sido indiferentes las jugadas y los movimientos de Clough, pero en principio nadie hacía caso a su asombro en el vestuario. Después de todo, la opinión general sobre el nuevo delantero no era muy positiva en los comienzos: "No pone el suficiente compromiso en la cancha", arrojaba un informe del cuerpo técnico de la reserva. Dicho informe había sido elaborado por Jimmy Gordon, ayudante de campo del segundo equipo de Middlesbrough. Los años sucesivos lo obligarán a rever su opinión y además la comunión entre él y Clough devendrá tan grande que cuando éste se convertirá en técnico hará de Jimmy Gordon uno de sus ayudantes de campo en Derby, Leeds y Nottingham.

***

Luego, un día de fin de verano, Taylor se acercaba a Brian Clough: "La verdad no entiendo lo que pasa aquí: eres el mejor jugador en el club y así y todo sigues como suplente, ¿por qué será eso?". Demás está decir que Clough conocía una respuesta de su propio estilo a la observación de su colega. Pero no era ese el punto. Ahora sabía que no era él el loco que se creía más de lo que realmente valía. Sabía que alguien estaba de su lado, que apoyaba su anhelo a la titularidad. Nacía así, de a poco, una amistad entre los dos que se tornaría indisoluble. Una vez que terminaban los entrenamientos, las tardes de Clough y Taylor se poblaban de almuerzos a base de fish&chips, reuniones en casa de Peter y charlas sobre fútbol, política (ambos de extracción proletaria cercanos al Partido Laborista) y más fútbol todavía. Empezaba de esta manera a consolidarse con el pasar de las semanas y de los meses un vínculo que perduraría durante más de un cuarto de siglo.

EL ROMPERREDES

Brian Clough se abría camino finalmente hacia su debut en el primer equipo de Middlesbrough. Su bautismo profesional llegaba ya entrado el nuevo año, el 21 de enero de 1956, cuando el Boro jugaba de visitante ante Barnsley. No es, sin embargo, por los goles anotados que su debut tendrá consecuencias a largo plazo en su carrera en el fútbol, especialmente sobre su trayectoria como técnico. Ese día antes de pisar la gramilla, el DT del equipo, Bob Dennison, así alentaba a la nueva incorporación: "Bueno, ahora querido te toca a ti demostrar si puedes". Una frase quizás circunstancial, obvia, pero que a Clough le generaba mucha incomodidad y una mala predisposición hacia su primer encuentro. En su biografía, el exDT recordaba que "no era esa la frase que quería escuchar". El todo pareciera un momento totalmente inocuo, de alguna manera la frase podría resultar inocente. Por el contrario, Clough se había sentido sobrecargado con mucha presión, que en ese primer compromiso lo dificultaba en el juego, donde por ende no terminaba de cumplir con el mandato de vencer la valla contraria. No por eso las oportunidades se cortaban ese sábado: durante el resto de la campaña bajaba a la cancha en ocho ocasiones más, cosechando sus primeros tres goles con la camiseta rojiblanca. Pero el episodio de su debut inculcaba en Brian Clough un fuerte convencimiento que tendrá en cuenta siempre durante su experiencia como máximo responsable técnico: siempre alentar al jugador y nunca, nunca, por ninguna razón, echarle encima inútilmente algún tipo de presión, alejarlo lo más posible de toda fuente de ansiedad. Será ésta una clave fundamental de sus futuros éxitos dirigiendo desde el banco.

***

A partir del otoño boreal 1956 y hasta la primavera de 1961, Brian Clough se convertía en un huracán que por donde pasaba dejaba destrozos. Este el resumen de sus restantes cinco temporadas en Middlesbrough:

- 1956-57 > 40 presencias y 38 goles en Segunda División; 3 presencias y 2 goles en FA Cup.

- 1957-58 > 40 presencias y 40 goles en Segunda División; 2 presencias y 2 goles en FA Cup.

- 1958-59 > 42 presencias y 43 goles en Segunda División; 1 presencia sin goles en FA Cup.

- 1959-60 > 41 presencias y 39 goles en Segunda División; 1 presencia y 1 gol en FA Cup.

- 1960-61> 40 presencias y 34 goles en Segunda División; 1 presencia sin goles en FA Cup; 1 presencia y 2 goles en Copa de Liga.

Casi sin necesidad de desplegar las cifras, era una ironía que un equipo que podía contar con un goleador de la talla de Clough, que en cinco temporadas anotó casi 200 goles, tuviera tantos problemas defensivos. Por eso, pese a que Clough apilase goles como caramelitos, Middlesbrough permanecía constantemente en Segunda División.

Por esos años, Brian Clough ganaba dos veces el título de máximo artillero de la categoría, finalizando siempre en los primeros tres lugares de la clasificación. Clough era, sin embargo, un joven ambicioso, consciente de su nivel y, no por nada, pese a jugar en un equipo de Segunda División, había sido convocado en 1959 por la selección de Inglaterra. El atacante no escondía su malestar para con el juego defensivo de sus compañeros: el 22 octubre 1960, luego de un empate de visitante por 6-6 en Londres contra el Charlton Athletic (partido en el que Clough había anotado un hat-trick), el delantero preguntaba irónicamente en el vestuario: "¿Cuántos goles más tengo que anotar para ganar de visitante?", agudizando las diferencias que ya existían entre él y el resto del plantel, con la clara excepción de Peter Taylor.

EN SUNDERLAND

Tanto por sus enfrentamientos con el resto de los jugadores, así como por su disconformidad con el nivel del equipo, Clough en reiteradas oportunidades había pedido ser transferido a otro club con el que pudiese tener la chance de ascender y jugar en la máxima división. Sus deseos se cumplirían en el verano boreal de 1961: una vez finalizado el crucero de luna de miel con su flamante esposa Barbara, Clough, desembarcado en Southampton, se encontraba con el entonces manager de Sunderland, Alan Brown, quien le proponía pasarse al equipo rival. El acuerdo llegaba a los pocos días y Brian Clough seguiría apilando goles también en Roker Park. Eran menos los festejos en su primera temporada con Sunderland, 29, aunque en un número menor de encuentros jugados, 34.

En cuanto a la idea de que con Sunderland las chances de ascender habían aumentado, el resultado final del año le daba la razón a Clough: el club de Roker Park finalizaba la campaña de Second Division 1961/62 en el tercer lugar con 53 puntos. Sin embargo, esa cantidad no permitía a los Gatos Negros lograr el ascenso, ya que solamente los primeros dos promocionaban y el Leyton Orient, dueño final del segundo puesto, había terminado con 54 unidades. Era un torneo aquel donde además jugaba el Liverpool, campeón con 62 puntos, en cuyas filas militaba Roger Hunt, goleador de ese campeonato y cuatro años más tarde campeón mundial con la selección de Inglaterra en Wembley.

El comienzo del torneo 1962/63 era alentador y renovaba las ilusiones de ascenso. El 22 de diciembre 1962, luego de ganar de local 2-1 ante Leeds United, el Sunderland se encontraba después de 23 fechas con 31 puntos en el segundo lugar, con tres de ventaja sobre el tercero. Brian Clough había vuelto a coleccionar goles con un promedio superior a uno por encuentro, pues su cosecha a esa altura señalaba 24 gritos en su haber. Sin embargo, justo en ese momento de entusiasmo llegaba el día que cambiaría para siempre su vida.

LA PESADILLA LUEGO DE LA NAVIDAD

26 de diciembre 1962. Boxing Day en Inglaterra. En ese día post navideño, Sunderland jugaba de local en Roker Park ante Bury. Las condiciones meteorológicas eran particularmente desafiantes, con nieve y un frío picante como suele haber en Inglaterra durante los últimos días del año. "Fui a buscar un pase en profundidad y de repente el arquero de Bury, Chris Harker, salió desesperadamente para anticiparme y su hombro izquierdo chocó violentamente con mi rodilla derecha. Caí en el piso y de ahí en la oscuridad...".

Rotura de los ligamentos de la rodilla. Una lesión de la cual décadas después futbolistas del calibre de Paul Gascoigne y Francesco Totti supieron recuperarse con asombrosa celeridad, pero que en la primera mitad de los 1960 significaba en la grandísima mayoría de los casos el fin de la carrera.

Para Brian Clough era el comienzo de una pesadilla. El fantasma del final de su carrera voltearía sobre su existencia durante meses. Primero, en la cama del hospital -donde luego de la cirugía quedaría internado más de cuatro semanas-; después, en casa junto a su esposa Barbara. ¿Qué sería de su vida sin el fútbol? O, cuanto menos, ¿qué sería de ella sin el fútbol jugado? Tarde o temprano es un interrogante que a cada profesional se le presenta: muchos hoy quedan atados a este universo en las más disparadas formas, ya sea como técnicos, representantes, observadores, dirigentes, asesores técnicos. Pero en ese entonces no era tan obvia como opción y seguramente a Clough no le agradaba la idea de separarse tan pronto de esa religión del gol que predicaba tan asidua y brillantemente: "No existe absolutamente nada que sea igual de lindo que jugar. Sobre todo cuando uno es muy bueno haciendo lo que más le gusta ver a los hinchas", recordaba Clough en su autobiografía.

Era durante esos meses de incertidumbre y pesadumbre que el atacante oriundo de Middlesbrough hacía un encuentro que también marcaría a fierro y fuego su carácter, que durante su carrera de entrenador tendría incluso bizarras aristas en su gestión grupal. Un encuentro, sin embargo, que años más tarde terminará destruyendo su vida. No se sabe a ciencia cierta cuánto bebió Brian Clough durante esos 20 meses. Para ello hay que remitirse a lo que relataba en su autobiografía, donde daba cuenta de haber incorporado la costumbre de "un trago de brandy una o dos veces

por semana" para anegar las congojas de una carrera y una vida que parecía estar hecha pedazos.

Sin embargo, Clough era un luchador duro a morir. En esos meses seguía apretando los dientes y por el verano europeo de 1963 había vuelto a correr y entrenarse por su cuenta. Su tenacidad y esfuerzo le permitían finalmente reincorporarse al primer equipo de Sunderland para la temporada 1964-65. En ese momento, el club norteño había logrado el ascenso a la First Division. Clough disputaría en la máxima categoría tres partidos, anotando incluso un gol. Pero en la misma opinión del futuro técnico, aquel retorno era "un vano intento de volver a algo que ya estaba enterrado para siempre". A los 29 años, Brian Clough colgaba los botines después de menos de diez años de carrera profesional. Sin embargo, su grandeza en el mundo del fútbol recién estaba a punto de comenzar.

¿QUÉ HACER?

A mitad de la década de 1960, Brian Clough con sus 30 años y mucha frustración se encontraba ya en la condición de exfutbolista, convencido de que el destino le había dado la espalda y que como centrodelantero había sido un genio incomprendido. Quienes sí en cambio veían reconocida su genialidad en esos rugientes años 60 eran cuatro muchachos de Liverpool que estaban literalmente transformando la historia de la música pop: sus nombres John Lennon, Paul McCartney, George Harrison y Ringo Starr, para todo el mundo The Beatles. Varias canciones como Love me do, Please please me y I wanna hold your hand habían desatado alrededor del mundo la Beatlemania, la cual ya parte de la vida diaria de esa Inglaterra que se encaminaba rumbo al verano de 1966 y que hospedaría la octava edición de la Copa del Mundo.

Pese a las angustias por el futuro profesional incierto, Brian Clough tenía en esa época también motivos para sonreír: en Sunderland nacían Simon, en 1964, y Nigel, en 1965, sus primeros dos hijos. El imperativo, ahora que tenía a una descendencia, era encontrar un trabajo en el fútbol. Pese a que nunca en su vida le habían faltado convicción y fuerza, siendo ya un hombre sin pelota al pie, su confianza no era la misma ante la idea de dirigir.

"PODÍA DIRIGIR"

La ocasión le vino dada de la mano de Sunderland a comienzos de 1965, cuando le propuso conducir a los juveniles.

Un inicio casual, pero a fin de cuentas exitoso. Su primer equipo de jóvenes de repente lograba una importante seguidilla de resultados. Sus primerísimos dirigidos manifestaban cierto bienestar junto a Brian Clough: los jugadores llegaban al campo de entrenamiento y lo abandonaban dos horas después habiendo estado constantemente en contacto con el balón. Ejercicios con la pelota, disparos, gambetas a los conos, partiditos a cancha reducida, tiros libres, controles aéreos con pies y cabeza, cambios de frente y todo lo que se pueda imaginar. ¿Gimnasia? ¿Carrera? Poquísimo. Casi nada.

Brian Clough desde el principio remaba contra las tendencias que predominaban en la Inglaterra de esos años, donde primaban técnicos que dedicaban mucho espacio a la parte atlética, a veces con criterios que eran muy difíciles de comprender: "Muchos entrenadores sostenían en esos años que si los jugadores están en contacto excesivamente con la pelota se aburren y luego el fin de semana no tienen las mismas ganas de buscarla en la cancha. Una cosa bastante estúpida. ¿Acaso es por haber estado lejos de sus instrumentos durante días o semanas que los grandes músicos logran componer grandes melodías?", recordaba Brian. Para Clough era más bien aburrido correr muchas vueltas con cambios de ritmo, efectuar piques en velocidad o hacer muchas flexiones y abdominales.

Era sobre todo esta innovadora propensión a hacer casi únicamente hincapié en la técnica que hacía de Brian Clough una opción atractiva para las categorías inferiores del fútbol inglés. En la primavera tardía de 1965, el exatacante había completado además el curso nacional de Durham, consiguiendo el carnet de entrenador profesional para dirigir en la liga.

El otoño de ese año marcaba el definitivo giro hacia el nuevo cometido de su vida: el primer equipo profesional que le ofrecería un contrato era el Hartlepool United, club de la Fourth Division, la cuarta categoría nacional.

Pese al pobre nivel del equipo, aquella era para Clough una ocasión imperdible. Faltaba igualmente una pieza para completar el despegue hacia su nueva vida: "Podía dirigir. Sabía en el fondo que podría convertirme en un gran técnico. Aunque mi madre siempre me recordaba que más allá del fútbol no tenía nada. Entonces, era menester asegurarme que todo estuviera en orden y, sobre todo, para dar comienzo a mi aventura, que no faltara él a mi lado".

REUNIDOS EN HARTLEPOOL

"Hola, Peter, soy Brian. Mira, me ofrecieron un contrato para dirigir un año al Hartlepool. Si tienes ganas de unirte como asistente, serás bienvenido".

El llamado terminaba así, sin que Peter Taylor pudiese siquiera replicar a esa invitación. Luego de unos minutos, el exarquero de Middlesbrough volvía a llamar a su viejo compañero de equipo, comunicándole que aceptaba, a pesar de dejar un buen contrato que tenía en ese momento con Burton Albion, el club que dirigía desde hacía dos años. Como se puede apreciar, en 1961, los caminos de Clough y Taylor se habían apartado: Clough había embocado la senda que llevaba a Sunderland, siempre allá para el noreste; Peter Taylor, al contrario, había vuelto más cerca de su casa de Nottingham, a Stoke on Trent, donde se quedaría un año con el Port Vale. En 1962, mientras Clough se encaminaba hacia la lesión que terminaría su parábola, Taylor había arrancado su carrera de DT con Burton Albion, un conjunto de Burton upon Trent, que militaba en ese entonces en las ligas regionales del Derbyshire, a nivel amateur. A pesar de ganar muy bien por el contexto donde dirigía (160 libras por mes de ese entonces era una muy buena cifra para vivir) y sabiendo que en Hartlepool como asistente de Clough no habría podido acceder al mismo sueldo, Taylor sabía que hasta tanto fuera técnico en las categorías inferiores, llegar a la League era prácticamente imposible. Por eso el llamado de su viejo compañero se presentaba en ese otoño de 1965 como una ocasión irrenunciable.

Esa primera experiencia como director técnico profesional se le presentaba como un tobogán ideal para Brian Clough. Hartlepool es una muy pequeña ciudad de la costa nororiental de Inglaterra, que a mediados de los años 1960 atravesaba todavía una fase de depresión económica: "La verdad no me gusta este lugar", declaraba Clough en su presentación. No era precisamente una declaración de amor, pero asimismo era una ciudad costera ubicada a menos de 15 kilómetros de Middlesbrough y a unos 30 de Sunderland, adonde Clough tenía desparramadas a su familia. Sobre todo, el Hartlepool United era un club en ese momento sin mayores ambiciones, siendo su único objetivo mantener la categoría.

En 1965-66 la misión se cumplía con un toque de sufrimiento: Hartlepool finalizaba en el 18° lugar con 40 puntos, a tres de la zona de descenso.

ESE FLAQUITO

La temporada 1966-67 era la que consagraba a Brian Clough como DT emergente en el panorama de los estrategas británicos: Hartlepool United terminaba el torneo en el 8° puesto con 51 puntos, aún lejos de los equipos que promocionaban, pero a fin de cuentas en el lugar más alto de su historia. Ernie Phythian era el primer jugador del club que conquistaba el título de máximo artillero de la categoría, pero otro era el futbolista que sobresalía en el equipo.

Un escocés, muy joven, de apenas 16 años y que hacía menos de dos que había empezado a jugar al fútbol. Una constitución física dócil y un corte de pelo al estilo Mick Jagger, el cual en el primer día de prueba le costó su primer reto de parte de Clough: "Derecho con la espalda, muchacho, y ese pelo córtalo de una vez que te pareces a una nena, ¡¿sí?!". Hijo de un ingeniero que había fallecido en 1960 en un accidente de ruta. Un trágico acontecimiento que lo impulsaba a refugiarse en el deporte: primero en el cricket y en el rugby, y finalmente encantado frente al esférico de cuero. Tanto le gustaba ese objeto redondo que con él transcurría hora tras hora, pateándolo contra un muro, devolviéndolo nuevamente a la pared y dominando las trayectorias que éste dibujaba con sus rebotes traviesos. Una auténtica vocación para el estudio de los impredecibles movimientos del balón, una dedicación que por lejos superaba la necesaria para los libros escolares.

Ante la negativa del director de su escuela a que jugase en Hartlepool, intervino Brian Clough, quien con cierta dosis de prepotencia se aseguraba la incorporación del adolescente. Luego de verlo en acción, Peter Taylor había efectivamente sugerido a Clough "mejor cerrar las puertas de la cancha y no volverlas a abrir hasta tanto no hayas contratado a ese flaquito que juega abierto por la derecha". El flaquito en los años por venir no jugaría abierto por la derecha, aunque se convertiría en el capitán de miles de batallas. Diminuto de físico, pero astuto como pocos con el balón entre los pies. Su nombre era John McGovern. En menos de 15 años sus manos se erigieron gloriosas, levantando sobre los cielos de Europa la Copa de las grandes orejas.

DERBY COUNTY, EL SALTO HACIA LA PRIMERA DIVISIÓN

Año 1967. En la Inglaterra de los campeones del mundo no existía una efervescencia de propuestas para innovar las formas de jugar al fútbol: los paradigmas dominantes en la práctica del deporte eran fuerza física y vigor atlético, que en varias oportunidades desembocaban en partidos disputados al límite del reglamento. La excepción que entregaba algunos destellos de gran juego era el Manchester United del escocés Matt Busby, campeón de Inglaterra ese año y campeón europeo en 1968, con jugadores como Bobby Charlton, Denis Law y sobre todo un muchacho norirlandés que apilaba goles y gambetas pero también muchas mujeres de una noche y aún más tragos en los bares: George Best. Con su cabellera profusa, un flequillo de rockstar y un estilo de vida decididamente poco ortodoxo, encarnaba en el ámbito futbolístico la rebelión de una generación de

veinteañeros que hacia fines de esa década de 1960 se inclinaba hacia una visión de la vida desatada de las convenciones dominantes.

Para Clough y su asistente Peter Taylor era el momento de dar un salto de categoría. En el verano boreal de 1967 desembarcaron en el Derby County en la Segunda División. El Derby County, club de la región de East Midlands, Inglaterra centro oriental, fundado en 1884 y desde 1953 no jugaba en Primera División. En su vitrina la institución lucía una empolvada FA Cup de 1946, aunque quizás la década de 1930 fue la más brillante y en la cual finalizó en dos ocasiones subcampeón del torneo nacional.

La primera temporada con los Carneros (The Rams) fue de afianzamiento: el 18° lugar final con 36 puntos garantizaba una salvación relativamente tranquila.

Fue en esta etapa que Brian Clough empezaba a plasmar el estilo de juego que pregonaría a lo largo de toda su trayectoria. La primera opción era jugar el balón al ras del césped, mantenerlo abajo, sin abusar del juego aéreo: "Si Dios hubiese querido que el fútbol se juegue entre las nubes, hubiera puesto directamente canchas allá arriba", solía decir Clough.

En la temporada 1968-69 llegaría la primera hazaña de su carrera: el Derby County con 89 puntos (tres por victoria) se adjudicaba el título de la Segunda División y volvía en la máxima categoría luego de 16 años de ausencia.

Dave McKay, como armador, explotaba su técnica y visión de juego para prender la mecha, y Alan Hinton era el encargado de inventar pases hacia tres cuartos. Y antes de que la pelota llegase al goleador Kevin Hector, intervenía otro jugador escocés que sería una pieza importante de los años del Nottingham: John O'Hare. Este jugador había sido descubierto por el propio Brian Clough en 1965, durante su breve paso en la conducción de los juveniles de Sunderland. Ni bien llegado a Derby, Clough decidió fichar a O'Hare, quien, con 22 años, una importante estructura física y una elevada capacidad de aguantar la pelota, en principio no logró convencer a los hinchas del County, quienes lo consideraban lento, predecible y en algunas oportunidades un tanto irritante en su endeble dinamismo. Sin embargo, Clough veía en él un futbolista ideal para convertir al Derby County a su nuevo credo: O'Hare era la última mente que pensaba las jugadas ofensivas, en tanto que Kevin Hector era quien se encargaba de cambiarlas por gol.

La dupla O'Hare-Hector sería una de las principales claves de esos años de gloria para los Rams y el escocés -tal como ocurriría con su compatriota John McGovern-, quien era otro pretoriano que seguiría los pasos de Clough de manera casi incondicional, de ahí hasta finales de la siguiente década. Y hablando de McGovern, en 1968, Little John luego de ascender con Hartlepool United a la Tercera División, era adquirido por el Derby County del cual sería una de las columnas durante los próximos cinco años.

UNA OBSESIÓN LLAMADA DON REVIE

En julio de 1969 dos astronautas norteamericanos pisaban el suelo lunar: Neil Armstrong y Buzz Aldrin eran los primeros seres humanos que caminaban sobre un cuerpo celeste externo a la Tierra. Entre tanto, un poquito más abajo en la biosfera terrestre y más precisamente en Inglaterra, el Derby County se preparaba para su primera temporada en Primera División luego de 16 años pasados en el ascenso.

Con la llegada a Primera División, Brian Clough volvería a medirse contra el Leeds United, que por esos años hacía rima con el nombre de Donald Don Revie.

Donald Revie al igual que Clough era originario de Middlesbrough. Nacido en 1927, Revie había empezado su carrera como futbolista en Leicester City en 1944. A lo largo de 18 años, su trayectoria lo había llevado a jugar también con Hull, Manchester City, Sunderland y finalmente, en 1958, Leeds United, institución en la cual terminará su experiencia de jugador en 1962. Ya por 1961, Revie había sumado al papel de futbolista el de manager, cosa que ocurría con frecuencia en el fútbol inglés. Las innovaciones en la organización y gestión eran los elementos principales de su filosofía de trabajo: férrea disciplina, trabajo de fuerza y potencia atlética, elevado apoyo logístico al plantel (de visitante siempre en los mejores hoteles, viajes internos en avión) y minucioso análisis del rival, con expedientes sobre cada jugador del contrincante, para poder neutralizar sus fuentes de juego y aprovechar todos sus puntos endebles. Sin embargo, fue a partir del momento en el que dejó de ser atleta que mudarían las suertes del Leeds United, que desde un mediocre equipo de Segunda División se convertiría pronto en uno de los protagonistas de la liga. En el período que va desde 1964 hasta 1974, coincidente con el retorno a Primera División y el adiós a su técnico, el United no bajaría del cuarto puesto, con dos títulos, cinco subcampeonatos, un tercer puesto y dos cuartos lugares, con el agregado de dos Copas de Inglaterra (y tres subcampeonatos en dicha competencia), una Copa de Liga, una Charity Shield y dos Copas de las Ferias.

Pero ésa era solo una cara de la moneda. La otra exhibía la imagen de un equipo cuyo juego en el grueso de los partidos lo veía cruzar seguido los límites del reglamento, buscando en varias ocasiones el choque duro con los rivales más destacados. La expresión Dirty Leeds, el sucio Leeds, fue acuñada en esa época para describir esta tendencia que tanto menosprecio le traería al conjunto de Yorkshire. Peter Lorimer y Norman Hunter, dos

entre los protagonistas del United de esos años, declararon en varias circunstancias que ellos nunca jugaron duro con el propósito inicial de lastimar a los rivales, sino que esa actitud les nacía porque en general la propensión de los equipos ingleses de los 1960 era la de jugar de esa forma.

Es posible que la idea de Dirty Leeds fuera el resultado de una combinación entre la predisposición común al juego duro que dominaba mayormente en esa época en el fútbol de Inglaterra -por un lado- y, por el otro, el éxito del equipo de Don Revie, constantemente involucrado en la pelea por el campeonato y la copa. Quien contribuiría de todos modos a propalar esta representación de Leeds era el propio Brian Clough.

****

Antes de su vuelta a la máxima categoría, entre el 17 de enero y el 7 de febrero de 1968, el Derby County se había enfrentado en tres ocasiones al Leeds, entre Copa de Liga y Copa de Inglaterra, perdiendo siempre. Más allá de haberle dado a entender a Clough y a Taylor que si su equipo quería crecer necesitaría de algunas adquisiciones importantes (McKay y McGovern llegarían justo ese verano para dicho propósito), esos partidos también le había demostrado al técnico el rostro de un fútbol hacia el cual manifestaría siempre una total e incondicional repugnancia. Fue a partir de esos días que se forjó una hostilidad acérrima contra el Leeds United, que Brian Clough sostenía a través de sus frecuentes apariciones televisivas. El antagonismo entre él y Revie se tornaba más candente a medida que el Derby County trepaba hacia las cumbres del fútbol nacional. Era una obsesión la de Clough para con Don Revie, que algunos años más tarde llevaría al joven entrenador a tomar la decisión más controvertida de toda su vida.

Luego de 16 años pasados en el ascenso, el retorno a la Primera División era casi triunfal para el Derby County, que finalizaba el torneo 1969-70 en el 4° lugar, con 53 puntos (dos por victoria) y 64 goles anotados. Para dar el asalto al título, Clough y Taylor decidían fichar a un jugador escocés desde el Preston North End. Con 23 años y un 1,65 metro de altura, corría tan rápido con pelota dominada que había muy pocos que pudieran aguantar su paso. Su esposa se resistía a que su marido fuera transferido al Derby County, ya que la misma detestaba a Clough, cuyas participaciones en las mesas televisivas sobre fútbol habían dividido a Inglaterra entre amantes y detractores del manager del Derby. La negociación se había vuelto larga y extenuante: Clough y Taylor transcurrieron una noche entera en casa del jugador para convencerlo y recién a la mañana, bowl con leche y copos de maíz mediante, el técnico y su asistente lograban el fatídico sí. Archie Gemmill era finalmente un jugador del Derby County. Seguiría a los dos algunos años después a Nottingham.

A pesar de esta importante incorporación, la campaña 1970-71 se revelaba un fiasco: el 9° puesto final con 42 puntos (11 menos que la temporada anterior) era una harta decepción comparado con el último pirotécnico campeonato. Llegaba desde Sunderland el defensor Colin Todd por 175 mil libras esterlinas, un récord por la época. Sin embargo, era un costo que la sucesiva temporada justificaría plenamente.

EL TRIUNFO

El 1971-72 era el año futbolístico de la definitiva consagración de Brian Clough. El Derby County por primera vez en su historia se coronaba campeón de Inglaterra. Un torneo con muchísimos vaivenes y que terminaría con uno de los finales más apasionantes de todos los tiempos en el fútbol inglés.

El County arrancaba con una muy buena serie invicta, cinco victorias y siete empates en las primeras doce fechas, que colocaban a los de Clough en el tercer lugar con 17 puntos, a dos del líder Manchester United. Sin embargo, de la jornada 13 a la 23 los Rams, pese a ganar seis encuentros, acumulaban asimismo cinco derrotas, la peor de las cuales tuvo lugar después de la Navidad, cuando el Derby caía por 3-0 en Elland Road frente al odiado Leeds United. La tabla de posiciones veía a final de año al Derby County en quinta posición, con 29 puntos. Una situación extremadamente complicada, pero a la cual en los siguientes trece encuentros Brian Clough y sus dirigidos darían completamente vuelta, con diez victorias, dos empates y una única derrota, desde el triunfo 1-0 contra Chelsea en año nuevo de 1972 hasta la gran revancha contra el Leeds de Don Revie, superado en el Baseball Ground por 2-0 el 1° de abril, el sábado antes de las Pascuas.

Siguieron dos victorias, una igualdad y una caída en los sucesivos cuatro compromisos, que ponían el Derby con 56 puntos a falta de dos fechas. Fueron dos enfrentamientos directos: el primero veía al equipo de Clough superado en Maine Road 2-0 por el Manchester City; en el último pleito de la temporada, el Derby County vencía al Liverpool en el Baseball Ground por 1-0 y de esta manera finalizaba su torneo con 24 victorias, 10 empates y 8 derrotas, por un total de 58 puntos, con 69 goles a favor, 33 en contra y un cociente de goles de 2,091. ¿Y el veredicto del campeonato cuál era?

***

Generalmente cuando uno piensa en la victoria de un título imagina el triple pitazo final del árbitro en el último encuentro de la campaña y los brazos levantados de los jugadores, que celebran el triunfo y dan luego la vuelta olímpica en la cancha, saludando a sus hinchas y festejando junto a ellos. Pero no podía ser de esta manera para el Derby County. Los Carneros,

una vez finalizado su ciclo de 42 encuentros, lograban con sus 58 puntos el primer puesto, dejando atrás a Manchester City, Leeds y Liverpool. Sin embargo, tenían que esperar que Leeds United y Liverpool, con 57 y 56 respectivamente, también completasen su fixture.

Con una victoria en el último encuentro, Leeds se aseguraría el título, pero un empate consagraba a Derby por mejor cociente de goles. El Liverpool también tenía un mejor cociente de goles. En ese entonces, en caso de igualdad de puntos entre dos o más equipos al finalizar el torneo, no se tomaba en cuenta la mejor diferencia. El primer criterio tenido en cuenta era el cociente de goles, es decir, la división entre goles en favor y goles en contra, que generalmente arrojaba un número comprendido entre 0 y 3.

Obviamente el que tuviera el cociente más alto se clasificaba primero. Mientras como visto el Derby County tenía 2,091; Leeds contaba con un cociente de 2,300, en tanto que Liverpool ostentaba un 2,100. Esto quería decir que cualquier combinación de resultados que colocase el equipo de Clough en igualdad de puntos con uno de sus dos rivales (o ambos, pues existía la posibilidad de un triple empate en 58) significaría el adiós definitivo al tan anhelado título. A Leeds le faltaba jugar de visitante contra Wolverhampton Wanderers (con la final de la Copa de Inglaterra contra el Arsenal a jugarse dos días antes), en tanto que al Liverpool de Bill Shankly lo aguardaba en su cancha el propio Arsenal, también con poco descanso luego del partido decisivo de la copa nacional ante Leeds.

***

El sábado 6 de mayo, Leeds United superaba 1-0 a Arsenal en la final de la Copa de Inglaterra, pero ese partido pasaría una factura importante a los de Don Revie, con varios titulares lesionados, entre ellos el histórico capitán, Billy Bremner. De todos modos, las casas de apuestas daban 8-1 contra las chances de Derby County de salir campeón. Brian Clough decidía que tanto él como su equipo deberían esperar el veredicto del campeonato en completo aislamiento: el técnico partía rumbo a las Islas de Scilly, archipiélago cercano a la costa sudoccidental de Inglaterra, mientras que el plantel al completo, junto a Peter Taylor, viajaría a la isla de Mallorca, en España, donde se concentraría en una vacación de final de temporada en la localidad de Cala Millor. Un lugar a tener en mente, porque volverá una y otra vez en esta historia.

Finalmente, el lunes 8 de mayo, el Leeds se presentaba al estadio Moulineaux contra el Wolverhampton, mientras Liverpool viajaba a Highbury para chocar ante el Arsenal y sucedía lo impredecible: el equipo de Don Revie sucumbía ante el Wolverhampton Wanderers por 2-1; el Liverpool, que habría podido aprovechar la derrota del United, no logró pasar del 0-0 contra el Arsenal. Tabla de posiciones final: Derby County 58 puntos, Leeds United, Liverpool y Manchester City 57 puntos.

La noticia de la victoria del primer campeonato en la historia del Derby County, Brian Clough la aprendía mirando la tele desde las Islas Scilly, alcanzadas por el servicio de transmisión de la BBC. Pero ¿el resto del equipo en Mallorca? No había televisión satelital y las estaciones de radio inglesas eran difíciles de captar. Fue finalmente el propio Clough quien con un llamado al hotel advertía a Taylor y al resto de que la hazaña era completa. En Cala Millor, con tragos de piña colada, los jugadores de Derby County daban vueltas en la pileta olímpica embriagados por la dicha.

LA PRIMERA AVENTURA EN COPA DE EUROPA Y LOS "BASTARDOS LADRONES ITALIANOS"

La temporada 1972-73 veía nuevamente el Derby County defraudar sus licencias y expectativas en ámbito local, cayendo hacia abajo en la tabla. El campeón defensor terminaba apenas en el 7° lugar. Pero era la Copa de Europa la competición sobre la cual los Carneros ponían la puntería. La primera aventura en el máximo torneo continental sería una página exaltante para todo el ambiente: el Derby County eliminaba a los yugoslavos de Zeljeznicar, al Benfica de Portugal y al Spartak Trnava de Checoslovaquia, clasificándose a la semifinal, donde iba a cruzarse con la Juventus de Italia.

El 11 de abril 1973, el Derby County visitaba a la Vecchia Signora en el estadio Comunale de Turín para el partido de ida. La Juventus se adelantaba con el viejo José Altafini al minuto 27, pero el Derby empataba inmediatamente con Kevin Hector al 29. Sin embargo, cuando los equipos se encaminaban hacia los vestuarios para el descanso, Peter Taylor, según relataría él mismo en los días siguientes al encuentro, notaba que el delantero alemán de la Juventus, Helmut Haller, se había acercado al árbitro Gherard Schulenburg, también alemán. De acuerdo a Taylor, el atacante teutón seguía al colegiado compatriota hasta su vestuario personal. ¿Era cierto eso? Y en caso de que lo fuera, ¿qué hacía un jugador charlando tanto con un árbitro durante el entretiempo? Las sospechas ya existentes por algunas amonestaciones "impropias" de la primera parte se levantaban en la etapa final, cuando Schulenburg empezó a pitar de manera unidireccional en favor de la Juventus. Los goles de Causio al minuto 65 y el segundo de Altafini en el minuto 83 ponían las cifras finales para el 3-1 en favor de la Juventus. Pero en el post partido, Brian Clough era un volcán: "No gracias, no respondo a las preguntas de bastardos tramposos", estallaba el técnico, que rehusaba a atender a las consultas de los periodistas italianos. Una

vez vuelto a Inglaterra, Clough, echando nafta al fuego, cuestionaba incluso el comportamiento y el valor de los soldados de Italia durante la Segunda Guerra Mundial. El partido de revancha en el Baseball Ground entregaba a la Juventus el pase para la final de Belgrado: el 0-0 clasificó al equipo italiano a su primera definición de Copa de Europa, perdida luego ante el todo poderoso Ajax del Fútbol Total por 1-0.

ADIÓS DERBY

Para Clough, una tremenda desazón. En efecto, ¿cuándo se le presentaría una nueva chance de jugar en Copa de Europa? El desaliento para el entrenador aumentaba sabiendo que a raíz de los decepcionantes resultados en los demás torneos de la temporada 1972-73, el Derby County no jugaría ninguna copa continental en la siguiente campaña. El clima de la relación con el presidente Sam Longson se había vuelto cada vez más tenso. La popularidad de Clough no estaba en discusión, pues incluso una semifinal de Copa de Europa era un resultado de absoluto prestigio para un club que menos de un lustro antes navegaba en las aguas agitadas del ascenso, y el público copaba las tribunas del Baseball Ground con un promedio de 40 mil espectadores por encuentro. Lo que Longson maltraía desde sus años junto al joven técnico era justamente la admiración que el DT había atraído hacia sí mismo, la celebridad que había logrado participando en programas televisivos o dando notas, lo cual opacaba el obrar de la dirigencia y le entregaba a Clough una imagen de casi dictador, con un ascendente y un poder de persuasión sobre la directiva que le había permitido en varias oportunidades (quizá demasiadas para Longson) impulsar inversiones y gastos que excedían las arcas del club.

Longson quería despedir a Clough y esperaba solamente el momento oportuno para hacerlo. La ocasión, inesperadamente, se la daría el propio Clough en el otoño de 1973. Harto de la injerencia de algunos nuevos dirigentes, Brian Clough en un día de octubre se presentaba ante la directiva anunciando su renuncia y la de Taylor. El entrenador estaba convencido de que se la rechazarían, pero no había entendido que Longson estaba podrido de su presencia en el Baseball Ground. "El error más grande de mi vida", como escribiría luego Clough en sus memorias. Producto del evento se disparaban masivas protestas por parte de los hinchas de los Carneros, que copaban las calles de la ciudad y sitiaban el estadio, clamando con cánticos y banderas por la reinstauración del ya exestratega del equipo, quien de manera desafiante se presentaba en la tribuna en el sucesivo partido, arengando a los aficionados que aclamaban una y otra vez su nombre. Pero no habría caso. Esa puerta se había cerrado para siempre. No para Taylor, que volvería algunos años después, pero sí para Brian Clough.

Había transformado un pequeño barco en un transatlántico, pero ahora se encontraba a la deriva y a la búsqueda de una nueva isla donde rescatar sus seños de gloria.

DE LA COPA DE EUROPA A LA TERCERA DIVISIÓN

Brian Clough cerraba abruptamente la etapa que lo había lanzado a la elite de los grandes directores técnicos ingleses contemporáneos, pero ganas de parar no tenía. A unas pocas semanas de haber embocado la puerta de salida del Derby County, Clough y Taylor aceptaban el ofrecimiento de dirigir al Brighton & Hove Albion, club de la Tercera División. Hoy sería realmente casi imposible ver a un técnico -incluso con resultados mucho menos destacados de los que poseía Clough en ese momento- descender voluntariamente de la primera a la tercera categoría, más aún en un contexto como el del fútbol inglés. A siete meses de desafiar a la Juventus por un lugar en la final de Copa de Europa, Clough volvía a ponerse en juego enfrentando a realidades como Hereford United, Plymouth Argyle o Southport.

Era un fracaso rotundo. No era que Brighton aspirase a ascender a la Segunda División, pero el 19° puesto final con apenas seis puntos sobre la zona de descenso lejos estaban de conformar a Clough y al Albion, que tanto se había ilusionado con la llegada de un personaje de la talla del extécnico de Derby County. Con el club de la costa sur, Clough viviría una de las humillaciones más grandes de su carrera: el 3 de diciembre 1973, jugando de local, el Brighton fue vapuleado por Bristol Rovers por 8-2. Si bien no implicaba el despido del técnico, terminaba lacerando de manera grave su imagen y el vínculo con el plantel. Un técnico campeón de Inglaterra de la talla de Clough, quien aparecía regularmente en programas de la televisión nacional, que hasta había sido entrevistado en dos ocasiones junto a Muhammad Ali, era difícil pensar que encajase en un club de la Tercera División como Brighton. En sus memorias, Brian Clough recordaba que la decisión de entrenar a Brighton & Hove Albion no había sido tomada con el mero propósito de esperar tiempos y ofrecimientos mejores, sino que él creía firmemente en su habilidad de agarrar a un equipo chico y llevarlo a elevados picos de superación. "Pero esos jugadores me tenían miedo, y no porque yo intentase transmitirles ese sentimiento. Si hay una idea sumamente equivocada acerca de mí y de mi forma de entrenar es que yo quisiese regir mi grupo infundiéndole miedo. Pero esos jugadores de Brighton sí que estaban amedrentados, porque no eran grandes futbolistas, y un personaje de mi envergadura y trayectoria los intimidaba. Me di cuenta de ello el día que perdimos 8-2", aseguró en su autobiografía.

* * *

El fracaso de Inglaterra en las eliminatorias para el Mundial de Alemania 1974 (el primero en el cual los ingleses no participaron por no clasificarse) había impulsado un cambio en la dirección técnica de la selección de los Tres Leones: dejaba el bastón de mando el campeón mundial Sir Alf Ramsey y en su lugar la Football Association (la federación inglesa) nombraba a Donald Don Revie, premiado luego de su próspera década como técnico del Leeds United, el equipo que dejaba luego de un nuevo campeonato conquistado en esa temporada 1973-74. Una decisión tomada a finales de julio 1974 que obligaba al Leeds a buscar rápidamente un sucesor. Por cierto, en la lupa del United estaba un DT que pudiese mantener el club de Yorkshire al mismo nivel competitivo de esos últimos años. Sin embargo, lo que nadie hubiera imaginado era el nombre elegido para el sucesor de Revie en Elland Road.

EL MALDITO UNITED

"Lo primero que quiero decirles es que pueden agarrar todas sus medallas y tirarlas en el primer tacho de basura que encuentren, porque todas las han conseguido haciendo trampa, ¿sí?". Así Brian Clough se presentaba frente a los futbolistas de Leeds United, devenidos sus dirigidos un 31 de julio de 1974. ¿Qué hacía Clough dirigiendo en Elland Road después haber pasado años echándole barro encima a Don Revie y su Leeds? ¿Podía encajar en sus espaldas ese buzo blanco, amarillo y azul? Absolutamente no.

El tema no era por cierto que Clough no fuera un gran técnico, lo había demostrado en ocho años de trayectoria y particularmente en Derby, donde había convertido un mediocre equipo del ascenso en una de las mejores realidades del panorama nacional. Lo que de ninguna manera podía ser sensato era poner en rumbo de colisión dos planetas como Clough y Leeds, que no solo gravitaban alrededor de dos estrellas distintas, sino que probablemente pertenecían a dos galaxias diferentes. Para Brian Clough el Leeds seguía siendo Dirty Leeds o El Maldito United (The Damned United), como sería titulado un famoso libro de David Peace sobre su breve paso a Elland Road, llevado a la pantalla grande en 2009 por el director Tom Hooper.

Fue una experiencia que no llegaría al mes y medio: cuarenta y cuatro, para ser exactos, fueron los días que Clough duraría en el cargo. Un período a lo largo del cual el Leeds United conocería el peor comienzo de temporada desde su vuelta a Primera, con una victoria, dos empates y tres derrotas en las primeras seis fechas del torneo; además se sumaría la derrota por penales en el Charity Shield frente a Liverpool y el empate en la Copa de Liga ante el Huddersfield.

Como contaba el entrenador en sus memorias: "Encaré ese trabajo queriendo resolver en pocos minutos lo que posiblemente hubiera demandado meses, quizás años". Clough había estado obsesionado por su rivalidad con Don Revie y la oportunidad de entrenar al Leeds era la forma de demostrar que al mando de ese equipo él podía triunfar de manera distinta, con un juego elegante, sin recurrir a la dureza que había dominado durante la era de Revie.

Pero los jugadores no podían estar en esa misma sintonía. Figuras históricas como Johnny Giles, Peter Lorimer, Norman Hunter y el capitán Billy Bremner no podían aceptar la descarada arrogancia con que Clough descalificaba su pasado. No es posible decir que jugaran en contra de su nuevo entrenador, pero como recordó en algún momento Lorimer: "No era un técnico de nuestro gusto y no nos sentíamos motivados a dar lo mejor". Pese a esta declaración, lo cierto es que la gran mayoría de los jugadores de Leeds había expresado una suerte de voto de no confianza hacia el técnico. Los que seguramente no lo habían hecho eran John McGovern y John O'Hare, que habían acompañado a Clough al United junto a su ayudante de campo Jimmy Gordon. En cambio, Peter Taylor, su histórico asistente y compañero, había preferido quedarse en Brighton, para dirigir como principal estratega al Albion.

CLOUGH Y REVIE: EL ÚLTIMO CHOQUE

Su alejamiento de Leeds después de apenas cuarenta y cuatro días producía el mismo ruido que su propia asunción con el club de Elland Road. El canal Yorkshire Television organizaba para la noche de su destitución un programa especial, en el que Clough aparecía entrevistado junto a Don Revie por el periodista Austin Mitchell. Después de unos diez minutos de frío análisis, la nota asumía de a poco los matices de una pelea de boxeo combatida con palabras, réplicas y contrarréplicas, en la que el DT de Inglaterra y extécnico de Leeds arrinconaba a su sucesor con un constante sitio de preguntas y cuestionamientos, mientras Brian Clough se defendía poniendo de relieve los problemas de gestión del club, donde once jugadores aún no habían renovado sus contratos, tratando así de responsabilizar también a la directiva por el mal momento y la tensión que había reinado en el vestuario. La pregunta que disparaba la parte más interesante del duelo era curiosamente dirigida a Clough por el propio Don Revie : "Brian, explícame algo, ¿por qué aceptaste este trabajo si estuviste todo el tiempo criticándonos durante años sobre tal o cual cosa

y diciéndonos que deberíamos haber estado en la Segunda División por nuestro registro disciplinario?

Brian Clough: ¡Porque era definitivamente el mejor trabajo en el país!

Don Revie: ¡Claro que lo es!

Brian Clough: ¿Quién no quisiera dirigir al equipo campeón? Y este año quería otra chance en la Copa de Europa, para ganar algo que tú no has ganado. Y quería ganar el campeonato mejor que tú.

Don Revie: Sabes perfectamente Brian que no hay forma de ganarlo mejor, apenas perdimos cuatro partidos.

Brian Clough: Bueno, yo habría podido perder solo tres.

Don Revie: No, no.

Brian Clough: Y fue solo por poco… Creo que tú, Don, has decidido entrenar a Inglaterra en vez de probar nuevamente suerte en la Copa de Europa.

Don Revie: Puede ser.

Brian Clough: Ves, yo simplemente quería ganar eso y ganar algo que tú ganaste, pero haciéndolo mejor que tú, ¿entiendes el concepto?

Con su despido, Brian Clough ganaba 100 mil libras esterlinas de indemnización, que le permitían terminar de pagar la hipoteca de su casa de Derby y mudarse a una quinta en la campiña fuera de la ciudad. Pero al margen de ello, ahora el joven director técnico se encontraba como Ulises repelido por tempestuosas tormentas lejos de su añorada Ítaca. ¿Con qué equipo podría haber imaginado salir campeón y tener otra chance en Copa de Europa? ¿Habría tenido que empezar prácticamente desde cero, como en Derby, u otro grande del fútbol inglés lo habría buscado y ofrecido una oportunidad como en Leeds? Era septiembre de 1974. Brian Clough no lo sabía, pero faltaban cuatro meses para que arrancase su última y definitiva experiencia al frente de un equipo de fútbol. Aquella que será la aventura más grande, larga, gloriosa y dramática de su vida de entrenador, la gesta que lo inmortalizará para siempre como el mejor técnico que jamás dirigió a la selección de Inglaterra.

CAPÍTULO 2

NOTTINGHAM FOREST, THE RED GARIBALDI

Brian Clough desembarcaría a principios de 1975 en el Nottingham Forest, en el momento más álgido de la decadencia que había caracterizado los años más recientes de su historia. ¿Qué tipo de club era en efecto el Nottingham Forest en el contexto general del fútbol inglés? Es una pregunta importante, porque de su respuesta dependerá el juicio que posteriormente pudiera darse en torno a la extraordinaria epopeya vivida a partir de aquel entonces por el equipo al mando de Clough. ¿Era el Nottingham Forest extremadamente provincial? ¿Se trataba de un club sin historia, de una institución que carecía de tradición, sin resultados resultados interesantes y destacados, y sin un público considerable? ¿Había sido un club completamente insignificante en la historia inglesa hasta ese momento?

***

En primer lugar, es menester subrayar que el Nottingham Forest en ese 1975 se aprestaba a celebrar sus 110 años de historia, pues su fundación se remonta al 15 de mayo de 1865. Una fecha que coloca al Nottingham Forest entre los clubes aún existentes más antiguos de Inglaterra y, por ende, del mundo. El Forest es una de las primeras instituciones que han animado al deporte conocido como Association Football (así denominado para diferenciarlo del Rugby Football), la disciplina destinada a ser luego consagrada a la notoriedad planetaria simplemente como football o fútbol en su versión castellana. Los nueve antecesores que precedieron al Nottingham Forest y que siguen existiendo al día de hoy son Sheffield F.C (1857), Hallam (1860), Cray Wanderers (1860), Worksop Town (1861),

Notts County (1862), Stoke City (1863), Bradford Park Avenue (1863), Brigg Town Club (1864) y Wrexham (1864).

El club fue fundado por quince jóvenes en el pub Clinton Arms, ubicado en la esquina de Shakespeare Street y North Sherwoord, en pleno centro de Nottingham, a unas pocas cuadras de la central Old Market Square. En la actualidad dicho pub sigue funcionando, aunque lleva el nombre de Orange Tree.

¿Cuál es la razón por la cual el equipo fue denominado Nottingham Forest? Desde luego que la tentación y tendencia de quien desconozca la historia de los orígenes del club es la de relacionar el nombre de la institución al de Robin Hood, el príncipe de los ladrones, heroica figura cantada en las baladas inglesas de la tardía Edad Media, asociada a Nottingham y en particular a su legendario bastión, el bosque (Forest) de Sherwood. El binomio Nottingham Forest-Robin Hood se consolidó en la segunda mitad del siglo XX y a comienzos del XXI. Más allá de la literatura, también el cine y los dibujos animados dieron amplio espacio y realce a este mítico personaje, cuyo nombre se ha ligado al de la ciudad de Nottingham en la cultura popular contemporánea. Sin embargo, que el club se haya llamado desde luego Forest tiene solo una lejana y circunstancial conexión con la leyenda de Robin Hood. El nombre Forest está de hecho referido al lugar que los fundadores eligieron para emplazar la cancha del equipo, el Forest Recreation Ground, un parque urbano ubicado a unos dos kilómetros del centro ciudadano. La única relación con Robin Hood que se le puede eventualmente atribuir, radica en que el Forest Recreation Ground constituía un tiempo el área meridional del bosque de Sherwood, la floresta donde, según cuentan las leyendas, el príncipe de los ladrones tenía su fortaleza y desde la cual acorralaba a sus principales enemigos, el sheriff de Nottingham y el príncipe Juan Sin Tierra.

***

El Nottingham Forest fue fundado por unos jóvenes originariamente abocados a la práctica del bandy, un deporte pariente del hockey. Pero la denominación de Football Club que llevó desde su creación no deja dudas de que estuviera en las primordiales intenciones de sus fundadores volcarse a la práctica y a la promoción del fútbol, disciplina que estaba abriéndose camino con siempre mayor vigor en la Inglaterra victoriana. Además, ya desde 1862 era activo en la ciudad un club de fútbol, el Notts County. Fue contra este equipo que el 22 de marzo de 1866 el Nottingham Forest disputó el primer encuentro de su historia: en el Forest Recreation Ground el partido terminó 0-0.

EL ROJO GARIBALDI

El Nottingham Forest ha siempre jugado desde su primer partido con la camiseta roja. La elección del color era política y estaba relacionada con la extraordinaria popularidad de la que gozaba en Inglaterra y buena parte del mundo occidental el guerrillero y político italiano Giuseppe Garibaldi (1807-1882). Garibaldi, más allá de ser uno de los próceres de la unidad de Italia, había saltado a la notoriedad internacional combatiendo en Sudamérica en la primera mitad del siglo XIX. Lo había hecho, primero, en la defensa de la independencia de la República de río Grande do Sul desde el Imperio de Brasil (1837-42); luego apoyando a los partidarios de Pacheco y Rivera en la Guerra Grande del Uruguay (1842-48). Fue durante esta segunda etapa que creó la así denominada Legión Italiana, al mando de la cual jugó un papel muy destacado en la defensa de Montevideo. Sus dirigidos se caracterizaban tanto en Sudamérica, como lo harían sucesivamente en Europa, por vestir unas camisas rojas, siendo ese el color de los uniformes que le fueron traídos a Montevideo desde los mataderos de Buenos Aires y que inmortalizarían para siempre el mito del Héroe de los dos mundos.

En los años 1860, la fama de Garibaldi era tan grande en Inglaterra que se estima que en la sola ciudad de Londres en 1862 se habían vendido más de un millón de sus retratos. La misma cantidad de personas recibieron a Giuseppe Garibaldi por las calles de Londres cuando el patriota italiano visitó la capital británica en abril de 1864, un año antes de la fundación del Nottingham Forest. Su fama había alcanzado alturas inimaginables: Garibaldi disfrutaba de una admiración entre las clases liberal demócratas europeas y la burguesía progresista británica (a la cual estaban vinculados los fundadores del Forest), comparable tal vez solamente a la que tendría un siglo después Ernesto Che Guevara entre las clases populares y los movimientos revolucionarios de todo el mundo.

Vestir "la Garibaldi" es hoy sinónimo de vestir la camiseta del Nottingham Forest, en cuyo estadio, y en honor al célebre prócer italiano, hay un salón para invitados que lleva su nombre.

UN ROJO INSPIRADOR

La historia del color rojo del Nottingham Forest no solamente es curiosa por su declarado anclaje político y obsequio a la figura del patriota italiano Giuseppe Garibaldi, sino que también ha inspirado su adopción por parte de dos históricos clubes: uno de la ciudad de Londres, el otro del área metropolitana del Gran Buenos Aires.

En 1886 un grupo de jugadores del Nottingham Forest, Fred Beardsley, Bill Parr y Charlie Bates fueron a trabajar a Londres, donde empezaban a jugar con el recién fundado Dial Square FC, sin abandonar a sus queridas camisetas rojo Garibaldi. Como las finanzas del flamante club no daban abasto para producir un juego de camisetas para todos los jugadores, los dirigentes decidieron que todos jugasen con remeras rojas como la de los nuevos integrantes. Ese equipo, que representaba la planta de producción del arsenal real de Inglaterra, pasó primero a llamarse Royal Arsenal hasta 1893, Woolwich Arsenal hasta 1913, The Arsenal hasta 1919 y a partir de ese año simplemente Arsenal, como hoy en día sigue conociéndose en todo el mundo. Las mangas y el cuello blanco serían agregados al rojo de la camiseta con la llegada del histórico técnico Herbert Champman, a mediados de los años 20.

***

También a la otra orilla del Océano Atlántico llegaría el Rojo Garibaldi del Nottingham Forest, más precisamente a la República Argentina. En junio de 1905, el equipo de Nottingham cumplía una gira por el río de la Plata, disputando una serie de partidos amistosos tanto en la Argentina como en Uruguay. En total fueron ocho los encuentros en los que participó el Forest, ganándolos todos, con 57 goles anotados y apenas tres en contra. En uno de los victoriosos compromisos, más precisamente en el 6-1 que el Nottingham le había propinado a Alumni el 25 de junio 1905, estaba presente el señor Aristides Langone, presidente del recién fundado Independiente de Avellaneda. El club en sus albores vestía una camiseta azul con bordes blancos, pero fue tanta la fascinación que provocó en Langone ese desbordante equipo de Nottingham, que el mandatario del club de Avellaneda propuso de inmediato a los restantes socios la adopción del color rojo del Forest para la camiseta de Independiente, para quedar a partir de allí mundialmente conocido como El Rojo o El Diablo Rojo. En agosto de 2010, la entonces Comisión Directiva del Club Atlético Independiente ratificó por unanimidad este origen del color del club, vinculando para siempre a Independiente y Nottingham Forest.

LOS PRIMEROS AÑOS Y EL CITY GROUND

Hasta 1889 la actividad futbolística del Nottingham Forest consistía fundamentalmente en partidos amistosos, con la FA Cup-Copa de Inglaterra como único verdadero torneo oficial al que tomase parte el Red Garibaldi. Luego de 1889, junto a otros once clubes, el Nottingham Forest daba vida a la Football Alliance, una liga rival de la Football League, el principal campeonato inglés establecido en 1888. Pero la Football Alliance tendría vida breve, pues en 1892 sus miembros decidieron descontinuarla para sumarse a la Football League: el Nottingham Forest había hecho a tiempo para conquistar el último título de la competición apenas disuelta. El año 1898 marcaba para el Nottingham Forest la hora de su primer gran triunfo: el 16 de abril de ese año, en el estadio Crystal Palace de Londres, el Nottingham superaba 3-1 al rival regional Derby County y conseguía la primera FA Cup-Copa de Inglaterra de su historia.

La victoria despertaba un tal entusiasmo que a los pocos meses los socios lograrían recolectar más de 3 mil libras esterlinas para emprender la construcción de un nuevo estadio. Luego de jugar entre 1865 y 1880 en Forest Recreation Ground -donde según cuenta la leyenda se habría utilizado el primer silbato y las primeras redes de la historia-, el Forest comenzaba una larga peregrinación entre varias canchas que duraría diez años: Trent Bridge Recreation Ground, Parkside, Gregory Ground y Town Ground fueron los campos de juego donde el Red Garibaldi jugó alternativamente durante el siglo XIX. Finalmente, en 1898, llegaría para el Nottingham Forest el momento para establecer su ubicación definitiva: el 3 de septiembre sobre la orilla occidental del río Trent quedaba inaugurado el City Ground, el hogar donde el Forest sigue residiendo al día de hoy.

El nombre City que corona la cancha es un obsequio a Nottingham, la cual en el año 1897 había recibido su formal reconocimiento como ciudad, en ocasión del Diamond Jubilee, la celebración de los 60 años en el trono de la reina Victoria. En 1952, sin embargo, las fronteras de la ciudad fueron cambiadas y West Bridgford, el área donde está ubicada la cancha, pasó a constituir una municipalidad independiente, dejando como herencia una paradójica circunstancia: un estadio cuyo nombre pretendió enaltecer a la misma ciudad, que lo dejó fuera de sus límites.

ENTRE DESCENSOS Y RELÁMPAGOS DE GLORIA

Desde su adhesión a la Football League en 1892, el Nottingham Forest conocería alternadas fortunas: hasta el año 1925, el club disputó 21 temporadas en Primera División y 8 en Segunda. De todos modos, no alcanzaría resultados muy importantes, pues su mejor posicionamiento fue un 4° puesto en la temporada 1900-01.

Desde 1925 hasta 1957, el Nottingham Forest cargó con 32 largos años de crisis, en los que quedaría fuera de la Primera División. Al margen de los cinco años de interrupción de todas las actividades deportivas a causa de la Segunda Guerra Mundial, el Garibaldi se estancó en el ascenso sin solución

de continuidad, jugando 24 temporadas en Segunda y hasta cayendo a la Tercera División, donde permanecería desde 1949 hasta 1951.

En 1957, con el retorno a Primera División, empezó allí para el Nottingham Forest la época más gloriosa hasta ese punto de su historia: desde ese año y hasta 1972, el Nottingham jugaría continuamente en Primera División y experimentaría algunos de los más altos momentos de su parábola. En 1959, bajo el mando del técnico Billy Walker, el Nottingham Forest se consagraba por segunda vez campeón de la FA Cup-Copa de Inglaterra. El 2 de mayo de ese año, frente a 100 mil personas en Wembley, el Forest superó al Luton Town por 2-1 al cabo de un partido épico, en el que los Rojos de East Midlands terminaron con dos jugadores menos (en esa época no existían los cambios). Un dato a tener en cuenta: aquel día en el Luton jugaba un mediocampista escocés llamado Allan Brown, quien luego devendría en técnico y al que muy pronto reencontraremos en esta historia.

Otro momento particularmente memorable para el club por esos tiempos fue la temporada 1966-67, cuando el Forest consiguió el subcampeonato de Primera División a espalda del legendario Manchester United de Matt Busby. Además, no hay que olvidar la semifinal de la Copa de Inglaterra perdida ante Everton. Estrella de ese equipo y en general de aquellos años fue Ian Storey-Moore, producto de las inferiores del club y autor de más de 100 goles entre 1962 y 1972.

EL DECLIVE, LA CAÍDA, UN NUEVO ESCUDO Y LA LLEGADA DE CLOUGH

Tras esa brillante temporada culminada en 1967, el Forest arrancaba un lento declive que lo llevaría a su cuarto descenso a Segunda División. Luego de la salida del técnico Johnny Carey, en 1969 llegaba el escocés Matt Gillies desde Leicester City. Pero más allá de las elevadas licencias con las que se había presentado al City Ground, Gillies no evitó la caída a la Segunda División, ocurrida en 1971-72, justo en la temporada en la que Brian Clough y su Derby County se consagraban campeones de Inglaterra.

En la temporada de 1972-73 pasaba por el banco del Nottingham Forest Dave McKay, exjugador del Derby County. Sin embargo, el de McKay fue un paso muy breve, ya que en octubre de 1973 cruzaría la Autopista 52 y volvería clamorosamente al Derby County, aunque esta vez como DT. Recordemos que Clough y Taylor habían presentado su renuncia a la directiva del County, bajo la convicción de que fuera rechazada. Pero, al contrario, el presidente Sam Longson la aceptaría, ya que entretanto había convencido a Dave McKay de dirigir al Derby County.

A orillas del Trent desembarcaba en otoño de 1973 el escocés Allan Brown, procedente de Bury. Es un nombre que ya encontramos: en 1959, dentro del campo de juego, Brown había enfrentado al Nottingham Forest en Wembley en la final de FA Cup, finalmente ganada por el Garibaldi. En la temporada 1973-74 el Forest de Brown finalizaba en el 7° lugar el torneo de Segunda División, habiendo disputado además una buena Copa de Inglaterra, culminada con una eliminación en los cuartos de final.

Estos últimos resultados hacían primar cierto optimismo de cara a la temporada 1974-75. Pero antes de que ésta iniciara, una noticia arrojaría nubes y sombras hacia la nueva campaña: Duncan McKenzie, el entonces ídolo de la hinchada del Forest, dejaba el City Ground. ¿Su destino? Elland Road, es decir, Leeds United. ¿Y quién era DT de Leeds en agosto 1974? Brian Clough...

***

Para contener la bronca del ambiente e intentar recrear entusiasmo alrededor del equipo, el club decidiría dar un cambio de imagen adoptando un nuevo símbolo. Luego de haber llevado por más de un siglo el emblema de la ciudad -dos venados parados que sostienen un escudo rojo con cruz verde en el centro-, el Nottingham Forest adoptó como insignia un pequeño árbol, sobrepuesto a tres líneas curvadas: el árbol, una alusión a la floresta del viejo Forest Recreation Ground (pero asimismo al bosque de Sherwood), y las líneas en forma de curva, en referencia a las corrientes del río Trent, sobre cuya orilla occidental está emplazado el City Ground. Un arbolito que en ese momento poco decía, pero pronto gracias a los cambios que intervendrían en la historia del Forest, el equipo será conocido también como Tricky Trees, los Arboles Traviesos.

Pero más allá de los toques cosméticos, para el Forest, privado de McKenzie, empezaba una caída vertical que llevaría el conjunto de East Midlands más cerca de la zona de peligro que a la de ascenso a la cual anhelaba al inicio de la temporada. El 28 diciembre 1974, el Nottingham fue superado de local en el clásico ciudadano, frente a Notts County, por 2-0, y Allan Brown, despedido.

Nueve días más tarde, el 6 de enero 1975, llegaría aquella fría jornada de invierno donde Brian Clough dejaría nuevamente boquiabierto al mundo del fútbol inglés agarrando el timón de Nottingham Forest, 13° en la Segunda División. Otro comienzo luego de Brighton y de Leeds. Esta vez, sin embargo, era el inicio de la más larga y culminante etapa de su carrera de DT, al cabo de la cual su nombre y el del Nottingham Forest quedarían esculpidos para siempre en la leyenda del fútbol mundial.

CAPÍTULO 3

1975-1976: UN COMIENZO COMPLICADO

"El Nottingham Forest está en la mierda, pero yo vine para sacarlo de ahí", diría Brian Clough.

Era difícil no coincidir con su opinión en aquel primer día en el City Ground. El Forest estaba 13° en la tabla de posiciones y apenas cinco puntos lo separaban de la zona de descenso hacia la Tercera División.

Clough era recibido con bombos y platillos por la prensa, aunque no faltaron exponentes de la comisión directiva que se opusieron a su asunción, tanto por su pasado en el Derby County, así como por su carácter exuberante e imprevisible. Lo que principalmente temían algunos dirigentes era su carisma, su poder de persuasión y la idea que éstos le hubieran dado un control casi total sobre los destinos y la política del club.

En cuanto a los aficionados cabe recordar que, en octubre de 1973, cuando de buenas a primeras Clough dimitía en Derby County y Dave McKay dejaba al Forest para tomar las riendas del Derby, algunos hinchas del Nottingham Forest se habían mostrado favorables a la llegada de Brian Clough al mando de su equipo. Sin embargo, el hecho de que Brian Clough hubiera llevado al ídolo del Forest Duncan McKenzie al Leeds, fue vivido como una puñalada difícil de olvidar y que en principio arrojaba cierto preconcepto hacia el nuevo entrenador.

UNA SALVACIÓN SUSPIRADA

Los primeros partidos que Clough dirigió parecían desde luego insinuar la extraordinaria época que el Nottingham Forest viviría de ahí a unos años:

el 8 de enero 1975, el Forest ganaba 1-0 de visitante contra Tottenham (en ese entonces en Primera) y superaba la tercera ronda de FA Cup-Copa de Inglaterra; luego, siempre en Londres pero contra Fulham por el torneo de Segunda División, ganaba nuevamente por 1-0.

Sin embargo, después de la luna de miel vivida en la capital británica durante los primeros días de su matrimonio, el Nottingham Forest y Brian Clough vivirían acto seguido unas semanas sumamente turbulentas: el Forest en los siguientes 11 partidos ligueros no volvería a ganar. Del 11° lugar que el Nottingham ocupaba luego de la victoria ante Fulham, el Garibaldi caía a la posición 17 de la tabla, apenas a cuatro unidades de la zona de descenso. Unos números que muy verosímilmente condenarían hoy en día a todo DT a la despedida, que con alta probabilidad se concretaría incluso con mucha más celeridad.

Pero el Nottingham Forest, pese a tener 110 años y dos copas de Inglaterra en su vitrina, estaba desesperado y sin reales alternativas. En febrero además habían llegado por 60 mil libras desde Leeds los pretorianos John McGovern y John O'Hare, los escoceses que tanta fortuna le habían traído a Clough en Derby. ¿Cómo podían entonces despedir al director técnico cuando éste recién estaba comenzando su obra de refacción en el equipo? No hay que olvidar además que, cuando finalmente el Nottingham Forest quebraba la racha negativa venciendo 1-0 a Sheffield Wednesday, el equipo se encontraba en el 15° puesto con 35 puntos, cinco arriba de la zona de descenso: al final del torneo faltaban 4 fechas, había 8 puntos en juego y cuatro equipos se encontraban entre el Nottingham Forest y la zona de peligro. Desde luego que la caída a la Tercera División era una amenaza solamente virtual. Eran de hecho suficientes otras tres unidades para alcanzar el objetivo de la permanencia, merced a otro triunfo, un empate y dos derrotas en las últimas semanas de la temporada.

UNA HERENCIA PESADA

Visto desde la fría óptica de las cifras, el primer cuatrimestre de Brian Clough al City Ground había sido un rotundo fracaso: el Nottingham Forest terminaba el campeonato de Segunda División 1974-75 en el lugar 16, con 38 puntos, siete unidades menos y nueve posiciones más abajo respecto del final de la anterior campaña 1973-74, donde concluyó en el 7° puesto con 45 puntos. En 17 partidos, Clough había sumado 3 victorias, 8 empates y 6 caídas, con 16 goles a favor y 23 en contra, por un total de 14 puntos. La comparación con los números de la gestión de su antecesor Allan Brown era de cierta forma impiadosa: la media de puntos del equipo en las primeras 25 jornadas con el anterior técnico había sido 0,96 por fecha contra el 0,82 de Clough; con 27 goles a favor, el promedio de anotaciones había sido 1,08 contra el 0,94 de la gestión Clough; y con 32 goles en contra, también la defensa se había mostrado más sólida en la gestión Brown, pues con un promedio de marcaciones contrarias de 1,28 el rendimiento defensivo del anterior mandato se mostraba superior al promedio de 1,35 del último tramo a cargo de Clough. El DT oriundo de Middlesbrough había agarrado al Garibaldi en el puesto 13 y finalizando en el 16, superado incluso por Notts County, el pobre vecino de la orilla oriental del río Trent que concluía 14° con 40 puntos, llegando arriba del Forest luego de más de veinte años.

Los resultados quedaban en evidencia exponiendo a Clough a toda clase de crítica. Así y todo, no se puede olvidar que el nuevo técnico desde el primerísimo día en el City Ground había sido muy claro en mérito a las dificultades que enfrentarían el equipo y él en esos primeros meses: "Me parece que por la reacción que tuvo la gente por mi llegada, la mayoría espera grandes cosas de mí. Ahora si pretenden frenéticas promesas de que volveremos a Primera División en un futuro cercano o que compraremos grandes jugadores y seremos uno de los mejores cuadros del país, debo decirles: ¡Olvídense de todo eso!".

Algunos aspectos de las estructuras del club eran particularmente reveladores de la pesada herencia con la que tenía que lidiar Clough al comienzo de su aventura. Al director técnico le había llamado sumamente la atención, por ejemplo, que el palco de honor de la Executive Stand, la tribuna principal, quedase vacío durante los encuentros. Un día preguntó a un miembro de la directiva el porqué de dicha situación y la respuesta no fue menos elocuente: "No nos sentamos más allí porque sino varios hinchas no pararían de escupirnos encima".

Clough había manifestado cierta irritación con respecto a las condiciones del campo de entrenamiento. Éste, como estaba ubicado a orillas del Trent, padecía en algunas ocasiones las crecientes del río y sobre todo era permanentemente meta de los principales roedores que poblaban el lecho fluvial: "Hemos emprendido la carrera de las ratas", bromeaba el entrenador. Para resolver el problema el club había elegido incorporar al gato Ginger al cuerpo de utileros, considerando esta solución como más conveniente que arrojar pesticidas. Y poco importaba si durante algunas prácticas el balón se veía frenado por lo restos de ratones que Ginger dejaba abandonados aquí y allá.

EN EL BARRO BROTABAN FLORES

De todos modos, no todo era ratas, escupitajos y basura en el Nottingham Forest en esa primera mitad de 1975. Evidentemente los malos resultados

eran también fruto de la presencia de varios jugadores que no estaban a la altura de un equipo dirigido por Brian Clough: "Hay muchos jugadores que no pueden pasar la pelota de A a B y varios que ni siquiera podrían cabecear para salvar sus vidas". Reflejo de ello era el hecho de que jugadores como el delantero Neil Martin, el wing irlandés Miah Denney, el joven zaguero Steve Baines y algunos más dejarían el City Ground.

Pero también había futbolistas con los que Clough sabía que podría contar con ellos en el futuro y que en su opinión merecían una chance. En particular había cinco de ellos que deben ser mencionados: Vivian Anderson, Martin O'Neill, Ian Bowyer, Tony Woodcock y John Robertson.

VIV ANDERSON, EL JAMAIQUINO

Vivian Anderson, o más simplemente Viv, era de Nottingham, lateral defensivo derecho, en aquel momento de 18 años, hijo de inmigrantes jamaiquinos y piel color ébano que reflejaba con claridad ese origen afrocaribeño, característica que no lo ayudaría mucho en los comienzos. El episodio ocurrió en Carlisle el 6 de marzo de ese 1975. Anderson, en su temporada de debut con el primer equipo, estaba haciendo ejercicios precompetitivos, cuando de repente le cayó cerca una manzana, instantes después dos peras y finalmente una banana. Claramente eran provocaciones de corte racista, ante las cuales Viv Anderson, con mucha razón, mostró susceptibilidad e incomodidad. El joven defensor volvió a sentarse en el banco junto a Clough, quien perplejo le dijo: "Pensaba que te había dicho que hicieras entrada en calor". Ante lo cual Anderson respondería: "Claro, jefe, y así la hice, pero me están tirando manzanas, peras y bananas". Clough continuó: "¡Entonces mueve el culo! ¡Anda ahí afuera, seguí corriendo y tráeme dos peras y una banana!".

Fue un modo irónico para restarle importancia a un episodio que en sí era grave, pero por el cual Anderson no debía hacerse condicionar excesivamente, como le había sugerido Clough una vez finalizado el encuentro. Rechazado por Manchester United, Anderson había logrado abrirse camino en las juveniles del equipo de su ciudad y gracias a un físico longilíneo y esbelto destacaba como lateral propulsor, hábil en la carrera con pelota dominada y decidido en llos cortes sobre la salida del rival para frenar los contragolpes. Era destinado a cabalgar mucho sobre esa banda, no solo con la camiseta del Forest, sino también de otros grandes clubes ingleses y con la casaca de la selección de Inglaterra, con la cual debutaría unos años después, convirtiéndose en el primer jugador de origen africano/caribeño en vestir los Tres Leones sobre el pecho.

MARTIN O'NEILL, EL NORIRLANDÉS

"¿Está aquí el joven Martin O'Neill?", preguntaba Brian Clough en su primer día en el vestuario del City Ground. Casi encogido -o quizás intimidado por la estatura de su nuevo técnico- O'Neill, de 22 años, levantando la mano señalaba su presencia. Entonces Clough le dijo: "Muy bien, muchacho, vas a venir con nosotros a probarte al campo de juego". Martin O'Neill, categoría 1952, había llegado al Nottingham Forest en 1971 procedente del Linsburn Distillery, equipo de la zona occidental de Belfast, la capital de Irlanda del Norte. Ese año el Distillery había ganado la copa de Irlanda y de la mano de ese resultado tomó parte en la Recopa europea 1971-72. En dicho torneo continental O'Neill anotó el único gol ante el Barcelona en una eliminatoria no muy afortunada, en la que finalmente su equipo sufriría una derrota global por 7-1.

Sin embargo, O'Neill había cautivado a varios clubes ingleses y el Nottingham Forest de Matt Gillies había sido el más determinado para hacerse con su pase. Talentoso pero sin brillantes despliegues, introvertido, O'Neill era todo lo contrario de su compatriota George Best: con ocho entre hermanas y hermanos, Martin O'Neill había sido un respetado estudiante de Derecho, era orgullosamente católico y cuando aún jugaba en su país ese aspecto le había traído insultos de los aficionados lealistas, los protestantes favorables a la unión de Irlanda del Norte con el Reino Unido.

Mediocampista de 1,78 metro, con físico esbelto, O'Neill solía jugar abierto a la derecha, pero nunca resignaba echarse hacia los últimos metros de la cancha en búsqueda de la ocasión propicia. Serían muchas las oportunidades en las que le tocaría festejar, aunque no siempre su vínculo con Clough se caracterizaría como ameno.

IAN BOWYER, EL FUTBOLISTA MODELO

Ian Bowyer inició su carrera en el Manchester City en 1968, unos meses después de que los Citizens conquistaran el segundo título de campeón de su historia. Era el gran City de Joe Mercer que conquistaba la Copa de Inglaterra en 1968-69, logrando el doblete Copa de Liga/Recopa Europea en 1969-70. Sin embargo, un joven de 18 años como Bowyer difícilmente podría encontrar espacio como titular en un equipo en el que actuaban jugadores como Alan Oakes, Francis Lee, Neil Young. No obstante ello, Bowyer supo abrirse camino y entre 1968 y 1971 contaba ya con 49 presencias y 13 goles en el torneo de Primera División, pudiéndose ya apreciar su gran propensión al sacrificio. Pese a haber nacido delantero, el joven Ian se venía desempeñando paulatinamente en la zona del mediocampo. Bowyer era

un jugador de toda la cancha: muchas veces se lo pudo ver asistiendo a sus compañeros de la defensa.

Con la llegada al Manchester City de Rodney Marsh en 1971, las opciones de Bowyer de encontrar lugar en el once inicial se habían visto aún más achicadas y a sus veinte años pasaba al Leyton Orient, equipo de Londres que en ese momento estaba en Segunda División. Pero la capital no se ajustaba al ritmo y a las costumbres de Ian Bowyer, un chico de pueblo como amó siempre definirse. A salvarlo desde el turbulento ambiente de la metrópoli llegaba en 1972 el llamado de Dave McKay, quien lo traía al Nottingham Forest. Desde un primer momento se dio entre ambos una relación muy estrecha. Cuando en el otoño boreal de 1973 habían surgido rumores en torno a la posible partida de McKay con destino Derby, el técnico había sido muy firme en negar esas voces ante las preguntas de Bowyer y otros jugadores, alarmados ante esa eventualidad. Tres días más tarde de ese no, McKay firmaba con Derby County... Un sentimiento de traición invadió el ánimo de Bowyer. Pero Ian no se inmutaba y tiraba derecho también durante el bullicioso pase de Allan Brown. No podía saberlo y siquiera atinar a imaginarlo, pero cuando Clough asumió estaba a 1.571 días de anotar uno de los goles más importantes en la historia de ese club que tantas frustraciones estaba viviendo desde su llegada al City Ground.

TONY WOODCOCK, LA PROMESA

Durante el año y medio en el que Allan Brown estuvo al frente del Nottingham Forest había sido tumultuoso y frustrante para gran parte del ambiente y de los jugadores del equipo. Sin embargo, Anthony Stewart Tony Woodcock, delantero nacido en 1955, durante la etapa de Brown había debutado con 19 años en el primer equipo del Nottingham. Era abril de 1974 cuando este atacante de pelo colorado y que jugaba de espalda al 9, comenzaba a desandar su camino como jugador profesional. Muchos son los futbolistas que una vez que alcanzan dicho nivel tienden a conformarse tan solo con haber llegado a jugar en el primer equipo de algún club.

Tony Woodcock parecía no ser la excepción a ello, pues cuando Brian Clough llegó al Nottingham Forest, Woodie luchaba la titularidad en el equipo de reserva. A pesar de que su estado de forma había conocido un inexplicable deterioro, el flamante técnico lo citaría para el partido de repetición de Copa de Inglaterra contra el Tottenham, que se jugaría del 8 enero 1975. Este encuentro marcaría el debut de Clough en el banco del Nottingham. La ilusión de Woodcock era poder volver a estar en la convocatoria final, pero una vez llegados a Londres, el joven Tony se dio cuenta que habría actuado más bien como utilero en lugar de lucir sus botines con pelota a los pies: Clough le ordenaba disponer los conos en el campo de práctica, recuperar las pelotas y juntarlas, distribuir los chalecos de entrenamiento.

Era evidente que Woodcock no iba a estar siquiera en el banco de los suplentes. Durante el almuerzo prepartido, Woodie se llevaría otra sorpresa de parte su nuevo DT, quien le ordenó: "Muchacho, ves, éstas son las llaves de mi habitación. Un par de zapatos te esperan delante de la puerta, ni bien entrado. Te dejé al lado de mi cama un abrillantador: quiero que me limpies los zapatos, porque esta noche quiero lucir lo mejor que pueda. Tenemos que representar al Nottingham Forest, por eso necesito que los dejes lo mejor posible".

Woodcock seguramente pensó que Brian Clough no estaba hablando seriamente, o al menos era lo que esperaba. Horrorizado, tal vez advirtió un sentimiento mezcla de vergüenza y humillación, buscando entre los compañeros sentados a la mesa alguna mirada complaciente y solidaria que le hiciese sentir que podía contar con algún respaldo o apoyo. Sin embargo, todos se hicieron los desentendidos, clavando sus ojos en sus platos o simplemente mirando para otro lado. El único que le echó un vistazo fue George Lyall, y en su mirada parecía decirle: "¡Haz lo que te dice!".

Woodcock finalmente se levantó y subió a la habitación de Clough. Una vez cumplida la tarea, el técnico, quien lo estaba esperando, le dijo con gran convicción: "¡Bien hecho! Tú sí que llegarás lejos, muchacho".

JOHN ROBERTSON, UN GORDITO ESCOCÉS

Y luego estaba ese muchacho regordete y petiso. Feo, sobrepeso, con esa barba mal afeitada y cabello peinado por las circunstancias. Muy desprolijo, scruffy como se diría en inglés, en su forma de vestir. Entre sus hábitos contaban beber cerveza, comer demasiadas papas fritas y sus dedos amarillentos delataban la asidua compañía del cigarrillo, a la cual se entregaba incluso a escondidas en el baño del vestuario durante el entretiempo de los partidos. Verlo en cualquier oportunidad podía provocar una impresión desagradable, con esos mocasines naranja marrón de pésimo gusto, agotados por la obstinación de vagabundo con que los tenía atados a los pies. En el campo de juego, además, era extremadamente lento, quizás el más lento de toda la League, como recordaría Brian Clough en sus memorias. Sin embargo, en sus mismas memorias diría: "Denle un balón y dos metros de cancha y ese gordito se torna el Picasso del juego, a la altura de los mejores brasileños y argentinos".

John Robertson fue eso: un joven mediocampista a quien los dioses del balompié bendijeron obsequiándole unos pies fantásticos que mimaron la pelota, dos imanes que cautivarían los balones como si fuesen el amor de su vida. Pero fuera del gramado, una vida desordenada no permitiría ver sino hasta más adelante las verdaderas cualidades y el talento de este jugador que sería clave para la historia del Nottingham Forest. A mediados de los años 1970, John Robertson tenía 22 años. Escocés de cuna, Robertson, nacido en 1953, llegó a Nottingham en el año 1970.

Permaneció en el Nottingham Forest durante cinco años y pese al tiempo transcurrido seguía siendo considerado un jugador prescindible, del cual el club podría desprenderse sin mayores complicaciones en cualquier momento. De hecho, por la época en la que Brian Clough llegaba al City Ground, también el nombre de John Robertson aparecía en la lista negra de los posibles descartados.

"Había días en los que Robertson difícilmente llegaba a asemejarse a un miembro de la raza humana", escribió Clough en su autobiografía, recalcando aún más el aspecto sumamente descuidado que solía tener el volante oriundo de Escocia. Pero si Clough mantenía la fe en este joven centrocampista era porque en él se insinuaba constantemente una especie de magia, que indicaba que de repente algo extraordinario brotaría de sus jugadas, que de sus botines surgirían cosas grandes.

1975-76: LA PRIMERA TEMPORADA COMPLETA

Siete entonces fueron las piezas fundamentales sobre las que Brian Clough comenzó a construir el futuro en el verano de 1975: los cinco ya presentes en la base (Anderson, Bowyer, O'Neill, Robertson, Woodcock) más sus fieles escuderos escoceses, John McGovern y John O'Hare.

McGovern y O'Hare llegaron a Nottingham en febrero de 1975, continuando su carrera en el rastro del gran maestro Clough. El Leeds no se había molestado mucho para llevar adelante la negociación, a tal grado que los dos eran despachados al City Ground por 60 mil libras esterlinas, cuando apenas seis meses antes los había comprado por 150 mil.

***

El mercado de pases brindaba una chance importante e inesperada. Brian Clough recibía un llamado desde un viejo amigo periodista, Doug Weatherall, corresponsal de Daily Mail desde el noreste, quien le comunicaría que Frank Clark, defensor lateral izquierdo y capitán de Newcastle, estaba a punto de abandonar a los Magpies luego de 13 ininterrumpidas temporadas. Con treinta y dos años y una fuerte predisposición para las lesiones, Clark no era un jugador muy buscado por los clubes de las principales categorías: tras anunciar su salida de Newcastle, había recibido apenas ofertas de clubes de Cuarta División.

"Ey, Doug, ¿sabes dónde está ahora Clark?", preguntó Clough durante la conversación. "Sí, creo que se encuentre en Doncaster, charlando con Stan Anderson, el manager de los Rovers", le respondió su amigo periodista. Clough contestó: "Doug, por favor, ponete en contacto con Clark y hacele saber que Cloughie quiere hablarle un ratito antes de que firme cualquier contrato".

El encuentro entre Brian Clough y Frank Clark tenía lugar dos días después en una estación de servicio a la vera de la Autopista 1. Allí, luego de mediar algunas palabras, entrenador y futbolista arribaron al acuerdo. El Nottingham Forest tenía ahora a un nuevo lateral izquierdo de defensa, cubriendo uno de los huecos que más inconvenientes le había acarreado al equipo. El pase de Frank Clark le costó al Nottingham cero libras esterlinas, ya que era un jugador al que muchos consideraban acabado. Pero Clough sabía que los años más grandes de la vida de Clark estaban todavía por venir.

A fines de agosto se sumaba como otra incorporación Terry Curran, un wing de 20 años, quien curiosamente procedía desde el propio Doncaster Rovers.

UN CAMPEONATO CON MUCHOS INTERROGANTES

La temporada 1975-76, la primera en la que Brian Clough dirigía a Nottingham Forest desde el inicio, defraudaría clamorosamente las expectativas sobre las chances de ascenso del Garibaldi. Pasada la mitad de enero, el Forest estaba fuera de la Copa de Inglaterra y lo peor, había vuelto a hundirse hacia la zona de peligro de la Second Division con 23 puntos en 26 jornadas. Esta vez el Nottingham se encontraba a cinco unidades de las 18 con las que contaba el Oxford United, el club ubicado en la tercera última posición, que era a su vez la primera de las tres posiciones que marcaban la caída hacia el infierno.

Ese no era apenas el peor período desde la llegada de Brian Clough, sino la época más opaca y gris que transitaría el Nottingham Forest desde su último descenso a la Segunda División. De los cuarenta y tres encuentros de liga bajo su gestión, Clough había podido ganar apenas once, cuatro triunfos menos de las quince victorias que su predecesor, Allan Brown,

había logrado en sus primeros cuarenta y tres partidos de torneo al frente del equipo. 376 días después de la llegada de Brian Clough, el Nottingham Forest se encontraría siete posiciones más abajo en el escalafón de la segunda categoría, comparado con la gestión de Allan Brown.

En la primera parte de su aventura en el banco del Forest era comprensible que Clough pudiera encontrar alguna que otra dificultad. Un DT que agarra el hierro caliente de un equipo en caída libre siempre necesita de un período de adaptación, estudio, reflexión, para entender hacia dónde virar, a quiénes mantener a bordo y a quiénes no.

Pasaron los primeros cuatro meses y el receso de verano con las nuevas incorporaciones, y sin embargo, los primeros dos tercios de la temporada fueron difícilmente tolerables: el Nottingham Forest, un equipo que anhelaba a luchar por las primeras posiciones y eventualmente entrar en la conversación por el ascenso, apenas había podido trepar hasta el noveno puesto en las primeras veintiséis jornadas. En el frenético mundo del fútbol contemporáneo difícilmente Brian Clough hubiese sobrevivido en la conducción del Forest hasta ese punto, azotado por críticas todavía más feroces de las que le movían en ese comienzo de 1976.

Si el mundo del fútbol en el que Clough se lució no hubiese sido el que fue, probablemente nunca hubiese podido entregar esta historia que están leyendo.

RENACIENDO

La luz al final del túnel empezaba a entreverse a partir de las últimas 16 fechas del torneo 1975-76. En ese ciclo de encuentros el viento volvía a ponerse a favor del Nottingham Forest: con 9 victorias, 5 empates y solamente 2 derrotas, el Garibaldi desde el 15° lugar de la fecha 26 finalizaba el campeonato en el puesto número 8 de la tabla.

Entre las claves interpretativas sobre este cambio de ritmo seguramente no se puede descartar la modificación de posición de John Robertson, quien después de haber empezado su carrera como volante central, había pasado a jugar abierto a la izquierda desde el inicio del torneo 1975-76. Luego del tartamudeante comienzo de temporada, el escocés, con el pasar de los meses, se había consolidaría como hombre imprescindible sobre la banda izquierda, aunque su conducta y estilo de vida fuera de la cancha seguían perjudicando su continuidad.

Otro elemento que no puede ser olvidado es la llegada al City Ground del defensor Colin Barrett, quien se incorporaba al plantel del Nottingham Forest justo una vez finalizado el período negro de las primeras 26 fechas (mitad de enero 1976). Barrett tenía 23 años, venía del Manchester City, club del cual había surgido e iniciado su trayectoria como profesional en 1972, y donde transcurriría más tiempo en la reserva que en el equipo de primera. De 1,80 de altura, este joven rubio oriundo de Stockport, en el Gran Manchester, además de rápido y con buena pegada, era muy dúctil, pudiendo actuar de zaguero así como de lateral sobre ambas bandas. Este último aspecto se revelaba clave para Brian Clough, ya que podía rotar a Barrett tanto con Viv Anderson a la derecha o con Frank Clark a la izquierda, potenciando la batería de defensores laterales.

El vínculo de Colin Barrett con el Nottingham Forest duraría cuatro años. Cuatro años que serían prácticamente los últimos de su carrera, terminada precozmente a principios de 1981. Sin embargo, sería una época entre las más brillantes que cualquier hombre que pise una cancha de fútbol desearía haber vivido alguna vez.

***

La senda del renacimiento había sido emprendida. Ni siquiera el hecho de llegar por la segunda temporada consecutiva por debajo de Notts County (octavo el Forest, cuarto el County) podía opacar ese final de temporada. Se podía apreciar que la creación de Brian Clough estaba finalmente comenzando a tomar cuerpo. Pero los vaivenes de esos dieciocho meses habían asimismo dejado la impresión de que algo estaba faltando. O, mejor dicho, alguien....

CAPÍTULO 4

1976-1977: UN ASCENSO... ENTRE LAS NUBES

Augsburgo, Alemania Occidental, julio de 1976. El Nottingham Forest y Brian Clough habían elegido a Baviera para la pretemporada de la campaña 1976-77. John Robertson estaba sentado al lado de la pileta del hotel, escuchando atentamente esas palabras. Su condición era impresentable: sobrepeso, con pocas ganas de correr. En los primeros dos amistosos disputados por el Forest había quedado prácticamente parado todo el tiempo, como un fantasma vagando por el terreno de juego.

En este escenario fue donde Peter Taylor dirigiéndose al volante escocés le dijo: "Mira, John, llegué a este club para observar y, si es necesario, reemplazar a algunos jugadores. Tengo filas de muchachos que quisieran estar en tu lugar, pero creo que puedes hacer este trabajo mejor que cualquiera entre ellos, a condición de que me brindes la respuesta a esta pregunta: '¿Quieres seriamente jugar para el Nottingham Forest? ¿Quieres realmente jugar al fútbol de manera profesional?'".

En el verano boreal de 1976, los caminos de Clough y Taylor habían vuelto a juntarse luego de casi tres años: en tanto que Clough había dirigido por 44 días a Leeds United y un año y medio al Nottingham, Taylor había permanecido en Brighton, al mando del Hove & Albion. En el sur, como principal entrenador de los Celestes, había alcanzado el 19° puesto de la Tercera División en las campañas de 1973-74 y 1974-75, pero en su última temporada con las Gaviotas había estado cerquísima del ascenso a Segunda, finalizando en el 4° lugar con 53 puntos, a tres del Millwall que ascendería con 56.

TAYLOR Y CLOUGH; CLOUGH Y TAYLOR

Peter Taylor, el arquero siete años mayor que Brian Clough, fue el que en Middlesbrough en los años 50 había apoyado y fomentado el ascenso de Clough a centrodelantero titular, acompañándolo en la vida diaria, brindándole un marco de protección que nadie, ni siquiera su propia familia, pudo entregarle por ese entonces. En 1958, Taylor lo había defendido cuando varios jugadores de Middlesbrough habían avanzado una petición para sacarle la cinta de capitán y, sobre todo, Peter Taylor era quien había empezado a engendrar la carrera de DT de Brian Clough, ya desde esos mismísimos días en los que compartían el mismo vestuario como futbolistas. Como un profesor, Taylor escoltaba a Clough a otros partidos, donde los dos se posicionaban detrás de un arco para estudiar las tácticas de los dos equipos y elaborar juicios en torno a la actuación de uno que otro jugador. Pese a los tantos goles que Brian anotaba, ahí eran Taylor y Clough. Pero una vez que los dos abandonaron el terreno de juego, desde los tiempos de Hartlepool en adelante, sería indefectiblemente Clough y Taylor el orden del tándem.

Clough era quien había conseguido el nombramiento a director técnico con Hartlepool United, pero desde el vamos había querido a Taylor como su asistente, en particular, por la extrema capacidad de análisis y la habilidad que tenía para divisar el talento en algunos futbolistas, cuando eran muchos aquellos que por lo contrario no se percataban de las virtudes de uno u otro, produciendo garrafales errores de sobrevaloración o subestimación. Taylor era quien había asegurado un radioso futuro para John McGovern desde el mismísimo día en el que ese flaquito con 15 años había ido a probarse a Hartlepool. Era él quien había traído a Derby a Roy McFarland, Alan Hinton, Archie Gemmill y otros protagonistas de esa gesta que en cinco años llevó al County de la Segunda División a su primer título.

Pero sobre todo Peter Taylor llegaría al Forest para reconstruir una magia que se había interrumpido demasiado pronto, el encanto de esa sociedad que él y Clough habían forjado durante nueve años. Clough sin Taylor era como "el gin sin agua tónica", como escribió Daniel Taylor en su libro I believe in miracles (Creo en los milagros). Sin la compañía de su fiel aliado algo parecía faltarle a Brian Clough para que pudiese desplegar todo ese carisma y poder de persuasión que habían hecho posible lo imposible en Derby entre 1967 y 1973.

"Éste es definitivamente el mejor negocio que hizo el club en años", declaraba Clough luego de la asunción del viejo amigo. No se equivocaba. Esas palabras reverberarán por mucho tiempo en la historia del Nottingham Forest, que a partir de ese día emprendía la senda que mudaría para siempre el mapa futbolístico de Inglaterra. Y el de Europa también.

"Vete al carajo al hotel, eres una desgracia", irrumpía Taylor. John Robertson atinaba a protestar, pero sin convicción. "¡Anda! ¡Y agradéceme que te estoy ahorrando tiempo para que empieces desde ya a empacar tus maletas!", continuó. Leídas así suenan a palabras terminantes. Pero en ellas no existía la real intención de ponerle punto final a la relación de Robertson con el Nottingham Forest.

Peter Taylor minutos después se dirigiría a la pileta del hotel, donde Robertson yacía desconsolado. Ahí, con mayor equilibrio, el flamante colaborador le explicó al volante lateral escocés la mala impresión que dejaba a cada rato en esas semanas de preparación veraniega. Pero más allá de los duros términos, Taylor finalizó su largo sermón con unas pocas palabras que en unos minutos resolvían un problema que Clough no había podido solucionar a lo largo de 18 meses: "De todos modos, John, nosotros creemos que lo puedes lograr".

Era un modo de poner simbólicamente una mano en el hombro de Robertson luego del duro reproche. Y de ahí todo cambiará en este artista del balompié, tan rico de virtudes taumatúrgicas cuando una pelota encontraba sus botines. "He encontrado a un sinfín de jugadores y pude decuplicar el valor de sus pases en muchos casos, pero ninguna adquisición con mi asesoramiento fue tan valiosa como la recuperación de John Robertson", aseguraría Taylor.

LARRY LLOYD, EL DURO

Coventry, noviembre 1976.

—Hola, ¿el señor Larry Lloyd?

—Sí, él mismo, ¿a qué debo la visita?

—Hola, buenos días, vinimos para traerle este lavarropas, se lo manda el señor Brian Clough.

Larry Lloyd ahora entendía todo. El día anterior Clough le había preguntado en qué condiciones se encontraban los electrodomésticos de su casa y, ante una consulta tan bizarra, muy asombrado, Lloyd le había justamente indicado al técnico del Nottingham Forest que su lavarropas estaba roto.

Difícilmente hoy en día un jugador se haría convencer a firmar un contrato a cambio de un electrodoméstico. Y el propio Lloyd, muy probablemente, no se había persuadido con firmar para el Forest solo por ese insumo que Clough acababa de regalarle en concepto de pequeño soborno.

Larry Lloyd era el zaguero que Peter Taylor había reconocido como el elemento para proporcionar a la línea de fondo del Nottingham una importante cuota de experiencia y poderío físico, cualidades de las que el sector defensivo del equipo sentía una gran falta. El veterano Bob Chapman, 30 años y en el Forest desde 1964, había siempre mostrado gran entrega y sacrificio por los colores, pero se encaminaba hacia la recta final de su carrera. Lloyd, en cambio, tenía 28 años, en el pleno de la madurez atlética y, sobre todo, traería un bagaje de maestría y categoría con la cual nadie contaba en ese momento en el plantel del Nottingham Forest.

Lloyd había vestido el Rojo Garibaldi por primera vez el 2 de octubre de 1976, cuando por la 8° fecha del torneo de Segunda División el Forest perdió 1-0 con Hull City de visitante. El defensor había firmado en principio un contrato de un mes, como prueba, porque la idea de jugar en Segunda no le parecía de ningún agrado al inicio de la temporada 1976-77. Larry Lloyd no era de hecho cualquier futbolista a ese nivel: desde 1969 hasta 1974 había jugado cinco temporadas en el Liverpool bajo las órdenes de Bill Shankly, ganando el campeonato inglés y la Copa UEFA en 1972-73, además de la Copa de Inglaterra en 1973-74. Lloyd tenía a esa altura veinticinco años y ya contaba con algunas presencias en la selección inglesa, de la cual todo indicaba que sería un baluarte.

Sin embargo, en 1973-74, Larry Lloyd sufrió un desgarro en el muslo derecho que lo atormentaría a lo largo de toda la campaña. En esa temporada -que resultaría su última en Anfield Road-, Lloyd perdió su titularidad al centro de la defensa, donde su lugar era tomado por Ian Thompson.

Tras el shockeante adiós de Bill Shankly, se terminaba también el paso de Larry Lloyd por Liverpool, pues el sucesor Bob Paisley había dejado en claro que no habría más lugar para él en su equipo. Lloyd recalaría entre 1974 y 1976 en el Coventry, un equipo que pese a jugar en Primera le entregaba la neta sensación de que sus mejores días ya se habían terminado. Por esa razón, cuando surgió luego el interés del Nottingham Forest, Larry no le había dado tanta consideración: si estimaba un fracaso terminar en un equipo como Coventry, que tenía que luchar para mantenerse en Primera, ¿qué opinión podría tener de uno que estaba en Segunda luchando por ascender?

Brian Clough y el Nottingham Forest, sin embargo, lo terminaron convenciendo en noviembre 1976. Durante los entrenamientos no se hacía tantos problemas y en varias ocasiones su dureza en los contrastes generaba cierta tensión en las prácticas. Pero a Clough y Taylor les gustaba ese tipo, un duro que no miraba a nadie en la cara. "Sabes, Larry, llegué a la conclusión que por 5 libras serías capaz de pegarle una trompada a tu abuela", le había confesado una vez Bill Shankly en su época en Liverpool. Lloyd, sin reparo, le había replicado: "No, jefe, me alcanza con la mitad de eso".

PETER WITHE, EL NUEVE

Un arquero que brinde seguridad al equipo. Un zaguero potente que deje pocos balones jugables a los atacantes contrarios y que con confianza maneje la salida defensiva. Y un centrodelantero con probado instinto de gol, que anote cuantas más conquistas se le ocurra. Fueron los tres pilares del equipo en la visión del fútbol que compartían Brian Clough y Peter Taylor. En el arco, a la espera de tiempos mejores, John Middleton presentaba importantes garantías y para una Second Division en los planes altos se lo consideraba aun a la altura del desafío. Para el centro de la defensa Larry Lloyd, además de una envidiable prestancia física, traía una probada experiencia tanto a nivel doméstico como internacional y para la categoría era imposible en ese entonces desear a alguien mejor.

El lugar de número 9 era aquel que había arrojado más incertidumbres en el verano de 1976. Luego de la salida de Ian Storey-Moore en 1972, el Nottingham Forest no había encontrado más a un referente seguro para el ataque. En principio, Duncan McKenzie parecía tomar la delantera, pero su cesión a Leeds -donde lo había llevado Clough- había privado al Forest del único elemento con liderazgo y goles para guiar al sector ofensivo. De ahí el vacío.

Tony Woodcock estaba todavía en su época caprichosa (iría a préstamo de vuelta en 1976-77 al Lincoln City) y el trabajo de goleador para la primera temporada completa de Clough lo había hecho Ian Bowyer, volante ofensivo, que con 16 goles había sido el máximo artillero del Nottingham en la campaña 1975-76.

El conejo de la galera lo sacaba nuevamente Peter Taylor. El fiel colaborador de Brian Clough lograba convencer el delantero Peter Withe a pasarse al Nottingham Forest, procedente de Birmingham City. Withe, categoría 1951, era un atacante de 1,85 y 80 kilos, quien Taylor había querido traer anteriormente a Brighton, cuando el asistente de Clough estaba entrenando en solitario a ese equipo. Sin embargo, en 1975, Withe, que pertenecía a Wolverhampton Wanderers, ya tenía un acuerdo para jugar durante el verano en la liga de Estados Unidos (North American Soccer League, NASL) con los Portland Timbers, lo cual había demorado su potencial incorporación a Brighton & Hove Albion. Durante la estadía norteamericana de Withe, los rumores sobre su salida desde Wolverhampton habían comenzado rápidamente a dar vuelta. Fue ahí que

el Birmingham City, anoticiándose de la probable partida de Withe desde los Wolves, elevó la oferta para su pase a 50 mil libras, superando por 10 mil la propuesta anteriormente presentada por Peter Taylor y el Brighton. Y en efecto, una vez vuelto a Inglaterra, Peter Withe firmó con Birmingham.

Peter Taylor deseaba entonces desquitarse de las adversas circunstancias que el verano precedente habían alejado su destino y el del delantero. En un equipo como el Forest, con grandes tiradores de centros como O'Neill y sobre todo John Robertson, Taylor estaba convencido de que Peter Withe podía llegar finalmente a anotar con la continuidad que le había faltado en los primeros seis años de carrera profesional, donde había marcado 44 goles entre la Cuarta División de Inglaterra, la liga sudafricana y estadounidense, y sus fugaces apariciones en Primera División.

COMENZANDO A SEMBRAR LA LEYENDA

El equipo del Nottingham Forest estaba prácticamente formado. El arquero era John Middleton. Viv Anderson, Larry Lloyd, Bob Chapman y Frank Clark de derecha a izquierda formaban la línea de defensa, siendo Colin Barrett el principal reemplazante de los dos laterales. En el mediocampo John McGovern era el elemento más replegado, con John Robertson, Ian Bowyer y Martin O'Neill -o Terry Curran- que de izquierda a derecha integraban la batería de los volantes. Adelante, a la espera de algunos protagonistas de años sucesivos, estaban John O'Hare y Peter Withe, con Tony Woodcock y Barry Butlin como alternativas.

Durante las primeras seis fechas del torneo de Second Division 1976-77, el Nottingham Forest cosechaba apenas una victoria, con 4 empates y una derrota que colocaban al Garibaldi en el 12° lugar. Adelante igual los dos punteros marcaban un ritmo que todo era menos que insostenible: Wolverhampton y Chelsea estaban al mando con 9 puntos, tres unidades más de la 6 que tenía Nottingham.

De la fecha 7 a la 12, el Nottingham Forest bailaba de manera irresistible al City Ground, mostrando un fútbol ya matizado con ese estilo de toque abajo, paredes y presión alta que lo caracterizaría en los años siguientes. Sin embargo, a la hora de presentarse en las canchas contrarias, el miedo escénico lo podía. Los hombres de Clough ganaban tres partidos consecutivos de local anotando la belleza de 16 goles: 5-1 contra Carlisle en la 7ª jornada, 6-1 a Sheffield United en la 9ª y 5-2 frente a Burnley en la 11ª. Pero luego de cada uno de estos estruendosos triunfos llegaban otros tantos baches: 0-1 ante el Hull City en la 8ª fecha, 0-1 contra Blackpool en la 10ª y nuevamente 0-1 de cara a Oldham Athletic en la 12ª jornada.

Para anotar: después del triunfo a domicilio ante Burnley, Terry Curran abandonó el terreno de juego en muletas, luego de un duro choque con el defensor rival Fletcher. Ruptura del menisco. Por esos años eso significaba de 3 a 4 meses afuera. "Nuestras chances de ascenso se acaban de escapar", declaraba un muy desencantado Brian Clough al periodista John Lawson del Nottingham Post. En efecto, Curran había exhibido en las primeras 11 fechas un desempeño inesperado, anotando cuatro goles y asistiendo a sus compañeros en otras tres oportunidades.

Pese al ritmo trastabillante y a la pérdida de Terry Curran, la situación invitaba a mirar con confianza de cara a las ambiciones de ascenso. A fines de octubre 1976, tras doce turnos del certamen, el Nottingham Forest se encontraba en el 8° puesto y con sus 12 puntos estaba a tiro de la tercera posición.

ATISBANDO CUMBRES DE GLORIA: UN TRIUNFO... INTERNACIONAL

El año solar 1976 y el comienzo de 1977 verían al Nottingham Forest instalarse finalmente en la parte alta de la tabla: de la 13ª a la 22ª fecha el Nottingham lograba 6 victorias y 3 empates, con solamente una derrota. Gracias a esta racha, el 22 de enero 1977, el Nottingham Forest con 29 puntos había alcanzado el tercer lugar junto a Blackpool, quedando a una distancia de tres unidades de Bolton, segundo con 32, y a cuatro de Chelsea, puntero con 33.

A pesar del gran momento que estaba experimentando en el certamen local, otro evento en ese período asumía una importancia capital en la historia del Nottingham Forest. En el primer cuatrimestre de la temporada -el último de 1976-, el Forest jugaba la Copa Anglo-Escocesa. Este certamen tendría una breve vida, pues se disputó apenas entre 1975 y 1981. En la Copa Anglo-Escocesa participaban 24 clubes: 16 de Inglaterra y 8 de Escocia. Los clubes ingleses eran los primeros 13 clasificados de la anterior edición de la Segunda División, más los 3 recién descendidos desde la Primera; los clubes de Escocia eran todos los de su Primera División, excepto a los que jugaban en competiciones UEFA, lo cual apartaba casi siempre del torneo a Celtic y Rangers, siempre presentes en Europa.

El Nottingham Forest había superado en agosto 1976 el Grupo 3 de Inglaterra, luego de empatar 0-0 el clásico contra Notts County y vencer 3-2 a West Bromwich y 4-2 a Bristol City. En los cuartos de final, los cuatro equipos de Inglaterra eran emparejados con los cuatro escoceses, de manera que en esa instancia no se jugaran clásicos nacionales.

Al Forest en septiembre le tocaba el Kilmarnock escocés, que los hombres de Clough superaron con un peleado 4-3 global. En las semifinales, el Nottingham eliminaba a otro conjunto de Escocia, el Ayr United, derrotándolo con un 4-1 global.

Llegaba diciembre de 1976 y el cierre del año le presentaba al Nottingham Forest la primera final jamás jugada en los últimos 17 años. Por supuesto, no se podía comparar con la Copa de Inglaterra ganada en 1959, pero esa copa era importante, Brian Clough estaba sumamente consciente de ello. Así recordaba en sus memorias esa decisiva eliminatoria: "La competición conocida como Copa Anglo-Escocesa había sido presentada como un torneo sin sentido, una baratija priva de valor. Pero no era así para nosotros. Teníamos a jugadores que no habían conseguido nada en sus vidas. Queríamos ganar algo para demostrar a nosotros mismos y a los demás que contábamos con las credenciales de un buen equipo, que éramos un conjunto capaz de lograr el ascenso a Primera".

El último obstáculo camino a la victoria fue el Leyton Orient, equipo de Londres que compartía con el Nottingham Forest la segunda categoría. El primer encuentro, el 13 de diciembre de 1976 de visitante, terminó 1-1: el valioso empate para el Forest lo marcaba desde el punto penal John Robertson.

El decisivo partido de revancha estaba previsto apenas 48 horas después, el miércoles 15 de diciembre en el City Ground, a las 19.30 local. Frente a una no exaltante asistencia de 13 mil hinchas, el Nottingham se impuso con un contundente 4-0, con doblete de Colin Barrett y una diana cada uno para Bob Chapman e Ian Bowyer.

El Nottingham Forest por primera y única vez levantaba la Copa Anglo-Escocesa. Sin embargo, el triunfo pasaba sumamente desapercibido entre los medios deportivos, incluso en la propia ciudad de Nottingham.

Algo extraño teniendo en cuenta que al fin y al cabo se trataba de un triunfo internacional. ¿Era aquella la señal premonitora de algo grande que se estaba gestando? Sí. Así era. Pero absolutamente nadie podía reconocerla en ese momento e imaginar la proporción aurea del radioso futuro que estaba a punto de llegar.

EL AÑO DEL DESPEGUE... EN LA NEBLINA

Era 1977 y la pantalla grande recibía a la sensacional La guerra de las galaxias de George Lucas, aunque era Woody Allen quien se llevaba cuatro estatuillas de la Academia con su película romántica Annie Hall. Las emisoras de medio mundo irradiaban Heroes, de David Bowie, y Pigs on the wing, de Pink Floyd, mientras Gran Bretaña celebraba el Jubileo de Plata de la Reina Isabel II y en la Argentina, que se encaminaba hacia el Mundial 78, la junta militar sembraba terror y muerte entre la población.

***

El Nottingham Forest de Brian Clough arrancaba el 1977 cerrando el mes de enero en el tercer puesto del torneo de Segunda División y febrero empezaba con la eliminación de la Copa de Inglaterra a manos de Southampton. El segundo mes del año marcaba un nuevo anticlímax que revivía las pesadillas de 1975-76: las derrotas ante Wolverhampton y Luton Town elevaban a tres las caídas en cuatro fechas y echaban encima del equipo de Clough un hálito de angustia sobre el inmediato futuro en la temporada.

Era fundamental volver a ganar inmediatamente y el martes 15 de febrero estaba previsto un turno entresemana. En el City Ground se presentaba Southampton, a apenas quince días del pirotécnico 3-3 de la Copa de Inglaterra. En el día después de San Valentín dominaba en el aire el poderoso rigor invernal con temperaturas heladas y una humedad aguda que desmenuzaba el aliento de los jugadores en el gramado. Al finalizar el primer tiempo, la visita estaba arriba 1-0 y todo parecía indicar que el Nottingham Forest sufriría su tercera caída consecutiva, la cuarta en los últimos cinco encuentros. Había que torcer el rumbo, sea como fuere.

Ya a partir de los últimos instantes de la primera etapa el aire se había vuelto cada vez más denso. Durante el descanso una neblina procedente desde el río Trent se había hecho más espesa y envolvía como una humareda a la cancha y a las tribunas del City Ground. Era frecuente que durante el invierno se presentase este tipo de fenómeno alrededor de la cancha del Nottingham, pero en esa ocasión hacía imposible proseguir las acciones del juego. A los dos minutos de arrancada la etapa complementaria, el árbitro suspendió el encuentro.

"El clima salvó las esperanzas de ascenso del Forest", titulaba al día siguiente el Nottingham Post. John McGovern declaró años después que "el equipo podría haber jugado hasta pasada la medianoche y no embocar una".

¿Estaba el Nottingham Forest al borde de derrumbarse? ¿Se había de repente terminado la magia? Era prematuro establecerlo. Tras las dos derrotas consecutivas y la neblina de la salvación, el Nottingham mantenía 29 puntos en 24 partidos y bajaba del tercer al quinto lugar. Fue con la suma bendición tanto de Brian Clough como de Peter Taylor que llegara el receso de invierno: dieciséis días, hasta el 2 de marzo.

A pesar de la complicada coyuntura en la que se encontraba el equipo, durante esas dos semanas los jugadores y el cuerpo técnico se relajarían por completo, sin hacer ningún tipo de práctica ni tocar una sola pelota. Clough ya desde los tiempos de Derby había sido un ferviente partidario de la suspensión de la actividad durante la pausa de invierno para recobrar energías. Taylor y él decidían dar una vuelta por Mallorca, para respirar un poco de aire de mar en su clásico refugio de Cala Millor. Lo habían hecho tantas veces, lo volverían a hacer incluso junto a los jugadores de Nottingham Forest. Aún no lo sabían cuando disfrutaban de ese dulce sol de fin de invierno, pero de ahí a unos tres meses, junto a sus dirigidos, emprenderían un nuevo viaje con destino las Baleares. Un viaje, como veremos, rumbo al ascenso.

NUNCA VOLVER ATRÁS

Durante esa pausa de invierno, Brian Clough y Peter Taylor recibían una oferta inesperada: el Derby County los quería de vuelta a dirigir al Baseball Ground. Clough siempre había hecho manifiesto su remordimiento por haber presentado la renuncia como técnico del County en octubre 1973. Había sido aquel un error estratégico, dictado por la convicción de contar con un poder ilimitado dentro del club y que a la postre no se había revelado como tal. "Nunca, nunca, nunca abandonar la nave", escribió en su autobiografía, indicando en ese acto el error más grosero de toda su vida. La propuesta de Derby se presentaba como tentadora en ese sentido. Clough había siempre imaginado en algún rincón de su mente la posibilidad de volver allí un día y recrear esa magia que había llevado a los Carneros desde la mitad de tabla de la Segunda División a ser uno de los mejores equipos de Inglaterra. Pero por otro lado no podía borrar de una vez todas las diferencias que lo habían enfrentado al expresidente Sam Longson, quien seguía siendo miembro del Comité directivo: "Nunca vuelvas a Derby hasta tanto Longson esté en la directiva", le había rogado su esposa, Barbara, quien mal había soportado el veneno que Longson había descargado encima de su marido una vez terminada la relación entre Clough y el Derby County.

Es cierto, Derby estaba en ese entonces en Primera División, en tanto que Clough se encontraba aún atrapado en las arenas movedizas de la Segunda. La oferta le abría nuevamente las puertas de la máxima categoría, torneo del cual -salvo el brevísimo paréntesis de Leeds- estaba alejado desde prácticamente cuatro años. También eso era otro punto a favor. Pero no. Clough no habría abandonado al Nottingham Forest. El hecho de que no lo hubiesen echado durante la campaña 1975-76 -cuando por 12 fechas consecutivas el Forest no ganó un solo encuentro- hablaba muchísimo de su posición en el City Ground: en el Nottingham Forest, Clough tenía el total respaldo del club, por ser un referente imprescindible para la entidad y, a la vez, era lo que el DT deseaba mayormente. Tenía la delantera sobre cualquier decisión inherente al equipo, la máxima confianza de la directiva sin ningún tipo de intromisión en asuntos técnicos. Había capeado numerosas tormentas, trepado altas cumbres para poder enfrentar ese tramo final de la campaña 1976-77 en la que, pese al delicado momento, sabía que aún contaba con la chance concreta de lograr el ascenso. Ni siquiera Taylor, más tentado entre los dos por la propuesta del viejo club, había hecho trastabillar a Clough. Su asistente insistía con volver a Derby, confiado sobre la posibilidad de reconstruir un equipo ganador en la ciudad que los había consagrado. Tal era su convicción que Taylor ya había ofrecido su disponibilidad al presidente de Derby, incluso pactando una fecha para la presentación en el Baseball Ground.

Unos días después de que volvieran de Mallorca, el presidente de Nottingham Forest, Stuart Dryden, convocaba a Clough y Taylor en su despacho para esclarecer los rumores sobre la posible partida de los dos. Taylor continuaba en la idea de dejar el Forest: "Tenemos que irnos, es una oportunidad única", diría. Pero Brian Clough quedaría firme en su postura, era demasiado orgulloso para retractarse: "Peter, estás libre de hacer lo que quieras, pero yo no voy a ir a ningún maldito lado".

Dos días después, Brian Clough se presentaba en el Baseball Ground, debiendo poner la cara para desmentir rotundamente que Taylor y él volverían a entrenar al County. La prensa local tituló: "He's coming home (Está volviendo a casa)". Ingresado en la sala de prensa, Clough estrechó la mano a los principales dirigentes de su exclub, incluso la de su archienemigo Longson. Finalizados los cumplidos rituales, el DT del Nottingham Forest se dirigió a la mesa: "Antes de que digan algo, sepan que no voy a volver a dirigir su club". Y eso fue todo.

Si presentar su renuncia ante esa mesa en 1973 había sido el error más garrafal de toda su vida, ahora, en 1977, rechazar ante esas mismas caras la propuesta de volver se revelaría a partir de allí como la elección más acertada.

LA MALDICIÓN DE NOTTS COUNTY

Lejos del peligro de perder el último tren por el ascenso y de aquel aún mayor de verse despojado de su imprescindible conductor, el Nottingham Forest llegaba a marzo de 1977 consciente de que ese sería el mes más crucial para sus ambiciones de promoción. En efecto, el fixture desde el 2 hasta el 29 deparaba al equipo de Clough un total de ocho partidos, prácticamente un encuentro cada tres días. Luego de ganar 1-0 afuera

contra Hereford, 2-0 en casa frente a Hull y empatar 1-1 en Carlisle, el 8 de marzo, increíblemente, el Forest sufría una nueva caída en el clásico ciudadano ante el Notts County, un verdugo contra el cual Brian Clough no había podido sacarse la espina. En cinco partidos de torneo frente al vecino de Meadow Lane nunca había podido ganar, empatando tres veces de visitante y perdiendo ambos encuentros disputados en el City Ground. Fue realmente curioso que ese equipo de Nottingham Forest, destinado a calcar gloriosamente escenarios tan grandes de ahí a unos años, no pudiera superar al pequeño vecino que quedaba al otro lado del río. Los dos estadios, Meadow Lane y City Ground, se miran cara a cara de una orilla a otra del Trent, en tanto que los campos de práctica de Forest y Notts County quedaban en esa época sobre el mismo borde del lecho fluvial. Cuando Brian Clough y sus dirigidos pasaban frente al campo de entrenamiento del County, el técnico solía amenazar a sus jugadores bromeando sobre el rival ciudadano: "Ven, si se convierten en una basura de futbolistas, es justo allí donde van a terminar", aseguraba.

Luego de 29 partidos, la tabla de posiciones veía al Notts County aún arriba del Nottingham Forest: 36 para los blanquinegros, 34 para los rojos. Los dos conjuntos se enfrentarían nuevamente el 9 de abril, y una vez más no se sacarían ventajas en Meadow Lane, donde el segundo clásico por torneo local de la temporada finalizaría 1-1. Difícil explicar el porqué le pasó eso a Brian Clough contra el equipo que de alguna manera había disparado su asunción al mando del Forest: había sido de hecho luego de una derrota interna contra Notts County que la directiva del Garibaldi decidió despedir a su predecesor, Allan Brown.

EN LA RECTA FINAL, SIN SER DUEÑOS DE SU PROPIO DESTINO

El 19 de marzo, el Nottingham Forest enfrentaba su quinto compromiso en 17 días y sufría su novena derrota en 30 partidos de torneo. Esta vez el traspié llegaba de visitante contra Sheffield United, que se impondría por 2-0.

La situación se tornaba crítica y tensa para los Rojos de East Midlands. Ese mismo día, el Notts County empataba 0-0 y se alejaba un poquito más todavía. El Forest era séptimo con 34 puntos, tres abajo del rival ciudadano y sobre todo a seis unidades (tres victorias) del tercer puesto -el último útil para ascender-, que ese día de fin de invierno era ocupado por Luton Town a cuota 40.

Pero luego de la derrota en Sheffield, el Nottingham Forest daba vida a una seguidilla de cinco triunfos consecutivos. Tony Woodcock -regresó desde su breve e intrascendente préstamo a Doncaster Rovers- anotó cuatro goles en ese tramo del campeonato, demostrando finalmente que podía hacer "algo diferente", como le había pedido Brian Clough.

Tras esta serie de victorias al hilo, el Forest había disputado 35 partidos y con 44 puntos volvía a apoderarse del tercer puesto, con los punteros Wolverhampton y Chelsea casi pegados con 45 unidades.

El entusiasmo estaba por las nubes, pero hacían falta apenas tres partidos para devolver al Nottingham a una dimensión más bien terrenal: primero, el ya mencionado empate contra el 'invencible' Notts County, y enseguida dos derrotas consecutivas: 1-2 en Stamford Bridge contra Chelsea y 0-1 de local frente al Cardiff City. El 23 de abril de 1977, cuando aún le faltaban cuatro encuentros por jugar, el Nottingham Forest estaba nuevamente fuera de la zona de ascenso: cuarto con 45 puntos, se había visto superado con 46 nada más y nada menos que por Notts County, asombrosamente indómito en la pelea.

El 27 de abril, con los goles de Withe y Woodcock, el Nottingham Forest superó en el City Ground por 3-0 al Oldham Athletic y efectuaba un nuevo adelantamiento sobre el Notts County: 39 partidos jugados por ambos y la cuenta de puntos era de 47 a 46 en favor del Forest. Sin embargo, la lucha por el tercer lugar no era apenas un duelo entre los dos conjuntos de Nottingham. El Bolton Wanderers con 45 unidades estaba inmediatamente detrás de Forest y Notts County, pero tenía que recuperar dos encuentros y con ellos, potencialmente, mucho del terreno perdido.

El sábado 30 de abril, como un balde de agua fría, llegaba para el Nottingham el empate por 1-1 de visitante contra Bristol Rovers. El tercer último encuentro de la temporada parecía haber marcado ya el destino del equipo de Clough. No preocupaba tanto el Notts County, que ese día igual había ganado y alcanzado el Forest a 48 puntos. Era el Bolton la verdadera amenaza al sueño de ascenso del Garibaldi. A partir de ese sábado de fines de abril, los hombres vestidos de rojo supieron que ya no serían dueños de su propio destino. Con 40 partidos jugados, el Nottingham Forest tenía de hecho en su cosecha 48 puntos y, ganando los últimos dos compromisos que le quedaban, podría haber llegado como mucho a la línea de 52.

Al contrario, el Bolton Wanderers tenía apenas un punto menos, 47, pero todavía le faltaban jugar cuatro encuentros, habiendo disputado hasta ese momento un total de 38 partidos. Esto quería decir que Bolton podía finalizar el torneo con 55 unidades y que con tal de alcanzar cuota 53 habría ascendido a Primera en lugar del Nottingham.

"Pensábamos realmente que lo habíamos perdido todo", recordó Martin O'Neill al autor Daniel Taylor en el libro I believe in miracles. "Había una desazón tremenda en el vestuario luego del partido. Clough intentaba

mostrar al mal tiempo buena cara, pero en el fondo creo que también él estaba convencido de que no tendríamos más chances. Ya no éramos dueños de nuestro destino", agregó.

VOLANDO HACIA MALLORCA, ASCENDIENDO A PRIMERA

El Nottingham Forest completaba en el mes de mayo el fixture de sus compromisos. El lunes 2 el equipo de Clough vencería 2-1 al Plymouth Argyle, en tanto que el sábado 7 de mayo el Nottingham en el City Ground cumplía el último deber, imponiéndose con un achicado 1-0 al Millwall. El equipo de Clough se despedía triunfalmente de su público. Más allá de que los hinchas rojos aún tuvieran que tribular para conocer el veredicto de la temporada, la campaña 1976-77 resultaba espectacular y había entregado al fútbol de Inglaterra un equipo digno de la Primera División.

El Nottingham había ganado 21 partidos (la mitad), empatado 10 veces y perdido en 11 oportunidades, muchas y demasiadas. El final había sido el mejor entre todos los conjuntos de la categoría: en las últimas 12 fechas, el Forest había ganado ocho encuentros, empatado dos y perdido otros tantos, por un total de 18 puntos de los últimos 24.

Con 77 goles anotados, el equipo de Clough resultaba la segunda delantera del torneo, detrás del Wolverhampton Wanderers, campeón de la divisional. Peter Withe, con 19 goles, completaba la cosecha más abultada de su carrera; Tony Woodcock, con 17 conquistas, había al fin demostrado su real valor y era elegido por la afición como mejor jugador de la temporada, mientras que John Robertson sobresalía como pilar fundamental en la edificación de todas las jugadas ofensivas. El escocés venía incluido en el equipo ideal del campeonato por la Asociación de Jugadores Profesionales, en tanto que los directores técnicos de la Segunda División lo nombrarían mejor jugador de la categoría.

Ese 7 de mayo el Nottingham Forest aún figuraba tercero con 52 puntos, pero tenía que esperar a que Bolton Wanderers completase su calendario. Ese primer sábado de mayo había llegado una noticia alentadora: el Bolton había empatado 1-1 de visitante contra Luton Town, ascendiendo de 47 a 48 puntos, dejando así un tanto en el camino. El cuadro de Ian Greeves, de todos modos, tenía en frente tres partidos todavía: con dos victorias y una igualdad se sumaría a los ya ascendidos Wolverhampton y Chelsea.

El siguiente martes 10 de mayo, el Bolton, jugando de local en Burnden Park, superaba 2-1 al Cardiff City, alcanzaba cuota 50 puntos y mantenía firme en sus manos su propio destino. Le faltaban jugar dos partidos:

el primero en casa contra el ya campeón y ascendido Wolverhampton Wanderers; el segundo y culminante afuera ante Bristol Rovers. Dos equipos que no tenían que pedirle más nada al campeonato y que, como temían en Nottingham, podrían haberle dejado camino abierto a Bolton en su marcha a Primera.

Brian Clough y Peter Taylor, así como John McGovern y John O'Hare, miraban una película ya vista. Cinco años antes los dos técnicos y los dos futbolistas escoceses habían vivido con Derby County una situación parecida. En esa ocasión, para esperar la decisión del campeonato, Taylor había acompañado al plantel en una vacación de fin de temporada a Mallorca, en tanto que Clough había optado por esperar las buenas noticias en las Islas de Scilly, sur de Inglaterra. Aquella vez las cosas les habían ido bien, el Derby County se había coronado campeón de Inglaterra y era tal vez por esa circunstancia que el DT y su principal asistente decidían repetir al menos en parte ese mismo ritual.

Sábado 14 de mayo, el Bolton recibía en su estadio al Wolverhampton Wanderers. Increíble. Esos mismos Wolves que en 1972 le habían ganado al Leeds entregándole a Clough el primer título de campeón de su historia, volvían nuevamente a cruzarse con el destino del técnico, esta vez a la caza de un ansiado ascenso.

Y a ascender, literalmente, se predisponía el plantel de Nottingham Forest, listo por el embarque en el aeropuerto de East Midlands, con destino la isla de Mallorca. Esta vez Brian Clough decidía acompañar a Taylor y a sus dirigidos en las vacaciones. El viaje había sido pautado para esa fecha, pues el grueso del ambiente del Forest imaginaba que ese día Bolton hubiera ganado contra un Wolverhampton ya ascendido, sacio y posiblemente distraído por los festejos del ascenso, logrado durante la semana. Si un milagro tenía que llegar quizás sería de la mano de Bristol Rovers el siguiente martes, cuando la plantilla del Forest ya estaría instalada desde unos días en Cala Millor.

El viaje del Nottingham comenzaba mientras en Bolton el partido ya estaba en marcha. Mientras el avión sobrevolaba el norte de Francia llegaba una comunicación del comandante para la cabina: "Gentiles pasajeros, es el comandante quien les habla. Las condiciones de nuestra ruta como podrán observar son excelentes, estamos aproximadamente a 37 mil pies mientras sobrevolamos el territorio francés. Hoy, como algunos de ustedes sabrán, estamos volando junto al equipo de Nottingham Forest y por todo pasajero que estuviera interesado, les informamos que el Wolverhampton acaba de ponerse en ventaja en su partido contra Bolton".

¡Yes! Estallaban los jugadores de Nottingham arriba de la aeronave. El vuelo empezaba a bailar, no por efecto de alguna turbulencia, sino por los

saltos que pegaban los futbolistas del Forest, completamente desbordados por la noticia que acababa de comunicarles el piloto comandante. Kenny Hibbit era quien había anotado el tanto del 1-0.

Pero a la felicidad se contraponía inmediatamente la ansiedad por obtener ulteriores detalles del partido. ¿Qué más estaba ocurriendo? ¿Aguantaría el Wolverhampton esa ventaja? ¿Tendrían los Wolves la voluntad de mantenerse en el partido hasta lo último? El único que podía enviar actualizaciones era el propio comandante. "De repente, luego de haber tomado un poco de champán, cayó un gran silencio entre nosotros", recordó Martin O'Neill en una nota al diario The Guardian. "Todos imaginábamos que el piloto habría seguido comunicándonos novedades sobre el partido, pero eso del gol de Hibbit fue lo último que escuchamos de su parte".

El nerviosismo cortaba impetuoso el aire presurizado de la cabina. También Brian Clough tenía dificultades en disimular la tensión que a cada minuto se hacía más envolvente.

Colin Barrett, impaciente, se acercaba a la carlinga para pedir noticias: "Me dijo el comandante que Wolverhampton sigue ganando", reaseguraba el defensor, pero ya nadie quería aventurar algún tipo de reacción o expectativa. Sin que lo supiesen, en Burnden Park el Bolton estaba sitiando el arco de los Wolves: primero, un cabezazo de Sam Allardyce estrellaba el travesaño; luego, un gol de Neil Whatmore venía invalidado por offside; finalmente, otro remate de cabeza de Allardyce pasaba cerca del palo de la portería de la visita.

Transcurrían varios minutos desde la actualización de resultado obtenida por Barrett. Luego, de pronto, llegaba a los jugadores del Forest la noticia de que el guardameta de Wolverhampton, Gary Pierce, se había lesionado y, como el técnico de los Wolves, Sammy Chung, había agotado los dos cambios, el lugar del portero titular bajo los tres palos lo tomaría el artillero Bobby Gould. De ahí, según los diferentes relatos, nadie en el plantel se enteró sobre las acciones finales del partido y, sobre todo, nadie llegó a conocer el resultado final.

A su arribo a Mallorca, los jugadores del Forest no podían saberlo, pero mientras estaban haciendo los controles de pasaportes miles de hinchas de su equipo estaban ya camino a Old Market Square: el Wolves había efectivamente ganado 1-0 y, con 52 puntos, el Nottingham Forest se aseguraba el tercer puesto y ascendía junto a Wolverhampton Wanderers y Chelsea a la First Division 1977-78.

Ni bien pasado el control migratorio, Brian Clough corrió al primer teléfono público y pidió con afán al operador local que lo conectara pronto con un número de Nottingham. Estaba llamando a la sede del club. Esperaba que fuera el presidente Stuart Dryden quien le respondiese. Pero al otro lado de la línea atendió la esposa del mandatario, la señora Mary, cuya voz llegaba sumamente entrecortada en el medio de una comunicación muy endeble y confusa.

Llegaban sin embargo seis palabras. Seis vocablos que, antes de que cayera irremediablemente la conexión, resolvían la ecuación de una tarde y de unos meses dominados por las turbulencias: "Supongo que me incumbe felicitarle, señor".

Su corazón exultaba. Su alma estaba presa de un tumulto de felicidad. Todos sus dirigidos se amontonaban a su alrededor, ciñéndolo en un abrazo y en gritos liberadores. El aparato quedaba descolgado mientras que los futbolistas del Forest saltaban como si se encontrasen al borde de un campo de juego, desbordando con el eco de sus gritos la rutina de la terminal aeroportuaria.

Brian Clough había ganado su apuesta y volvía a ser de Primera, conquistando el retorno a la máxima categoría en el campo de juego. Para él, y para el Nottingham Forest, empezaría a partir de allí la Edad de Oro, una época de tres años que cambiaría para siempre la cara y la historia de este club.

CAPÍTULO 5

1977-1978: CAMPEONES SIN SIQUIERA IMAGINARLO

Estadio de Perry Barr, Birmingham, un sábado a la noche de julio de 1977. Los galgos ya habían sido posicionados por sus entrenadores en el punto de partida. La pista estaba en perfectas condiciones, cubierta de una arena espesa, cuidadosamente regada y allanada para garantizar la máxima adherencia a las patas de los perros. Los parlantes anunciaban los pintorescos nombres de los canes para que los apostadores tomaran nota.

Esa noche en las tribunas de Perry Barr marcaban presencia dos personajes del mundo del balompié inglés: el primero ya lo hemos encontrado varias veces, Peter Taylor, brazo derecho de Brian Clough, que llevaba puestos unos lentes de sol y una boina. El otro, Kenneth Burns, mejor conocido como Kenny, delantero escocés del Birmingham City, lucía su melena rubia, un poco despeinada.

Peter Taylor sabía que Kenny Burns estaba ahí esa noche. Por otro lado, Kenny Burns no podía ni sospechar que Peter Taylor estuviera entre los espectadores. En el mundo de las apuestas deportivas, Taylor estaba en su salsa, pero si tenía que jugarse unos mangos lo hacía apostando sobre caballos. Esa noche en el Perry Barr la pista y los galgos serían su última preocupación. Su principal tarea de hecho consistía en observar cuántas libras esterlinas iba a sacar de su billetera Kenny Burns.

"Olvida, no quiero agitadores, no quiero escorias y no quiero a un bastardo desagradable como Kenny Burns en mi equipo", había sentenciado Brian Clough cuando Taylor avanzó por primera vez con la idea de adquirir al futbolista oriundo de Glasgow. Era justo en la ciudad más poblada de Escocia que Kenneth Burns había nacido en 1953. Luego de iniciar su carrera juvenil con los Rangers, Burns a los 17 años se había mudado a

Inglaterra, adquirido por Birmingham City. Con 1,80 metro y 75 kilos, Burns había arrancado como defensor, pero pronto a los veinte años se había sido convertido en delantero central, posición que seguía cubriendo allá por 1977. Al margen de su buen rendimiento en el rectángulo verde, Burns también se destacaba por la dureza de su juego -por eso Clough tenía sus principales reservas- y de igual modo era acompañado por una mala fama en torno a su conducta fuera de la cancha, razón por la que Clough tenía todavía más reticencias sobre la oportunidad de incorporarlo.

Divorciado, con una pésima relación con varios integrantes del vestuario de Birmingham, entre los peores vicios a los que se asociaba a Kenny Burns estaban la elevada ingesta de alcohol y una adicción a las apuestas en las carreras de galgos. "Déjamelo a mí", le había dicho Taylor a Clough, prometiendo que le entregaría pronto un expediente. Finalmente esa noche de verano, Taylor no advirtió nada de descomunal en el comportamiento de Burns, quien por supuesto no había notado la presencia de alguien que lo estuviera observando. "Algunas veces apuesta unas veinte, otras unas diez libras, pero no es nada de exagerado, nada que no podamos manejar. Además, tomó solamente una pinta de cerveza".

En julio de 1977, Kenny Burns se convertía así en el primer refuerzo para la vuelta de Nottingham Forest a la First Division, adquirido por unas 145 mil libras esterlinas. Burns era atacante en ese entonces. Venía de anotar 19 goles con Birmingham City en el anterior torneo de Primera, el mejor de su carrera hasta ese momento. Su titularidad en el once inicial no estaría por supuesto en discusión, pero no sería en el centro del ataque que Brian Clough lo colocaría, en especial luego de seguir las sugerencias de Peter Taylor.

El director técnico había decidido prescindir del defensor Bob Chapman, ídolo de la hinchada, en Nottingham Forest desde 1964 hasta ese 1977, y sorpresivamente el excapitán cruzaba el río Trent para instalarse en Notts County. En ataque tanto Withe como Woodcock traían desde el torneo del ascenso un importante caudal de goles y por ello Clough no consideraba una prioridad fortalecer el grupo de los delanteros. Kenny Burns, luego de varios años dedicados a vulnerar las porterías contrarias, volvería con su vigor y su carácter impávido a jugar en defensa y a ayudar a proteger el arco de un Forest vencido en demasiadas ocasiones en el anterior campeonato.

"Me enteré que jugaría como defensor central poco antes del primer amistoso de pretemporada", recordó Burns en una nota al diario The Guardian. "Estábamos en Suiza, por enfrentar al St. Gallen. Ahí fue Jimmy Gordon, el asistente de campo de Clough, quien comunicó la alineación: Middleton; Anderson, Clark, McGovern, Lloyd, Burns... De 6. Hacía años que no actuaba en esa zona, pero así fue como todo arrancó, sin que Clough, Taylor o alguien más me anticipara nada".

SUMMER 1977: LOS FAVORITOS A CAMPEÓN DE INGLATERRA 1977-78

En vísperas del torneo de First Division 1977-78 cuatro eran los equipos considerados como posibles candidatos a la victoria del torneo. El primero y amplio favorito, el último bicampeón, Liverpool, el equipo del momento, que en 1975-76 y en 1976-77 había conquistado los títulos número nueve y diez de su historia, convirtiéndose en el primer club de Inglaterra en alcanzar el doble digito de victorias en el torneo de Primera División. En esas dos mismas temporadas los Reds, bajo el mando de Robert 'Bob' Paisley, habían logrado la Copa UEFA 1975-76 y a continuación la Copa de Europa, conquistada por primera vez en la historia del club, deviniendo el segundo equipo inglés en levantar el máximo trofeo continental luego del Manchester United. Había de todos modos un interrogante sobre el futuro inmediato del equipo de Merseyside: ¿Cómo repercutiría sobre el juego y en general sobre el vestuario del equipo de Anfield Road el adiós de Kevin Keegan? ¿Sería el escocés Kenny Dalglish un reemplazante a la altura de su predecesor?

Keegan, por entonces de 26 años, era un número 11 entre los mejores delanteros de Europa. Con Liverpool entre 1971 y 1977 había anotado 100 goles, ganando tres campeonatos, una FA Cup, dos Charity Shields, dos Copa UEFA y justamente esa última edición de la Copa de Europa, su laurel de despedida. En el verano europeo de 1977 había decidido seguir los rastros de los Beatles: después de Liverpool sería Hamburgo la meta para consagrarse en su arte, aunque no se tratase de rock'n roll. No defraudará a sí mismo: jugando a orillas del río Elba, Kevin Keegan obtendrá por dos años consecutivos -1978 y 1979- el Balón de Oro, el reconocimiento al mejor futbolista del Viejo Continente.

El Nottingham Forest tendría así a un rival menos en su doble choque contra Liverpool, aunque un increíble destino volverá a cruzar el camino de Keegan y del equipo de Clough de ahí a unos años.

***

El Manchester City de Tony Book había estado cerquísima de la consagración en la temporada anterior, finalizando el torneo a un solo punto de Liverpool, y con jugadores como Brian Kidd y Asa Hartford era indicado nuevamente como uno de los principales contrincantes.

La vereda de enfrente del Manchester United también estaba en las consideraciones de los principales observadores. Al United había llegado el técnico Dave Sexton desde el Chelsea, club con el que Sexton había triunfado en FA Cup y Recopa de Europa.

¿Habría podido repetir a Old Trafford lo que había hecho en Stamford Bridge? Sexton heredaba en el Manchester United un muy buen equipo, que hacía hincapié en futbolistas como Gordon Hill, Steve Coppell, Martin Buchan. El United había sido campeón de la FA Cup en la última temporada y contaba con una delantera que en las últimas dos campañas había promediado 70 goles en First Division.

El Ipswich Town de Bobby Robson estaba entre las posibles sorpresas, sobre todo por sus últimas temporadas: 4° en 1973-74, 3° en 1974-75, 6° en 1975-76 y nuevamente 3°, a cinco puntos del campeón Liverpool, en la campaña 1976-77. Con jugadores del calibre de Terry Butcher en defensa, John Wark en el mediocampo, Paul Mariner en ataque, no había que apartarlo a priori desde la pelea por el pergamino mayor. Finalmente, también Everton era considerado como un postulante de relieve de cara al campeonato y sería en su cancha que el Nottingham Forest emprendería su nueva marcha en Primera.

¿EN PRIMERA PARA SALVARSE?

Como fue posible observar arriba, en el verano europeo de 1977 los pronósticos sobre el potencial campeón de Inglaterra para la siguiente primavera boreal de 1978 se dirigían hacia cualquier ciudad menos que -como era lógico de esperarse- en dirección de Nottingham.

¿Cómo culpar en efecto a los medios, a los técnicos y expertos encuestados, que ignoraban rotundamente al Forest? Pese a la presencia de un DT de la estatura de Brian Clough, campeón con Derby County cinco años antes, el Nottingham Forest era un equipo recién ascendido, que además había promocionado desde la Segunda División con el tercer y último lugar disponible para el ascenso. Con 52 puntos, el Nottingham había tenido que esperar a que Bolton disputase otros dos encuentros de los tres que le quedaban pendientes para conocer el desenlace de un certamen que por muy poco no lo había relegado aún en la segunda categoría del fútbol nacional. Considerando todos los torneos de segunda división desde 1919-20 hasta ese entonces, el de Clough resultaba el décimo peor ascendido de todos los tiempos, uno de los dos peores de los últimos veinte años.

***

¿Podía entonces el Forest resultar uno de los favoritos? Y si a alguien se le hubiera ocurrido tenerlo en cuenta, ¿cómo descartar entonces a Wolverhampton Wanderers y Chelsea -respectivamente campeón y subcampeón de la Second Division 1976-77- que según la mera lógica de los resultados deberían considerarse superiores al Nottingham?

En la pretemporada, entre Suiza y Alemania, el Garibaldi había superado sin empacho a cuanto rival se le presentara en el camino durante los cinco amistosos precedentes el arranque del campeonato. Peter Taylor, confianzudo luego de las brillantes actuaciones, había estimado que el Nottingham Forest tenía que aproximarse al torneo con la convicción de poder clasificarse a la Copa UEFA, lo cual supondría alcanzar como mínimo la cuarta plaza de la First Division: ambicioso. Pero en el vestuario de los rojos dominaba la incertidumbre. Una vez finalizados los entrenamientos a orillas del Trent, los jugadores se reunían en la cafetería McKay y ante sus clásicos chip cobs, un sándwich de papas fritas, la armonía de repente se quebraba: ¿estarían a la altura de la Primera División? ¿Sería aquel un paso exageradamente grande que deberían dar en esa temporada? ¿Podrían lograr la permanencia en Primera? Las once derrotas del último torneo de Second no eran definitivamente antecedentes muy alentadores: una cosa era jugar con Oldham, Sheffield United, Luton Town, Cardiff City o Notts County, completamente otra significaría medirse a Liverpool, Arsenal, Manchester City o United y toda la compañía de Primera.

Para mitigar este clima de inseguridad, se sumaba al plantel del Nottingham un viejo conocido de Brian Clough y Peter Taylor, que con ellos y sus dos compatriotas McGovern y O'Hare había sido una de las figuras de los años de Derby: en agosto de 1977 llegaba desde Derby County Archie Gemmill, quien se convertía en el quinto escocés del Nottingham Forest, luego de Robertson, McGovern, O'Hare y Burns.

Faltaba todavía una última pieza para agregar a la plantilla, pero para Brian Clough y su Nottingham Forest la cuenta regresiva había terminado. Era el penúltimo fin de semana de agosto y en la ciudad de Liverpool era el Everton que aguardaba para la visita del nuevo ascendido.

UN ENCUENTRO ILUSTRADOR

Goodison Park, Liverpool, sábado 20 de agosto de 1977. El día de la verdad había finalmente llegado. El Nottingham Forest volvía a ser de Primera y lo hacía enfrentando de visitante a Everton, uno de los equipos considerados como posibles sorpresas en la carrera para el título, especialmente en razón de las brillantes actuaciones coperas de la precedente campaña, en la cual

los Toffees (las Golosinas) habían sido subcampeones de la Copa de Liga y semifinalistas de la FA Cup.

"Estaba nervioso como nunca", recordó John Robertson al autor Daniel Taylor. Continuó: "Creo que todos sobre el micro que nos llevaba a la cancha lo estábamos".

El estadio de Everton se mostraba un tanto intimidatorio. Los hinchas del club de Merseyside cantaban a los jugadores del Forest "corderos prepárense a la matanza", en tanto que Peter Taylor, para bajar los decibeles, contaba algunos chistes en el vestuario, advirtiendo el clima de tensión que existía entre los futbolistas.

Brian Clough finalmente elegía para la vuelta del Nottingham Forest en la First Division estos once: Middleton; Anderson, Clark, McGovern, Lloyd, Burns, Gemmill, O'Neill, Withe, Woodcock y Robertson. Era la alineación que representaba la mejor alquimia lograda por el técnico en sus primeros 30 meses, con cinco jugadores a su bautismo de fuego en First Division: Middleton, Anderson, O'Neill, Woodcock y Robertson, es decir, los cinco que estaban en el club al momento de la llegada de Clough al City Ground.

Los primeros veinte minutos del retorno en Primera fueron amedrentadores: el Everton aplastaba literalmente al Garibaldi contra su área, no dejándole un solo minuto para tomar aire. "No podíamos respirar. Francamente nos parecía que eso fuera demasiado para nosotros", recordaba O'Neill al autor Daniel Taylor.

Luego de los veinte minutos, el Nottingham lograba aliviar la presión del local y ganaba un tiro de esquina. John Robertson lo iba a hacer. En el medio del área aparecía la cabeza de Peter Withe que de repente anotaba la sorpresiva ventaja para los hombres de Clough. Era todo cierto: 1-0. A los 38 minutos era esta vez el propio John Robertson quien señalaba el segundo tanto del partido: 2-0 para el Forest. En los instantes finales de la primera etapa, Jim Pearson metió el descuento para Everton, lo cual parecía de pronto acabar con la ola de adrenalina que había propiciado la victoria parcial de la visita. Pero el Nottingham Forest, en el complemento, a los 77, firmó el tercero de la tarde con Martin O'Neill, quien como Robertson le ponía con un gol el moño a su debut en Primera.

El Nottingham Forest había vuelto en First Division a lo grande, sumando de a dos y lejos del City Ground, frente a un cuadro con aspiraciones a campeonato. Era un resultado sumamente satisfactorio. Brian Clough, sin embargo, estaba enojado con John McGovern: "¿Por qué no le diste la pelota a unos compañeros que tienen mejor remate que tú?", se quejaba el DT con su capitán, reo de haberse tomado excesivas licencias frente al arco contrario.

En ese vestuario, luego del primer partido del torneo, acontecía uno de los episodios más singulares de esta historia. El técnico oriundo de Middlesbrough dejaba de lado sus vanidades y permitía el ingreso a la intimidad de su equipo de un viejo amigo, un extécnico. Era Bill Shankly, el escocés exentrenador de Liverpool, quien aparecía frente a los jugadores del Nottingham Forest. "Ven, entra Bill, encantado de verte de nuevo".

Clough consideraba el vestuario como un espacio sagrado, un templo inviolable, donde ni siquiera el presidente tenía acceso libre. "Ves, Bill, estaba justo quejándome con algunos de mis jugadores por lo mal que han jugado en algunos momentos del partido, pero creo que deberías hacerlo tú ahora". Y así, de buenas a primeras, Brian Clough tomaba asiento junto a sus futbolistas y dirigía su atenta mirada hacia Shankly, invitando a sus dirigidos a hacer lo mismo. Fueron quince minutos de religioso silencio. A cada gesto y a cada palabra del extécnico de Liverpool, la figura de Bill Shankly asumía en la mirada de los jugadores del Forest los semblantes de un asceta, un hombre que para triunfar en el fútbol lo había dejado todo y que había encontrado la luz. "Ésta fue apenas la primera, es solamente una victoria, la marcha en este torneo será aún muy larga y áspera para ustedes muchachos". Escurrían esas palabras y la voz de Shankly era escuchada por los jugadores del Nottingham como si se tratase de una sentencia del oráculo de Delfos: "Eso no quiere decir que deben subestimarse. Si jugaron como jugaron hoy y tienen a Clough como director técnico, no se queden en esta Primera División simplemente para jugar en la categoría, ¡intenten ganarla! Sigan jugando de esta manera y podrán ganar el campeonato".

Era ahí que todo cambiaba. Como decía de Shankly su exdirigido Kevin Keegan, "ese hombre te hace creer que se puede trepar cualquier montaña", y los futbolistas de Clough, al escuchar al exDT de Liverpool, ese día empezaron a convencerse de que debían intentarlo, pese a que las casas de apuestas cotizaran 30-1 sus chances de título.

PETER SHILTON, LA PIEZA QUE FALTABA

Las razones para ser optimistas, además, aumentaban fuertemente en ese fin de semana de verano. De hecho, mientras el Nottingham Forest conseguía frente a Everton el primer triunfo del campeonato, en el estadio de Mansfield dirigentes del club llegaban a un acuerdo para contratar desde Stoke City al arquero Peter Shilton. Shilton, categoría 1949, era desde años considerado como uno de los mejores guardametas de Gran Bretaña, sino el mejor. Sin embargo, en sus 28 años había jugado solamente con clubes de la talla de Leicester y Stoke City, sin alcanzar ningún título: en

su curriculum apenas aparecía un subcampeonato en la FA Cup de 1969 con Leicester. Shilton había empezado a saltar a la notoriedad en 1972, cuando la mala fortuna del arquero Gordon Banks le abrió las puertas de la selección de Inglaterra. Banks, campeón mundial de 1966, en 1972 sufrió un grave accidente de auto que le quitó la vista de un ojo. Carrera terminada. Alf Ramsey, el histórico DT del Mundial ganado en casa, había elegido a Ray Clemence de Liverpool como su heredero bajo los tres palos, citando a Peter Shilton como suplente. Con el correr de los años esa jerarquía no había mudado, frustrando la ambición de Shilton de ser reconocido como el mejor. Incluso con la llegada del exDT de Leeds, Don Revie, al timón de Inglaterra, Clemence mantenía firme la titularidad. Por esa razón en 1976, cuando apenas había acumulado dos presencias con los Tres Leones, Shilton había pedido a Revie que dejara de citarlo, pues no le interesaba ser el portero de reserva.

Brian Clough había buscado desesperadamente contratar a Shilton durante su mandato en Derby County, pero no lo consiguió. Shilton, luego de dejar el Leicester City en 1975, se había traspasado a Stoke City, club con el que había recién descendido a Segunda y con el que había arrancado en esa categoría la temporada 1977-78. Pero para esa campaña Peter Shilton no podría quedarse en esa categoría, era como pedirle a Frank Sinatra que renunciara a la temporada en Broadway y cantara en un salón de fiestas del Bronx. Un arquero con su clase sobraba a esa divisional y el ascenso de Nottingham Forest a la First Division alineaba finalmente los planetas para que él y Clough pudieran al fin hacer coincidir sus respectivos caminos: 325 mil libras esterlinas tornaban la adquisición de Peter Shilton en la más costosa en la historia del Nottingham Forest hasta ese entonces. Además, a esa altura, la cifra invertida por el Forest resultaba la más elevada jamás desembolsada para hacerse del pase de un arquero. Brian Clough, junto al exguardameta Peter Taylor, ahora tenía certezas: con Shilton bajo los tres palos ya no existirían límites para su equipo.

A raíz de esta adquisición, el exportero titular John Middleton quedaba liberado para pasarse al Derby County, en el marco del acuerdo que había traído desde la otra punta de la A52 a Archie Gemmill. El guardameta que haría de escudero a Shilton devenía el joven Chris Woods.

COMIENZA EL RECITAL

Con la incorporación de Peter Shilton como arquero titular, el Nottingham Forest contaba con todos los elementos para empezar a tocar sus mejores sinfonías: Shilton, Anderson, Clark, McGovern, Lloyd, Burns, Gemmill, O'Neill (Bowyer), Withe, Woodcock, Robertson serían los autores de una melodía futbolística que de septiembre 1977 hasta mayo 1978 resonaría a profusión en los principales escenarios del balompié inglés.

Luego del triunfo de visitante frente al Everton, el Nottingham Forest primero superaba 1-0 de local al Bristol City y a continuación triunfaba rotundamente 3-0 en el City Ground en el clásico ante Derby County, en una demostración de juego que el relator Hugh Johns definió como "lo mejor que he visto en años". El 27 de agosto, tras la primera semana del torneo, el Nottingham Forest era el único equipo con puntaje ideal: tres victorias y punta del campeonato en su poder con 6 puntos. Withe, con cuatro goles, era el artillero del certamen.

¿Dónde podría llegar el Nottingham Forest? No muy lejos, según la mayoría. Una impresión que parecía corroborada en la siguiente jornada: septiembre se abría en efecto con un duro traspié frente a Arsenal en Highbury, donde los Gunners ganaron netamente 3-0.

Según el grueso de los medios era la señal que "las vacaciones de verano se están terminando", como escribía el periodista Jim Lawson del Evening Post. Otros equiparaban ese inicio de temporada con el que unos pocos años antes había protagonizado el Carlisle United, que en 1974-75, recién ascendido, también se había encontrado en la cima de la tabla luego de tres fechas. Después se derrumbó por completo y descendió en el último puesto.

La tensión se había además agudizado por el episodio que había visto como protagonista a Kenny Burns: el escocés, con el juego parado, le pegó un cabezazo (su beso escocés) al defensor de Arsenal Richie Powling. Sin buscar ningún tipo de justificación, Clough condenó duramente ante la prensa el gesto del jugador, multado por el DT, quien amenazó al zaguero de Glasgow con dejarlo sin contrato y devolverlo a las carreras de galgos si reiteraba semejante episodio de indisciplina.

El Nottingham, ante esas primeras cicatrices, reaccionaba como grande equipo y luego de la caída de Londres sumaba otra racha de tres triunfos consecutivos: 3-2 de visitante ante Wolverhampton Wanderers; 2-0 de local contra Aston Villa y otro 3-0, afuera frente al Leicester City. Tras siete fechas, el Nottingham Forest con 12 puntos estaba nuevamente al ápice de la clasificación general, compartido posición junto a Liverpool y Manchester City.

¿CUÁNDO EXPLOTARÁ LA BURBUJA DEL NOTTINGHAM FOREST?

Tras un empate por 1-1 en el City Ground contra Norwich City el sábado 1° de octubre, unos pocos días después, el martes 4, el Nottingham Forest superaba en condición de local a Ipswich Town con el marcador de 4-0: Peter Withe se convertía en el primer jugador de la institución desde 1907 en anotar cuatro goles en un solo partido, llevando su botín en el campeonato a nueve preseas en misma cantidad de partidos. El equipo de Brian Clough se apoderaba nuevamente de manera solitaria de la cima del torneo de Primera: pasadas 9 fechas, el Forest estaba al mando con 15 puntos, con la dupla formada por Liverpool y Manchester City persiguiendo con 13 unidades.

A continuación, el equipo de Clough empataba contra West Ham United 0-0 en Londres, pero inmediatamente después encadenaba una nueva serie de tres triunfos consecutivos, la tercera en ese comienzo de torneo: 2-1 en casa ante el Manchester City, en un importantísimo choque directo para la punta; 2-0 de visitante contra Queens Park Rangers, y una espectacular goleada en el City Ground por 4-0 frente a Middlesbrough, con un doblete del defensor lateral derecho Viv Anderson.

La euforia y la expectativa en torno al Forest seguían creciendo. Luego de 13 fechas, el ritmo del nuevo ascendido era arrollador: diez victorias, dos empates y una sola derrota le entregaban al Nottingham 22 puntos, con los que lideraba ahora el campeonato con cuatro tantos de ventaja sobre Liverpool.

Los números de la actuación del Garibaldi en ese primer tercio del campeonato eran impresionantes: 28 goles a favor y apenas 8 en contra. El de Clough era el equipo con el mejor ataque y junto a Liverpool tenía la mejor defensa del torneo. La diferencia de goles de +20 brindaba más concretamente dimensión de la brecha entre el Nottingham Forest y los demás equipos, siendo que el campeón defensor Liverpool -su inmediato perseguidor- contaba con una diferencia de apenas +8.

¿Era o no era este Nottingham Forest un equipo que podía ganar el campeonato?

***

Los números y los hechos brindaban una respuesta absolutamente inequívocable, pero para muchos las proyecciones a título del Nottingham habían sido levantadas de manera desmedida respecto a los reales valores del conjunto de Clough. Una de las principales voces en los medios era la del exarquero de Arsenal, Bob Wilson, quien luego de su retiro en 1974 se había vuelto uno de los principales columnistas de fútbol de la BBC. "Me parece poco plausible que este equipo pueda seguir jugando de esta forma por tanto tiempo. Creo que como le sucede a tantos cuadros que son revelación en las primeras fechas, no tardará en llegar el momento en el que la burbuja del Nottingham Forest explotará".

En efecto, más allá de los números de esa temporada, la de Wilson no era una opinión tan descabellada, sobre todo considerando que ni los propios jugadores del Nottingham tenían en cuenta la posibilidad de salir campeones.

Ningún futbolista del Forest en ese entonces se hubiera atrevido a pedir premios en dinero para una eventual victoria del certamen local. La mayoría de los integrantes del plantel, en años sucesivos, declararon en distintas notas que ellos estaban más que conformes con tal de estar en la máxima categoría y poder medirse frente a los mejores equipos del país. Después, que el Nottingham Forest resultara mejor que los demás, era un hecho que esos futbolistas y el propio Brian Clough descubrieron sobre la marcha.

UNA DERROTA... INOLVIDABLE

Probablemente Bob Wilson debía interpretar la caída del Nottingham Forest contra Chelsea en Londres el 5 de noviembre 1977 como la primera señal de que la burbuja del Forest acababa de explotar. Aquella, sin embargo, era apenas la segunda derrota en catorce encuentros para el Garibaldi: una caída llegada lejos de su estadio y con un achicado 1-0. Además, en esa misma fecha tanto Liverpool como Manchester City eran vencidos y eso permitía al equipo de Clough perder solo un punto sobre los más cercanos en la tabla: el Nottingham mantenía siempre el primer puesto con sus 22 unidades, pero los segundos (en igualdad) pasaban a ser Everton, West Bromwich y Coventry con 19 puntos.

El siguiente fin de semana, para la fecha 15, el Nottingham Forest recibía en el City Ground al Manchester United. Como contra el Manchester City, también en esta oportunidad el Forest arrancaba perdiendo. Pero justo como había ocurrido ante el City, también frente al United, el cuadro de East Midlands daba vuelta al asunto, imponiéndose 2-1 con los goles escoceses de Kenny Burns y Archie Gemmill.

Llegaba así el 19 noviembre 1977. Para el compromiso número 16 de la campaña el calendario presentaba al Nottingham Forest el partido que probablemente su entrenador había anotado en su agenda desde el mismísimo día del sorteo del fixture. Los Rojos visitaban en ese sábado de profundo otoño al Leeds, el maldito United.

Habían pasado 1.159 días desde la última vez que Brian Clough había pisado Elland Road. Ese partido no podía ser una cita cualquiera para él, por más que Clough lo disimulara, calificando el encuentro de "un partido como tantos". No podía serlo, porque al margen de que Don Revie estuviera lejos de la vida del campeonato y del fútbol de clubes, el recuerdo de ese antagonismo contra su Dirty Leeds volvería a arder cada vez que aparecieran esas camisetas blancas. Y ni hablar de los famosos e infames 44 días que Clough había transcurrido en el territorio de su histórico y antiguo enemigo, para convertir a los herejes de Elland Road desde el paganismo de su juego brutal al credo de un fútbol limpio, elegante y de alta cifra estética. Una misión fallida, durante la cual el DT había terminado excomulgado por los propios futbolistas de Leeds.

***

Era aquella tarde para Brian Clough una ocasión de revancha. Pero ésta no terminaría concretándose: el Leeds United, conducido aún por Jimmy Armfield -el mismo que había heredado el mando desde Clough- se imponía por 1-0 con gol de Ray Hankin.

Era la tercera derrota del torneo para el Nottingham Forest, que seguía siendo puntero del campeonato. A Shilton le quebraban dos dientes y Clough abandonaba la cancha con una expresión de evidente fastidio. La decepción enceguecía de bronca al exDT de Leeds y en esos momentos del post partido no podía absolutamente imaginar que justo después de ese traspié la máquina del Nottingham Forest terminaría de cargar sus últimas cuotas de combustible. Su equipo acababa de lanzarse en un viaje larguísimo, que duraría un año entero y que de ahí al final del campeonato nunca más lo verá salir de la cancha con la cabeza gacha.

"No hay mejor forma de ganar el campeonato de como lo hicimos nosotros", le había dicho tres años antes Don Revie en los estudios televisivos de la Yorkshire Television, cuando Clough fue despedido por Leeds. "Apenas perdimos cuatro partidos", había rematado Revie. Y Clough, con extrema convicción, había replicado: "Yo podría perder solo tres". Esa de Elland Road era la tercera derrota en ese campeonato de 1977-78. El Nottingham Forest no conocerá otra.

TRES LEONES SOBRE UNA CAMISETA

El otoño boreal de 1977 veía nuevamente frustradas las ambiciones de la selección de fútbol de Inglaterra, que luego de quedar fuera del Mundial de Alemania 1974 tampoco se presentaría en el de Argentina 1978. Ya en el mes de julio de 1977, Donald Don Revie había renunciado al cargo de director técnico. Pero en vez de presentar formalmente su dimisión ante los directivos de la Football Association, Revie había clamorosamente anunciado su decisión por medio de una nota al Daily Mirror, en la cual además comunicaba haber ya alcanzado un acuerdo con la federación de Emiratos Árabes Unidos para dirigir a la selección de ese país. Tal como había shockeado al mundo del fútbol inglés dejando a Leeds en 1974, ahora lo hacía abandonando la nave de Inglaterra mientras ésta empezaba a hundirse en una nueva catástrofe.

"Don Revie ha insultado al mundo del fútbol, desprestigiando a Inglaterra y a sí mismo. Abu Dhabi se convertirá para él en la más lujosa de las prisiones". Brian Clough, en una columna aparecida en el Sunday Mirror, oponía durísimas críticas al extécnico de Leeds. Para él lo que había hecho Revie era equiparable a abandonar la presidencia de Estados Unidos para convertirse en CEO del más difamado casino de Las Vegas. Con esas líneas que lucían en el dominical, el DT del Nottingham Forest quería humillar a Revie, aunque ya el mismo exDT de la selección inglesa había hecho todo lo posible para degradar irremediablemente su imagen. La Football Association aplicaba de inmediato a Don Revie una suspensión de por vida de cualquier cargo relacionado con el fútbol inglés, por haber roto unilateralmente el contrato que lo vinculaba a la federación. Su fuga en el paraíso de los petrodólares del Golfo Pérsico era acompañada además por rumores sobre varios intentos de soborno que el exDT del United habría protagonizado a lo largo de su mandato en Elland Road.

Iniciaba así un exilio futbolístico que mantendría a Don Revie anclado hasta el final de su carrera a Oriente Medio y Egipto, donde a mediados de los años 1980 finalizaría su trayectoria de estratega con Al Ahly de Cairo. No volvió jamás a dirigir en el fútbol inglés.

***

¿Quién sería el sustituto de Revie al mando de Inglaterra?

Brian Clough parecía el candidato más fuerte. Su nombre de todos modos era flanqueado por el de otros importantes postulantes, como Jack Charlton, Lawrie McMenemy, Dave Saxton y Ron Greenwood, quien había tomado las riendas de la selección como interino luego del abrupto adiós de Revie. Entre los cinco aspirantes Clough era el único que en su carrera había conseguido el título de campeón de First Division y también la extraordinaria campaña que estaba conduciendo con el Forest en esa parte final de 1977 era otro elemento que parecía inclinar la balanza decididamente de su lado.

Luego de un empate por 0-0 con West Bromwich en el City Ground y una victoria afuera por 2-0 contra Birmingham City, a principios de diciembre y con 18 partidos ya jugados, el Nottingham Forest era siempre puntero con

27 unidades, una más del escolta Everton. El 5 de diciembre Brian Clough se entrevistaba finalmente con el presidente de la FA, Harold Thompson.

Si en febrero de ese 1977 Clough había sido extremadamente determinado en querer quedarse en el Nottingham Forest -rechazando la propuesta de volver a dirigir al Derby County-, ahora en diciembre no solo se puede decir que vacilara frente a las chances de ser nombrado DT de Inglaterra, sino que estaba firmemente convencido de aceptar un eventual invitación de la federación de tomar el mando de los Tres Leones.

Para él Inglaterra era la ocasión de una vida entera, un desquite más que quería tomarse. Cuando era futbolista, Clough había trabado una relación altamente conflictiva con la selección, con la cual solo presenció en dos ocasiones, pese a que entre fines de los 50 y principios de los 60 fuese lejos uno de los mejores goleadores del fútbol nacional. La tibia consideración que el delantero de Middlesbrough y Sunderland había recibido por Walter Winterbottom, DT de Inglaterra entre 1946 y 1962, obedecía en larga parte a su carácter soberbio y a la arrogancia con que Clough en reiteradas ocasiones se había manifestado contra sus compañeros de vestuario en Middlesbrough.

En el entorno del seleccionado inglés el nombre de Clough no era rodeado de un gran consenso y cuando se le había finalmente presentado la chance de jugar primero con la selección sub 23 y luego con la mayor, Clough no había tenido ningún tipo de reparo en cuestionar a la elección de Derek Kevan como titular en su lugar.

La tragedia aérea de Múnich de febrero de 1958, en la que varios jugadores del Manchester United habían perdido su vida, parecía abrirle a Brian Clough las puertas del Mundial de Suecia de ese año. En la última gira de amistosos premundialistas frente a Yugoslavia y Unión Soviética Clough había sido incluido en la convocatoria, aunque tanto frente a los yugoslavos como ante los soviéticos se había visto relegado al banco de suplentes: contra Yugoslavia, Inglaterra perdió 5-0, en tanto que frente a la URSS rescataba un insípido 1-1. Derek Kevan había sido titular en ambos encuentros, jugando al lado del capitán Billy Wright, pero el contrincante de Clough no había podido anotar un solo gol.

De acuerdo a la versión reportada en las memorias de Clough, luego del partido, Wright había subrayado en algunos comentarios la buena actuación del centrodelantero soviético, Viktor Ponedelnik. Sin embargo, Clough había inmediatamente salido al cruce de esa opinión, estimando por lo contrario pobre la performance del jugador ruso. ¿Lo había hecho con el propósito de atacar a Wright, pensando que el capitán quería con ese discurso tapar su mal trabajo en la cancha? Lo cierto era que, en el medio del vestuario de la selección inglesa, un jugador sin una sola aparición a nivel mayor como Clough no había tenido ninguna reserva en cuestionar abiertamente a Wright, capitán, veterano y con más de 90 caps.

Winterbottom y los dirigentes habían tomado nota de ese comportamiento y fue quizás aquella, según Clough, una de las causas por la que su nombre terminaría siendo borrado de la lista de 22 para la cita orbital de Suecia 1958. Las dos apariciones de 1959 serían como una suerte de premio consuelo, que no hacían ninguna justicia de una carrera con casi 300 goles anotados en nueve temporadas.

***

Los antecedentes de la época de futbolista de Brian Clough, al lado de sus actitudes atrevidas para con la prensa y los directivos, no eran factores que jugaban en su favor. Y por eso, en 1977, su nombre era nuevamente tachado de una lista, esta vez la de los pretendientes al cargo técnico más prestigioso del país.

No obstante, en todas las encuestas periodísticas, el de Clough era el nombre en la cima del elenco. En las oficinas de Lancaster Road, sede de la FA, decidían castigar los modales poco ortodoxos del DT del Nottingham y finalmente otorgaban el cargo de manera definitiva a Ron Greenwood.

Para Clough era un jaque mate. Si bien con menos chances su nombre había ya aparecido entre los papables para el banco de Inglaterra en 1973, esta vez, con la suntuosa campaña del Nottingham Forest en marcha y la oleada de entusiasmo, popularidad y efervescencia que acompañaban sus resultados, Brian Clough parecía haber estado muy, pero muy cerca a cumplir la que fue su mayor aspiración. "Si nos hubieran dado el cargo a Taylor y a mí hubiésemos hecho a la perfección ese jodido lindo trabajo", escribió luego Clough en su autobiografía. Ese jodido lindo trabajo era una alusión a la Copa del Mundo de 1982 de España, un desafío que él estaba firmemente convencido de poder afrontar exitosamente.

Nunca como en diciembre de 1977 los eventos de la vida de Brian Clough estuvieron próximos de tomar un rumbo que habría puesto punto final a esta historia y a este libro. Sin embargo, la historia se empeñaría a trazar senderos muy distintos para Clough y la selección inglesa: en Madrid, el 11 de julio de 1982 la vuelta olímpica en el Mundial de España la daría Italia, en tanto que la Inglaterra de Ronnie Greenwood tropezaría sobre España y Alemania Federal en la ronda de cuartos de final.

Brian Clough se encaminaba así a ser el más grande técnico que nunca dirigió a Inglaterra, pero un destino glorioso e inesperado le abriría igualmente las puertas del Santiago Bernabéu, el último escalón hacia su completa inmortalidad.

EL TEATRO DE LOS SUEÑOS

Mientras media Inglaterra se quedaba con el sinsabor de no poder admirar a uno de sus más destacados técnicos vistiendo el buzo de la selección, los hinchas del Nottingham Forest respiraban con alivio: Cloughie the king, como ya lo había bautizado la afición del City Ground, quedaba en el puente de comando, listo para desembarcar la nave del Forest hacia los puertos más importantes del planeta.

Si bien el propio Clough era por cierto la mejor adquisición de esa época del año, otro elemento llegaba a enriquecer la plantilla del Nottingham Forest: tras unos meses transcurridos en Londres con Queens Park Rangers, el defensor David Needham pegaba la vuelta a Nottingham. Pero esta vez lo hacía cruzando el río Trent e instalándose en el City Ground, el estadio que miraba de frente a Meadow Lane, su vieja cancha. Needham, categoría 1949, había jugado por Notts County durante doce temporadas, en las cuales había acumulado más de 450 presencias con la camiseta de los Magpies. Larry Lloyd había sufrido un desgarro muscular que lo alejaría de las canchas unos tres meses, por eso el Forest estaba urgido con la necesidad de incorporar lo más pronto a un nuevo zaguero. Clough y Taylor habían espiado a Needham en el campo de entrenamiento de Notts County durante las famosas sesiones de entrenamiento a orillas del río. De esas salidas habían conservado un buen recuerdo y cuando entre Needham y el QPR empezaron los problemas, no tuvieron empachos en traerlo a orillas del Trent, pese a su pasado.

El torneo de Primera División proseguía. El 10 de diciembre contra Coventry, el Nottingham se imponía 2-1 de local, firmando la victoria número 13 en 19 jornadas. Con 29 puntos el equipo de Clough continuaba su liderazgo con una ventaja mínima sobre el Everton. El 17 de diciembre el Nottingham Forest disputaba el encuentro de la 20ª jornada ante el Manchester United en Old Trafford.

Los Arbolitos Traviesos del Nottingham Forest y los Diablos rojos del Manchester United se volvían a ver la cara después de apenas un mes y cuatro fechas: el 15 de noviembre en el City Ground, el Forest en camiseta rojo Garibaldi había dado vuelta el marcador ganando 2-1.

En vez de vestir su clásica casaca, esta vez el equipo de Clough saltaba a la cancha con su completo suplente, camiseta y pantaloncitos amarillos con las tres tiras de Adidas de color azul sobre las mangas de la remera y en los costados de los pantaloncitos. Era un conjunto que el Forest había ya utilizado en precedentes ocasiones, pero era prácticamente desconocido por el gran público. Después de esa tarde nadie lo olvidaría.

El partido del Old Trafford era para el Nottingham Forest de Brian Clough la prueba tajante que en ese momento no había en Inglaterra un equipo tan fuerte. Toques de primera, una maniobra envolvente con seis o hasta siete jugadores atacando: de a ratos, y especialmente cuando los laterales del mediocampo y de la defensa se sumaban a la acción de ataque, parecía desplegar lo mejor de la escuela holandesa que tanto furor había hecho en la primera mitad de la década.

Después de media hora, el Forest ya ganaba por 2-0: primero con un gol en contra de Greenhoff al minuto 23 y luego al 28, un tremendo remate de Tony Woodcock producían la doble ventaja del Garibaldi. En el complemento, el Nottingham Forest disminuyó la presión, pero fue despiadado con sus contragolpes. Al minuto 53 llegaba el gol del 3-0 con una magistral jugada de contra de Gemmill, finalizada por Robertson.

Antes del final hubo tiempo para otra exhibición goleadora. Al minuto 89 fue nuevamente Gemmill quien largó en contragolpe y sirvió a Woodcock al jardín del área contraria. El atacante volaba hacia la portería rival y con la derecha superó por cuarta vez al arquero Stepney.

Un triunfo soberbio el del equipo de Clough, que en el Teatro de los sueños había impartido una de las más memorables lecciones de fútbol que se recuerden en la historia del balompié inglés. El Manchester no era ni el equipo de Matt Busby, ni el que en años siguientes ganaría todo con Alex Ferguson, pero una victoria tan contundente en su cancha era un evento que no se veía desde antes de la Segunda Guerra Mundial.

El Nottingham Forest, con su victoria número 14, estiraba en la tabla su ventaja sobre Everton. "Todos aquellos que guardaban dudas sobre el equipo de Clough, ahora deberán desecharlas", escribía el Times de Londres: "El Nottingham Forest está equipado para ganar el campeonato y seguramente lo conseguirá si el estilo atrapante y demoledor con el que ha superado al Manchester se mantiene como patrón de su juego en la segunda parte del torneo".

CERRANDO EL AÑO

Tras quedarse con los despojos del Manchester United, para el Nottingham Forest llegaba el tiempo de unas breves pero regeneradoras vacaciones. Brian Clough llevó a sus dirigidos a Benidorm, localidad marítima del sureste de España. Vacaciones en el medio de la temporada, como el año anterior. Mientras que en el grueso de los países europeos la época de la Navidad y de Año Nuevo constituye un momento de receso de la actividad futbolística, en Inglaterra -ya desde décadas- es un período donde

las acciones del campeonato y de los demás torneos sufren una decidida aceleración. El fixture entre el 26 de diciembre 1977 y el 7 de enero 1978 preveía para los Rojos de East Midlands cinco partidos en trece días: los primeros cuatro por el torneo local en el breve lapso de una semana, el 26, 28, 31 de diciembre y 2 de enero; luego el 7 de enero estaba previsto para el Nottingham el debut en la Copa de Inglaterra.

Por esta razón, y teniendo en cuenta que los compromisos de la Copa de Liga de febrero no dejarían días de descanso en el siguiente mes, Clough sabía que para el plantel esta sería la única ocasión de cortar con la rutina. Además, el desempeño en el campeonato justificaba semejante premio: en lugar de aburrirse en el campo de entrenamiento era mucho mejor dar una vuelta por España, tomar unas cervezas en el pub Robin Hood de Benidorm, pasear por la playa, escuchar música y los consejos de John O'Hare, suplente durante esa campaña, pero fuerte de la experiencia del título ganado en Derby seis años antes: "Muchachos, lo podemos hacer".

***

Las vacaciones no afectaron negativamente al equipo como uno estaría tentado de creer. Frente a más de 47 mil espectadores que desbordaron las tribunas, el Forest, el 26 de diciembre, en el día de Boxing Day, igualó 1-1 en el City Ground contra Liverpool. Un grandísimo resultado contra el último doble campeón nacional y campeón europeo defensor. Ese día post navideño confirmaría, además, la grandeza del triunfo que los hombres de Clough habían logrado contra el Manchester United. Los Red Devils, luego de la humillación sufrida en Old Trafford a manos del Forest, en el siguiente encuentro se darían el gusto de bailar de visitante al escolta Everton, superado con un tenístico 6-2 en Goodison Park.

El Nottingham Forest cerraba de esta manera la primera mitad del certamen con una cosecha extraordinaria: 14 victorias, 4 empates y solamente 3 derrotas, por un total de 32 puntos acumulados, 39 goles anotados y solamente 13 en contra, por una diferencia de +26. En la tabla de posiciones luego de 21 fechas el Nottingham era puntero y campeón de invierno con 32, delante de Everton 29, Arsenal 27, Liverpool y Norwich City 26.

El inolvidable 1977 se cerraba con otros dos éxitos que marcarían el comienzo de la segunda parte de la temporada de Primera División: el 28 diciembre los de Clough ganaron 2-0 en Newcastle y el 31 de diciembre despedían el año con otro triunfo de visitante en Bristol, donde el Forest superó al City por 3-1. ¿Por qué tanto insistir para incorporar a David Needham, un ex de Notts County? Bueno, el zaguero daba una respuesta muy convincente inaugurando el marcador tanto contra Newcastle como ante el Bristol City: nada mal para un jugador cuya tarea principal era defender.

¿Y qué había sido de Wolverhampton Wanderers y Chelsea, los dos clubes que en la temporada anterior habían ascendido a Primera arriba del equipo de Clough? Los Wolves estaban en el lugar 16 con 18 puntos y el Chelsea apenas un escalón abajo, en el puesto 17 con 17 unidades.

Soñar no cuesta nada, pero para el Nottingham Forest de Brian Clough costaba todavía menos teniendo en cuenta el pedestal en el que estaba parado cuando corría mitad de la temporada 1977-78. Y la burbuja seguía inflándose...

1978: EL FOREST SE LANZA AL TÍTULO

La década tomaba su recta final. En el cine, Christopher Reeves interpretaba Superman, primer héroe de los dibujos Detective Comics que desembarcó en la pantalla grande, en tanto que el premio de la Academia se lo llevaba el director Michael Cimino con El cazador, cinta protagonizada por Robert De Niro con la que el cine estadounidense continuaba interrogándose sobre la guerra de Vietnam.

En Chile, un referéndum aprobaba la política del dictador Augusto Pinochet en tanto que la Argentina de la junta militar del represor Jorge Rafael Videla celebraba la Copa Mundial: ganaría el seleccionado local, cuyos goles en la cancha de River Plate eran festejados a metros de la Escuela de Mecánica de la Armada, principal centro de detención y tortura que funcionó en el país sudamericano durante los trágicos años de la dictadura cívico-militar.

En Gran Bretaña, el primer ministro laborista, James Callaghan, anunciaba que no habría llamado a elecciones para el otoño, y la líder del partido conservador, Margaret Thatcher, acusaba a Callaghan de encabezar un ministerio endeble, ya no representativo de la mayoría de los ciudadanos y que no aguantaría mucho tiempo en el poder. ¿Y el Nottingham Forest aguantaría en la cima de la Primera División de Inglaterra?

Los primeros dos encuentros de 1978 verían al equipo de Brian Clough sacar otros tantos empates: primero por 1-1 en el City Ground contra Everton -mantenido a distancia de seguridad- y luego por 0-0 de visitante contra Derby County, en la primera ocasión en que Clough y Taylor (sin olvidar al asistente Jimmy Gordon y los futbolistas McGovern, O'Hare y Gemmill) regresaban al Baseball Ground como rivales. El 14 de enero de 1978, el Forest era puntero con 38 unidades, con cuatro puntos más que Everton y Liverpool.

El 21 de enero, el Arsenal llegaba al City Ground. Los Gunners, con 33 puntos, estaban a cinco del Nottingham Forest y obligados a ganar para poder mantenerse vigentes en la lucha para el título. El exguardameta de Arsenal, Bob Wilson, el mayor escéptico respecto de las ambiciones de ganar el campeonato del Nottingham, había nuevamente asegurado en el doble empate ante Everton y Derby County el principio del derrumbe del equipo de Clough. Pero también en esta oportunidad volvería a equivocarse. El defensor goleador David Needham al minuto 32 anotaba el primero del encuentro, mientras Archie Gemmill puso el definitivo 2-0. Arsenal, eliminado de la carrera.

En la siguiente jornada, la número 27, el Nottingham repetiría de local el marcador de 2-0 frente a Wolverhampton Wanderers. Gracias a este triunfo, el 4 de febrero, el Forest llegaba a 42 puntos y daba otro grandísimo golpe en la mesa del campeonato, tal vez el más importante de todos: el Liverpool, principal y lógico favorito de las vísperas del torneo, caía ese mismo día por 1-0 en Coventry y quedaba a ocho puntos de distancia del equipo de Clough. Era prácticamente la abdicación de los Reds de Merseyside de la defensa del campeonato. Sus rivales ciudadanos del Everton mientras tanto no desistían, aunque los seis puntos de desventaja con el Nottingham representaban ya una distancia que se hacía cada vez más difícil de colmar. Nottingham Forest 42, Everton 36, Liverpool y Manchester City 34, Arsenal 33, en los primeros puestos tras 27 fechas.

Los de Clough no perdían desde hacía once jornadas, en las que habían acumulado siete victorias y cuatro empates.

LA BURBUJA NO EXPLOTABA... DESAPARECÍA

"Tal vez ya solamente un terremoto les podrá arrebatar el título", declaraba el DT de Manchester City, Tony Book. Más que una burbuja, el Forest parecía una aplanadora: si bien en la fecha 28 el equipo de Clough pasó de un 3-0 a 3-3 en Norwich, en las tres jornadas siguientes en el City Ground, el Garibaldi no dejaría chance alguna a sus rivales.

El 25 de marzo, luego de 31 encuentros jugados, el Nottingham Forest era el puntero del torneo con 49 puntos, había estirado su invicto a 15 fechas consecutivas y seguía manteniendo la invencibilidad en condición de local: su última derrota a orillas del río Trent había sido aún en la Segunda División, el 23 de abril 1977, por 1-0 contra el Cardiff City.

En la tabla de posiciones, el Forest, con sus 49 unidades, tenía tres de ventaja sobre el Everton (46) y seis con Arsenal (43). Pero en verdad la diferencia era mucho mayor: de hecho, mientras el equipo de Brian Clough había disputado 31 partidos, Everton y Arsenal ya habían jugado en 34 ocasiones, debido a que el Nottingham Forest durante el mes de febrero había tenido que aplazar algunos compromisos del torneo para jugar las semifinales de Copa de Liga contra el Leeds. Los Rojos de East Midlands tenían clamorosamente el título de campeón de Inglaterra en sus manos, aunque no faltaría quien pensase que los hombres de Clough tenían ya algo grande en sus manos.

"TENEMOS EL MUNDO ENTERO EN NUESTRAS MANOS"

Tal era el entusiasmo en la ciudad de Nottingham alrededor del equipo de Brian Clough que a algunos de sus más destacados hinchas, la banda pop Paper Lace, se les ocurrió grabar un single sobre el momento mágico del club.

Los jugadores venían reunidos sobre el gramado, frente a la Executive Stand del City Ground y, una vez aprendida la letra que habían empezado a estudiar en el micro que los había traído a la cancha, cantaron...

Tenemos el mundo entero en nuestras manos.

Tenemos todo el mundo en nuestras manos.

Tenemos al mundo entero en nuestras manos.

Tenemos al mejor equipo del país.

Era marzo de 1978. Más allá de la eliminación sufrida en la Copa de Inglaterra, el Nottingham Forest estaba literalmente canibalizando el torneo de Primera División, era finalista de Copa de Liga, invicto desde hace meses, pero aún no había ganado ningún trofeo, sin considerar la no tan noble Copa Anglo-Escocesa del año anterior. Si uno lee atentamente la letra de la canción, inspirado en un cántico góspel norteamericano de los años 20, podría pensar que fuera escrito en 1980 o a lo sumo en el verano europeo de 1979, cuando buena parte de esta historia ya había sido entregada a la leyenda del fútbol. En cambio no, ese single fue grabado y publicado antes de que todo lo más grande del Nottingham Forest sucediera. En Inglaterra, We got the whole world in our hands no tendría mucho éxito, pues no ingresó siquiera en los top 20 nacional. Sin embargo, en Suecia llegaría en los top 10, en tanto que, clamorosamente, en los Países Bajos ocuparía el primer puesto durante más de un mes. Y es sorprendente cuánta intuición tuvieran esos cuatro estrafalarios melenudos que integraban la banda: efectivamente, el Nottingham estaba por agarrar el mundo entero entre

sus manos, como cantaban los Paper Lace junto a los futbolistas. Clough se esforzaba en bajar los decibeles: "La verdad que ni tenemos a Inglaterra en nuestras manos, así que para el mundo entero tenemos tiempo", les comentaba a unos periodistas que habían concurrido a la grabación.

"Vamos a ganar, todo lo que haya que ganar", decía la canción. Sí, prácticamente ese equipo estaba en camino a eso y en marzo de 1978 llegaba el primer hito legendario de una epopeya que sus protagonistas no podrían haber siquiera imaginado vivir.

ATISBANDO LA GLORIA: LA FINAL DE COPA DE LIGA

La temporada 1977-78 no solamente vería el Nottingham Forest surcar los mares de la Primera División a velas desplegadas, sino que el Garibaldi exhibía su pujanza también en otra competencia de alto relieve, alcanzando por primera vez en su historia la final de la Copa de Liga, donde su rival sería nada más y nada menos que Liverpool.

Nacida en 1960, esta competición si no fue un error de la historia, cuanto menos puede considerarse una suerte de ensayo malogrado. El expresidente de la Football Association y de FIFA, Stanley Rous, la había inicialmente imaginado como un certamen consolatorio para aquellos equipos de la Football League (las primeras cuatro divisiones) que precozmente eliminados desde la Copa de Inglaterra buscasen una ocasión de desquite.

En sus primeras diecisiete ediciones, la Copa de Liga había visto los triunfos múltiples de Aston Villa, Tottenham y Manchester City, y nueve clubes más que se habían adjudicado la copa. En el historial, sin embargo, no figuraban nombres de la talla de Liverpool, Manchester United y Arsenal, circunstancia que indicaría el escaso atractivo que generaba en los grandes clubes.

***

Liverpool contra Nottingham Forest. Wembley se alistaba para recibir el inédito desafío entre los dos rojos. Para ambos clubes era la primerísima vez en la definición de esta copa y la primera ocasión en la que se verían la cara en una final. Por un lado, el equipo de Brian Clough, puntero del campeonato y aparentemente destinado a apoderarse del título; del otro, el conjunto de Bob Paisley, campeón en los últimos dos torneos nacionales y monarca europeo. Justo tres días antes de la final de Copa de Liga, el Liverpool superaba contundentemente por 4-1 a Benfica de Portugal en la vuelta de cuartos de final de la Copa de Europa y se clasificaría a una nueva semifinal.

Pese al majestuoso campeonato que estaba protagonizando el Nottingham Forest, el Liverpool era lógicamente el favorito. Es cierto, un abismo separaba por ese entonces en la tabla de posiciones el equipo de Clough del de Paisley. En vísperas de la final, 47 eran los puntos con los que el Forest lideraba el torneo, en tanto que Liverpool se encontraba en el 5° puesto con nueve de desventaja, a cuota 38, encima habiendo disputado un partido más.

Pero otro tanto abismal era la diferente experiencia de uno y otro bando en la gestión emotiva de partidos de esa importancia. Liverpool venía de ganar la Copa UEFA 1975-76, la Copa de Europa 1976-77 y tres meses antes también había logrado la Supercopa UEFA, humillando con un 7-1 global al Hamburgo de su exídolo Kevin Keegan, sin olvidar su actual marcha triunfal en la nueva Copa de Europa 77-78 y el sinfín de ocasiones en las que sus jugadores habían pisado Wembley, tanto en finales de Copa de Inglaterra como en ocasión de partidos de la selección inglesa. ¿Qué experiencias previas podría oponer el Nottingham Forest? ¿La Copa Anglo-Escocesa de 1976? Brian Clough igualmente no prestaba la más mínima atención a este tipo de análisis y consideraciones. Su equipo también en el certamen copero había estado intratable, gozaba de una condición inmejorable y eso era lo que más importaba.

EN WEMBLEY UN HÉROE LLAMADO CHRIS WOODS

Después de las dudas y de los elogios, para el Nottingham Forest de Brian Clough se presentaba el momento de poner el sello sobre la historia de esa temporada 1977-78 y confirmar sin más sombras de dudas que era el equipo inglés del momento. Y la prueba del nueve se manifestaba con la silueta de Wembley, el templo del fútbol nacional, y con los 100 mil espectadores que ese sábado 18 de marzo colmaron las tribunas a la espera de conocer el décimo tercer equipo que levantaría en el cielo de Londres la Copa de Liga. A las órdenes del árbitro Pat Partridge fueron estos los 22 hombres que empezaron a desandar la historia más increíble del fútbol inglés para el año 1978:

Nottingham Forest (en su camiseta clásica, rojo Garibaldi): 1. Chris Woods; 2. Viv Anderson, 3. Frank Clark, 4. John McGovern, 5. Larry Lloyd, 6. Kenny Burns, 7. Martin O'Neill, 8. Ian Bowyer, 9. Peter Withe, 10. Tony Woodcock, 11. John Robertson.

Liverpool (con camiseta suplente blanca, puños y cuello rojo): 1. Ray Clemence; 2. Phil Neal, 3. Tommy Smith, 4. Phil Thompson, 5. Ray Kennedy, 6. Emlyn Hughes, 7. Kenny Dalglish, 8. Jimmy Case, 9. Steven Heighway, 10. Terry McDermott, 11. Ian Callaghan.

Como es fácil notar desde la alineación, Clough debía renunciar a Peter Shilton y a Archie Gemmill. Tanto el arquero como el volante habían ya jugado en Copa de Liga durante la temporada 1977-78 con sus precedentes clubes y el reglamento impedía a un futbolista de participar con dos diferentes equipos en el torneo a lo largo de la misma edición. Paisley presentaba a su once ideal.

Desde el vamos el Liverpool intentó aplastar al Forest en su terreno. El campeón de Europa se mostraba fuertemente determinado a revertir en ese único encuentro las jerarquías que durante siete meses se habían sentado en el torneo local. Ya luego de 17 segundos, Dalglish se encontró mano a mano con Woods, pero pateó malamente a lado, quizás descolocado por la tan pronta ocasión favorable.

Esbozaba una respuesta el Nottingham unos minutos después, pero el diagonal al minuto 5 de Martin O'Neill se perdía por muy poco a la derecha de Clemence.

El primer tiempo continuó con el Liverpool actuando en el papel dominante y el Forest que de vez en cuando lograba asomar hacia el arco contrario. En los minutos finales de la primera etapa Terry McDermott anotó un gol su asistencia de Case, pero el árbitro Partridge anuló la jugada, indicando una posición fuera de juego de Dalglish ante la contrariedad del DT de Liverpool.

***

En el complemento, Liverpool acentuó el estado de sitio al arco de Chris Woods. El joven guardameta de 18 años jamás había pisado Wembley, ni siquiera como espectador para asistir a un partido desde la tribuna. Sin embargo, no padecería ningún miedo escénico, exhibiendo una constante seguridad ante todo remate que alcanzara a su portería: esa noche se convertiría en el arquero más joven en jugar una final en el estadio nacional. Jimmy Case desperdiciaba para Liverpool una buena chance disparando alto sobre el travesaño, mientras del otro lado Tony Woodcock, con un cabezazo, ponía en apuros a Ray Clemence, que de todos modos lograba dominar en dos tiempos el remate cercano del delantero del Nottingham.

El partido llegaba al alargue. Un tiempo suplementario en el que el Liverpool seguía apretando, mientras el Nottingham Forest continuaba aguantando como podía, en una jornada donde su forma había pavorosamente flaqueado. Era también cuestión de diferente peso histórico y experiencia entre los dos bandos: esa era una final disputada en el templo del fútbol, una realidad con la cual entre los jugadores del Nottingham solamente Larry Lloyd e Ian Bowyer se habían enfrentado anteriormente.

¿LOS PENALES? ¡NO!

Partridge, con el triple pitazo final, declaró terminadas las hostilidades. 0-0 tras 120 minutos. La Copa de Liga 1977-78 se decidiría mediante una final de repetición. Los tiros de penal habían ya hecho su aparición desde hace tiempo en el fútbol internacional: en 1972 el Inter había eliminado al Celtic en una semifinal de Copa de Europa y más recientemente, en el verano europeo de 1976, Checoslovaquia le había arrebatado el título europeo a la también campeona del mundo Alemania Occidental.

Al otro lado del Canal de La Mancha, sin embargo, los penales de desempate no eran una fórmula que resultara de buen agrado y atrajera al público. Hasta etapas todavía más recientes de la historia, en Inglaterra se ha evitado recurrir a los penales en las competiciones domésticas, ya fuera la Copa de Inglaterra o la Copa de Liga. En esta última competición, hasta la temporada 1996-97, si la final terminaba igualada se disputaba una repetición y hasta 1980-81 estaba incluso prevista la repetición de la repetición: el año antes de la final entre Nottingham Forest y Liverpool, Aston Villa y Everton habían de hecho disputado tres encuentros para decidir quién se aseguraría el trofeo.

EL SABOR DE LA VICTORIA

Hasta la muerte entonces, como en un encuentro de tenis en el All England de Wimbledon. El pasto verde aunque un poco arrugado del Old Trafford de Manchester recibía a Liverpool y Nottingham Forest, nuevamente cara a cara cuatro días después el miércoles 22 de marzo de 1978 para la final bis. Situación cromática esta vez revertida: Liverpool, con su clásica casaca roja; el Nottingham Forest, con su completo suplente amarillo bordado azul, el mismo conjunto de la famosa noche de noviembre 1977 en la que en ese mismísimo Teatro de los sueños el equipo de Brian Clough había bailado al United dueño de casa por 4-0.

El blanquirrojo de las bufandas y banderas dominaba las tribunas, nuevamente pobladas por dos aficiones con los mismos colores. La alineación del Liverpool era la misma del sábado anterior, mientras el equipo de Brian Clough debía renunciar al capitán John McGovern, parado por una fatiga muscular. En su lugar, el otro pretoriano de Clough, John

O'Hare. Cuando uno dice el destino... Ah, un último detalle: el árbitro del encuentro era nuevamente él, el mismo Pat Partridge que había dirigido la primera final.

* * *

El partido fue muy diferente al de Wembley. Un Nottingham Forest mucho más precavido en la gestión de los espacios no dejaba al Liverpool el mismo margen de maniobra de cuatro días antes. El del equipo de Clough era un planteo táctico claramente más prudente con respecto al que solía utilizar en los partidos del campeonato y con el que venía vislumbrando desde hacía siete meses las plateas de toda Inglaterra.

El primer tiempo no ofrecería mayores sobresaltos: solamente una diagonal de Terry McDermott asustaba por momentos al Forest, pero el remate se perdía al fondo de la cancha.

Llegaba el segundo tiempo con el resultado aún bloqueado sobre el 0-0. En el minuto 52, el Liverpool tenía un tiro de esquina a su favor. El defensor del Forest Frank Clark repelió la pelota desde su área. Con un cabezazo, Withe la acomodó al piso para Tony Woodcock, quien largó en un rapidísimo contragolpe. Sobre su derecha también había picado con una carrera desenfrenada John O'Hare, que luego de haber atravesado toda la cancha recibió de Woodcock el pase en la puerta del área de Liverpool. El volante escocés se aprestó a sacar un disparo con pierna derecha. Estaba levantando la mirada y coordinando el diestro para el remate. Pero antes de que pudiese coronar felizmente su tenaz esfuerzo, en la película intervenía Phil Thompson, el número 5 de Liverpool, quien lo derribó al piso. ¿Fuera del área? ¿Dentro de ella? ¿Adentro o afuera? ¿Afuera o adentro? Adentro decidía el árbitro Partridge, quien no mostraba la menor duda a la hora de indicar el punto penal.

Las protestas de los jugadores de Liverpool eran vibrantes, quizá incluso justificadas. Los materiales fílmicos de archivo no cuentan con la calidad ideal para esclarecer el episodio y echar sobre ello mayores luces. Partridge estaba varios metros detrás de la jugada. Thompson admitiría haber cometido voluntariamente la falta, por no tener más chances de alcanzar a O'Hare de manera regular (en ese entonces no existía la falta de último recurso), pero el defensor seguiría sumamente convencido en años posteriores que la infracción había sido cometida "metro y medio antes de la línea de cal". Penal entonces a favor del Nottingham Forest. Desde los doce pasos se presentaba John Robertson. El pie de hadas que eligió el gordito escocés era el diestro. El disparo salió esquinado a la derecha de Clemence. El arquero de Liverpool llegó a ese ángulo. Tocó el balón. Pero éste, aburrido por los habituales triunfadores, se tomó sus instantes de rebeldía para descansar al fondo de la red de los campeones de Europa.

¡Yes!

Centímetros. Centímetros más en la falta de Phil Thompson. Centímetros menos que recorrían los guantes del guardameta Ray Clemence para abrazar a ese balón travieso, seducido por nuevos y gloriosos romances. 1-0 para el Nottingham Forest.

Minutos después Terry McDermott de Liverpool anotaría, pero como en Wembley su gol fue invalidado. Este episodio también dejó dudas: la repetición mostró en efecto el 10 del equipo de Paisley dominando la pelota más con el pecho que con el brazo, como terminaría indicando por el central del partido. La nueva discutida decisión de Partridge volvía a calentar los ánimos de los jugadores de Liverpool: el veterano Ian Callaghan, por sus vehementes protestas, recibiría la que resultaría la única tarjeta amarilla en 849 partidos jugados con el equipo de Anfield Road.

El Nottingham Forest, a diez minutos del final, tenía la chance de duplicar la ventaja, pero tras una carambola de pases dentro del área rival nadie entre los jugadores del Garibaldi llegó a finalizar. Pero ya no importaba. El nuevo silbato final de Partridge consagró el Nottingham Forest: el equipo de Brian Clough conquistaba la Copa de Liga 1977-78.

El capitán de la noche, Kenny Burns, fue quien levantó el trofeo en el medio del campo de juego. La Copa, al margen de ser el primer título de relieve del Nottingham en 19 años, era la prueba contundente de que Clough y sus dirigidos le entregaban a toda Inglaterra de que ellos eran los dueños de esa temporada. Los de Liverpool seguían furiosos. Tommy Smith declararía que al árbitro Partridge "habría que dispararle", en tanto que Phil Thompson, el autor de la controvertida falta que originaría el penal, antes de enfilar los vestuarios desahogaba su bronca contra una silueta de cartón del trofeo, destrozada a patadas. La locura le costaría 300 libras esterlinas de multa. De ahí en más, la dinámica de las relaciones entre los dos clubes nunca sería la misma: al cierre de esta publicación, la KOP de Anfield Road, el sector más cálido de la hinchada de Liverpool, seguía entonando el cántico We hate Nottingham Forest (Odiamos al Nottingham Forest).

Más allá de toda protesta, la realidad marcaba que el Liverpool en 210 minutos de juego no había podido hacerle un gol a un arquero juvenil, jugando contra un Forest privado de tres de los titulares con que deslumbraba en el torneo.

Y en las tribunas la afición seguía cantando: "We all agree, Nottingham Forest go magic (Todos estamos de acuerdo, Nottingham Forest sos mágico)".

HACIA LA LÍNEA DE LLEGADA

Tras ganar la Copa de Liga, el Nottingham Forest emprendería nuevamente la senda rumbo al título de campeón de Inglaterra. El miércoles 29 de marzo empataría 2-2 contra Middlesbrough en Ayresome Park, la cancha donde Brian Clough y Peter Taylor se habían conocido en su época de futbolistas.

El siguiente sábado 1° de abril, el Nottingham Forest daba otro paso decisivo hacia la consagración. Al City Ground llegaba el Chelsea, club que junto al Wolverhampton lo había precedido el año anterior en la tabla final del torneo de Segunda División, uno de los únicos tres equipos que había derrotado al Nottingham en la primera parte de la temporada. Sin embargo, la realidad de los dos era ese día muy distinta: 20 puntos separaban a Forest y Chelsea a esa altura. Al minuto 8 se adelantaban los Blues con Langley, pero en el segundo tiempo los Rojos de East Midlands dieron vuelta a la situación en los últimos veintidós minutos merced a los tantos de Burns, O'Neill y John Robertson para el 3-1 final. Con 33 partidos jugados y 52 puntos, el Nottingham se encontraba aún en una posición de sustancial dominio: el Everton estaba a dos unidades, a cuota 50, pero con tres partidos más, lo cual le dejaba al Nottingham Forest un margen imponente para defender su primacía.

El miércoles 5 de abril, el Nottingham Forest expugnaba el Villa Park de Birmingham, superando 1-0 a Aston Villa, gracias al solitario tanto en el minuto 86 de Tony Woodcock, quien con ese grito alcanzaría once goles en el campeonato. Ese día el cuadro de Brian Clough extendía a dieciocho partidos su racha invicta y aumentaba todavía más su ventaja sobre Everton. El empate por 0-0 en Maine Road contra el Manchester City el siguiente martes 11 de abril puso virtualmente punto final a la carrera por el título: el equipo ciudadano quedaba a 9 puntos del Forest con solamente seis encuentros por jugar, cuando en cambio al Nottingham le faltaban todavía siete.

Empezaba así la cuenta regresiva para la fiesta. Toda especulación sobre el eventual regreso de algún contrincante en la lidia por el campeonato había perdido completamente sentido. Ya no era cuestión de saber si el Nottingham Forest sería campeón, cabía solo entender cuándo el Garibaldi daría la vuelta olímpica. La atmósfera en la ciudad se volvía cada día más efervescente y, en desafío a todo tipo de superstición, empezaban a circular en las tiendas y en los pubs gorros, bufandas y banderas con cosida encima la leyenda de la victoria del campeonato.

Los dos siguientes encuentros en el City Ground no le dieron la posibilidad al equipo de Brian Clough de festejar junto a sus hinchas: primero, el sábado 15 de abril, llegaba un empate por 1-1 contra Leeds, en el cual la definitiva igualdad era sellada por Peter Withe; después, el martes 18, el Nottingham se impuso por 1-0 al Queens Park Rangers, con el octavo penal exitosamente convertido por John Robertson.

Era la victoria número 24 en 37 encuentros. Con ese triunfo, el Nottingham Forest llegaba a 21 partidos consecutivos sin perder, exactamente la cantidad que correspondería a mitad de la temporada. En la tabla Nottingham Forest tenía 58. Su inmediato perseguidor, el Everton, sumaba 52. Con tan solo igualar uno de los últimos cinco encuentros que aún le quedaban, el Nottingham Forest conquistaría su primer título inglés.

LAS MANOS DE DIOS

Llegaba así el sábado 22 de abril. Coventry, estadio de Highfield Road. 37 mil espectadores presentes: 25 mil hinchas del Nottingham Forest en las tribunas, más del doble respecto a los aficionados locales.

Era el día en el que todo ocurriría. El aire en Coventry era dulce y suave. Aún la primavera inglesa lidiaba con los últimos resquicios de invierno. Un comienzo otoñal del encuentro, con el cielo cubierto y una liviana lluvia, resaltaba las no perfectas condiciones de la gramilla. Pero después salía el sol a iluminar una tarde que no podía que ser de fiesta. El Nottingham Forest de Brian Clough jugaba quizás el peor encuentro de todo el campeonato. Más por impaciencia que por el supuesto valor del rival, pese a que Coventry fuese una de las tres mejores delanteras del torneo.

El partido podría resumirse en dos momentos. En el primer tiempo el jugador de Coventry Alan Green lanzaba un potente remate esquinado hacia el arco del Nottingham, pero no le alcanzaría para superar a un muro llamado Peter Shilton: el guardameta saltaba con un pique felino a su derecha y en dos tiempos frenaba el balón antes de que enfilara el ángulo diestro de su arco.

En el complemento nuevamente el número 1 -esta vez alumbrado por los rayos solares- cumplía un auténtico milagro, entregando a la historia la que sería su atajada más celebre y emblemática.

El balón viajaba a la altura del borde derecho del área chica del Nottingham Forest, donde el delantero de Coventry, Ian Wallace, tiró un centro tajante hacia el segundo sector. Allí, como un halcón, llegaba a la cita Mick Ferguson. Cuando el esférico apareció al frente del área chica todos estaban convencidos de que Coventry abriría el marcador. Y también toda persona que tome visión del archivo video hoy en día creería de estar asistiendo a un gol. Mick Ferguson impactó la pelota con la frente, convirtiendo la bola en una piedra incandescente. Un proyectil

que salió disparado con impresionante violencia hacia el marco del Forest. Peter Shilton con instinto, con habilidad y también con la cuota de suerte necesaria echó un pequeño salto hacia el travesaño y juntando las dos manos envió el tremendo mazazo al córner.

Un delirio de técnica y santidad. Se podría haber dicho que casi eran las manos de Dios a impedir esa conquista. Una atajada que por su importancia y belleza podría ser calificada casi como un gol anotado con las manos. El destino tan travieso querrá que en 1986 a Shilton le hicieran de verdad un gol con la mano, justamente la Mano de Dios. Se lo haría un muchacho de Lanús que en ese 1978 vestía la camiseta de Boca Juniors. Sería en un partido de selecciones, donde ese mismísimo muchacho le anotaría a Shilton el gol más grande de todos los tiempos. Pero ésta también es otra historia. Volvamos a Coventry, donde al menos ese día el Maradona de la situación se llamó Peter Shilton.

APOTEOSIS: CAMPEONES DE INGLATERRA

No servirían goles ni otras jugadas ofensivas. Los 65 tantos anotados en esos 38 partidos eran suficientes para conquistar definitivamente la cima y mirar a todos desde lo más alto.

Gracias a ese 0-0, el Nottingham Forest de Brian Clough se consagró campeón de Inglaterra. Conquistó así el Forest el primer título de su historia, con cuatro fechas de adelanto sobre el final del campeonato.

En una tribuna ocupada por la multitud de hinchas del Garibaldi aparecería una bandera que describía perfectamente lo ocurrido, aludiendo a esas palabras con las que Bob Wilson y el resto de la prensa habían cuestionado la capacidad de liderazgo y la índole de campeón del Nottingham Forest: Clough's bionic bubble will never burst (La burbuja biónica de Clough nunca estallará).

El abrazo más grande esa tarde era para Peter Shilton: la imagen que hacía historia era la de Kenny Burns e Ian Bowyer, que ceñían en un caluroso abrazo la enorme figura de esa jornada. Las 325 mil libras esterlinas pagadas para su pase eran más que justificadas frente a esa tapada que había dejado atónito a todo el país esa noche delante de la pantalla de Match of Day, el programa que resumía las mejores jugadas de todos los encuentros de la fecha. Desde esa mismísima transmisión quedarían grabadas para siempre las pocas y escuetas palabras que Brian Clough entregaría al periodista John Motson y con las que pondría punto final a su revancha con la prensa, ya ampliamente consumada en el campo de juego: "Salimos a la cancha para entretener al público, jugamos para rellenar estadios, intentamos siempre divertir con nuestro fútbol y tal vez tú, John, y tus colegas, deberían ahora reconocer que somos un buen equipo…".

Un conjunto que por 22 partidos consecutivos, más de la mitad de un campeonato, nunca perdió. Un equipo que por 34 fechas consecutivas (desde la 9ª hasta la 42ª y última) había copado permanentemente la punta del torneo. Y esos 22 encuentros invictos devendrían pronto 26: en las últimas cuatro jornadas el Nottingham agregaba otra victoria y tres empates a su colección, cerrando el torneo con apenas tres derrotas acumuladas. "No hay mejor forma de ganar un campeonato, apenas perdimos cuatro partidos", le había dicho Don Revie a Clough cuatro años antes. Ahora, mientras el exDT de Leeds disfrutaba de su soleado cautiverio en los Emiratos Árabes, Brian Clough había conquistado el título con solo tres caídas: "Yo podría perder solo tres…", había retrucado el ahora técnico del Forest durante esa famosa entrevista doble de 1974.

El Nottingham Forest conquistaba el primer título de campeón de Inglaterra de su historia con 25 victorias, 14 empates y 3 derrotas, por un total de 64 puntos. 69 los goles a favor y apenas 24 en contra, por una diferencia de goles de +45. El balance como local era un invicto con 15 victorias y 6 empates, en tanto que de visitante había logrado 10 triunfos y 8 igualdades, sufriendo en esa condición los únicos tres traspiés de toda la campaña.

El Nottingham Forest conseguiría una cantidad de puntos notable: en los 40 campeonatos de Primera División con 22 equipos participantes (1947-48/1986-87), el de Brian Clough fue uno de los mejores ocho campeones de siempre.

Lo que realzó incomparablemente la hazaña del Nottingham Forest sobre los demás clubes fue su condición de nuevo ascendido. Para el fútbol de Inglaterra un campeón nacional llegado desde el ascenso no era una novedad en absoluto. Dos clubes más en la historia se consagraron campeones al año siguiente de lograr la promoción a la máxima categoría: el Tottenham Hotspur, en 1950-51, y el Ipswich Town, en 1961-62, este último de la mano de Alf Ramsey, el DT campeón mundial con Inglaterra en 1966. Ambos equipos, sin embargo, habían ascendido como campeones de la Segunda División, cuando el Nottingham se había visto obligado a sufrir y mucho para conseguir el salto a la divisional mayor.

Apenas un año antes, el 23 de abril 1977, el Forest había caído en el City Ground contra Cardiff City. Su última derrota en condición de local había puesto en vilo sus chances de ascenso, superado ese día en la tabla por Wolverhampton Wanderers, Chelsea e incluso por los vecinos del Notts County. Solamente los malos resultados de Bolton en sus últimos

compromisos habían finalmente hecho posible la presencia del Nottingham en el campeonato que acababa de dominar.

Como ya se había subrayado anteriormente, ¿cómo era posible imaginar a un Nottingham Forest campeón en vísperas de ese torneo 1977-78 si hasta dos equipos habían sido mejores del de Clough en el torneo de Segunda de la temporada precedente? Sin embargo, ahora los números hablaban por si solos: Nottingham Forest campeón con 64 puntos, Wolverhampton y Chelsea con 36 unidades.

Todos se arrodillaban frente a la criatura de Brian Clough. Tras el título ganado con Derby County en 1971-72, el campeonato conquistado al frente de Nottingham Forest convertía al entrenador oriundo de Middlesbrough en el tercer director técnico luego de Tom Watson y Herbert Chapman en conquistar el título de campeón al mando de dos clubes distintos. Brian Clough, sin embargo, el único que lo logró sin haber dirigido en Londres o Liverpool.

Por supuesto que Clough recibiría el reconocimiento como mejor DT para la temporada 1977-78. Por su parte, el Nottingham Forest sería el primer club en conquistar en la misma campaña torneo local y Copa de Liga.

Uno de los secretos del equipo de Brian Clough era que, al margen de algunos futbolistas más brillantes técnicamente, no existían estrellas o líderes que se elevaran por encima del resto de los jugadores. Los 67 goles se los repartieron entre 12 futbolistas (fueron beneficiados de dos autogoles). Los goleadores fueron Peter Withe y John Robertson con 12 dianas cada uno; los siguieron Tony Woodcock con 11; Martin O'Neill con 8; Kenny Burns, David Needham, Ian Bowyer y John McGovern con 4; Viv Anderson y Archie Gemmill con 3, y Colin Barrett y Frank Clark con 1.

Ningún otro equipo había tenido la misma cantidad de jugadores anotando goles.

EL ROSTRO DEL TRIUNFO

El más grande secreto del Nottingham Forest de Brian Clough era la tranquilidad que el director técnico sabía transmitir a sus jugadores y, por sobre todas las cosas, la escasa exasperación de la cultura del trabajo físico y táctico. Mucho mejor dejar correr tranquilamente a sus dirigidos a orillas del río que ordenarles dar vueltas a la cancha y piques en diagonal sobre el terreno de juego. Más indicado hacerlos correr como niños aventureros entre cañas de bambú, en vez de obligarlos a arrastrar neumáticos o levantar pesas. Mucho más sano que los jugadores se divirtieran jugando a escondite entre las gradas del City Ground que sobrecargarlos con trabajos de potenciamiento atlético. Y cuando la temporada dejaba un resquicio para parar, era mejor que los jugadores dejaran la ciudad de Nottingham y que juntos se tomaran unos días de vacaciones, ya fuera a Scarborough -localidad costera del noreste inglés muy amada por Peter Taylor- o en España, donde el equipo había transcurrido unos días en diciembre para despejarse antes del duro período invernal.

Un intercambio de opiniones entre Brian Clough y su colega de Wolverhampton Wanderers, Sammy Chung, grafica perfectamente la filosofía a la base del método de gestión grupal del DT del Nottingham:

Sammy Chung: Sabes, yo hago trabajar a mi plantel tan fuerte que en tres minutos podría agotar al jugador más en forma de tu equipo.

Brian Clough: Excelente, Sammy, el día que entreguen dos puntos por tener a uno o más jugadores agotados te voy a dar un trabajo en mi cuerpo técnico.

Con 60 o más partidos para jugar, según Clough, era inútil desgastar a los futbolistas. Jugando cada tres días éstos tenían básicamente que recuperar el esfuerzo del encuentro y despejarse mentalmente hacia el sucesivo compromiso.

Quizás aquello también era uno de los factores que había contribuido a la incorporación en el plantel del jugador más discutido de la campaña de pases del club de Nottingham. Kenny Burns, el chico malo, el apostador compulsivo, el borrachón y agitador había sorprendido a todos, incluso a Clough, quien había agregado "bastardo desagradable" a la colección de epítetos que el escocés de Glasgow venía arrastrando desde Birmingham y desde la pista de galgos de Perry Barr.

Luego de los primeros problemáticos meses, su consolidación en la posición de zaguero había traído sus enormes frutos y Burns tampoco había olvidado su anterior oficio de lastimar a los arcos contrarios, como indicaban los cuatro gritos en su nombre. Peter Taylor había ganado su apuesta. Además del campeonato y de la Copa de Liga que Burns había levantado en el cielo de Manchester, el Nottingham Forest iba a retirar otra recompensa sorpresiva e inesperada: el 4 de mayo, Kenny Burns recibió en Londres el premio al mejor jugador del campeonato 1977-78, el más prestigioso galardón individual del fútbol inglés, entregado por la FWA, Football Writers Association (Asociación de Escritores de Fútbol). Curioso que un futbolista considerado entre los más rústicos del balompié británico y capaz de destrozar el equilibrio de cuanto vestuario enfilase, terminara siendo incluido en un elenco donde su nombre luce al lado de fuera de serie como Stanley Matthews, Bobby Moore, Bobby Charlton, George Best, Kevin Keegan, Kenny Dalglish, Gary Lineker, Jürgen Klinsmann, Eric

Cantona, Dennis Bergkamp, Thierry Henry, Luis Suárez o Cristiano Ronaldo, justo para mencionar algunos.

Para recibir el reconocido obsequio, Burns había obtenido una licencia desde el club. Ese jueves 4 de mayo, último día de la temporada, el Nottingham Forest jugaba en Anfield Road contra Liverpool. El equipo de Bob Paisley tampoco en esta ocasión -como había ocurrido en la doble final de Copa de Liga- pudo vencer el arco del Garibaldi, aún más difícil de vulnerar además por la presencia bajo los tres palos de Peter Shilton.

Luego de ese empate, el Nottingham Forest junto a Clough y Taylor emprendía su merecida vacación de fin de campaña, que como meta tenía a la clásica e insustituible aldea de Cala Millor en la isla de Mallorca. Bajo el sol de las Baleares los jugadores disfrutaban del primer veranito que empieza a lucir a esa altura del año. En sus pensamientos, entre otras cosas, quizás la primera aventura en Copa de Europa que le depararía la temporada 1978-79. En el máximo torneo continental, de todos modos, el Nottingham Forest no sería el único representante del fútbol de Inglaterra: el 10 de mayo, en tanto que McGovern y sus compañeros disfrutaban al borde de la pileta de piñas coladas y cervezas, en Wembley, el Liverpool, con solitario gol de Kenny Dalglish, superaba 1-0 a Brujas de Bélgica y retenía la Copa de Europa.

Liverpool, campeón de Europa, y Nottingham Forest, campeón de Inglaterra, representarían entonces al fútbol inglés en la edición 1978/79 de la mayor competencia europea de clubes. Nadie entre jugadores y cuerpo técnico del Forest imaginaría que unas pocas semanas los separaban del desafío más grande de su historia.

En el corazón del Mediterráneo occidental, la atmósfera invitaba a imaginar viajes hacia nuevos países, nuevas tierras de fútbol por descubrir. Pero el sorteo de la primera ronda indicaría en cambio una meta extremadamente familiar. Para el gusto de los jugadores del Nottingham Forest -y tal vez del propio Brian Clough- incluso demasiado familiar.

CAPÍTULO 6

LA COPA DE EUROPA 1978-1979: UNA NUEVA AVENTURA

El triunfo en el campeonato de Inglaterra de 1977-78 entregaba a Nottingham Forest la histórica oportunidad de jugar la Copa de Europa, el trofeo más prestigioso del Viejo Continente. Hoy en día este torneo es conocido como Champions League, nombre inglés con que su fama se ha globalizado, convirtiéndolo en el certamen futbolístico para clubes más famoso del mundo. Quienes suelen seguir la acción de la Champions League los martes y los miércoles de cada año, estarán seguramente familiarizados con la presencia de una multitud de clubes procedentes de un mismo país. En la edición de 2015-16, por ejemplo, España alineó en la fase de grupos a hasta cinco clubes, Alemania e Inglaterra tuvieron a cuatro, en tanto que Italia, Francia y Portugal dos.

La Champions League actualmente es sinónimo de negocio. Una marca registrada, con un himno propio, estrellas procedentes desde todos los rincones del planeta y sobre todo una montaña de dinero, pues reparte entre sus participantes un monto de más de 1.200 millones de dólares, entre premios por los resultados deportivos y el reparto de la recaudación derivada de la venta de los derechos televisivos. De esta manera el vencedor del torneo, sumando estas dos voces, se lleva a sus bóvedas una cifra superior a los 100 millones de dólares.

El panorama con que nos topamos hoy en día nos brinda una competición muy diferente de la que el Nottingham Forest preparaba en el verano boreal de 1978. Pero hay algo que quedó en la actual Champions League que nos deja un rastro de lo que era el torneo hasta hace poco más de un cuarto de siglo: la leyenda impresa sobre el trofeo. Ésta no ha cambiado. Por más que el certamen haya mudado sustancialmente su formato, la

copa sigue llevando siempre sobre su superficie esas mismas letras en idioma francés: Coupe de Clubs Champions Européens (Copa de los Clubes Campeones Europeos) Eso quiere decir que en sus orígenes el campeonato admitía la participación exclusiva de aquellos cuadros que hubiesen ganado sus respectivos torneos locales. Llegar segundo, tercero, cuarto o ganar otra copa de la UEFA no daba ninguna posibilidad de acceso a la máxima competición. La única manera de jugar la Copa de Europa sin ser el vigente campeón en su propio país era la de ser el campeón defensor de la misma competencia, por lo que el único modo de ver a un país presentando a más de un club en el torneo era que el campeón defensor del certamen fuese diferente del campeón nacional de su país. Esto era lo que precisamente había ocurrido con Inglaterra en la temporada 1977-78: en tanto que el Nottingham Forest de Brian Clough se había adjudicado la First Division, el Liverpool de Bob Paisley había conquistado por segunda temporada consecutiva la Copa de Europa, superando en la final de Wembley por 1-0 a los belgas de Brujas.

Serían entonces Liverpool y Nottingham Forest los que defenderían el honor del fútbol inglés en la más importante manifestación europea. E Inglaterra la única federación con dos equipos en el torneo.

La Copa de Europa que estaba a punto de arrancar no solo era un torneo exclusivamente de campeones, sino que no preveía ningún tipo de fase de grupos. La competición constaba únicamente de instancias a eliminación directa, con partidos de ida y vuelta de los dieciseisavos de final a las semifinales, hasta la proclamación del campeón con un único encuentro de final. El margen de error era mínimo. Un gol fallado delante del arco contrario, un error del propio arquero, un pelotazo de los rivales mal controlado por la defensa y un equipo, por más fuerte que fuese en el papel, podía abruptamente desaparecer de la copa en cuestión de 180 minutos. Clubes como Real Madrid, Bayern Múnich, Juventus o Barcelona estaban así obligados desde el mismísimo comienzo a jugarse la clasificación a la siguiente fase en dos partidos, con la ya vigente regla de los goles de visitante: en caso de marcador global igualado al cabo de la serie, se clasifica a la siguiente etapa el equipo con más conquistas en la cancha contraria. Además, en esa época, para el sorteo de los emparejamientos no estaba previsto como hoy un sistema de cabezas de serie. ¿Justo? ¿Injusto? La realidad es que muchas veces en la primera ronda por un lado se enfrentaban equipos de categoría muy elevada, en tanto que en otras llaves los enfrentamientos veían como protagonistas cuadros de países de escasa tradición. Por ejemplo, unos años más tarde, edición 1987-88, en los dieciseisavos al Napoli de Maradona le tocó jugar inmediatamente contra el Real Madrid, mientras que en otra serie chocaban el Shamrock Rovers de Irlanda y Omonia Nicosia de Chipre, no exactamente dos potencias.

Para el Nottingham Forest la Copa de Europa 1977-78 sería la primera experiencia internacional en competiciones UEFA. Fuera de las fronteras nacionales, los Rojos, sin mucha suerte, jugaron en las temporadas 1961-62 y 1967-68 la Copa de las Ferias, torneo antecesor de la Copa UEFA/Europa League, pero que en esa década no estaba organizado por la confederación europea y que por esa razón no tenía un carácter oficial. La participación victoriosa en la Copa Anglo-Escocesa en el último cuatrimestre de 1976 había definitivamente jugado un papel muy importante para forjar la confianza del grupo y de sus jugadores, pero pese a su faceta internacional esa competencia no llegaría por supuesto a estar considerada como un antecedente suficientemente creíble para poder ahora hacerle frente a un certamen del nivel de la Copa de Europa.

En verdad el plantel no estaba totalmente falto de elementos que contasen con una importante experiencia internacional. Por ejemplo, los escoceses John McGovern, John O'Hare y Archie Gemmill, a las órdenes del mismo Brian Clough, habían jugado y anotado goles en la Copa de Europa 1972-73, en la que con Derby County llegaron a la semifinal del torneo. En esa misma temporada 1972-73, Larry Lloyd había jugado con Liverpool todos los partidos de la triunfal campaña que llevó a los Reds de Merseyside a su primer triunfo continental, la Copa UEFA (donde Lloyd anotó también un gol en el partido de ida de la final ante Borussia Mönchengladbach). También Ian Bowyer contaba en su curriculum con una exitosa participación a un torneo de la UEFA: en 1969-70, cuando jugaba en el Manchester City, había ganado con los albicelestes la Recopa. En último, no era tal vez de subestimar la experiencia que le había traído a Archie Gemmill, Kenny Burns y John Robertson su participación con la selección de Escocia en el Mundial argentino de unos pocos meses antes, si bien la aventura mundialista para la Tartan Army había terminado ya en la primera ronda, luego de una espectacular cuan inútil victoria en Mendoza contra Holanda, con un legendario gol del mismísimo Gemmill.

El emparejamiento de la primera ronda y el sorteo de los otros principales candidatos a la victoria eran factores que habrían marcado considerablemente las expectativas propias y ajenas sobre el futuro del Nottingham Forest en la copa más importante. Lo que sí deseaban firmemente los jugadores era experimentar la atmósfera de un viaje al exterior, medirse con un rival inédito, poder disfrutar de una experiencia nueva en sus carreras profesionales y - ¿por qué no? - conocer a un nuevo país y su forma de vivir el fútbol.

AL INFIERNO CON LUCIFER EN LA PUERTA

¡Oh vosotros que entráis, abandonad toda esperanza!

El tercer canto de la Divina Comedia arranca así, con Dante que lee esa leyenda impresa sobre la puerta del infierno. Podría ser una metáfora adecuada de lo que deben haber pensado jugadores e hinchas del Nottingham Forest cuando el sorteo de la primera ronda de la Copa de Europa había emparejado el equipo de Brian Clough con su majestad el Liverpool FC. Una macana tremenda. Justo lo que todos habían descartado a priori, ahora se materializaba en una casi pesadilla. Lo que sobre todo generaba desazón, incluso entre los propios jugadores, era que probablemente el Nottingham Forest habría jugado sus únicos dos partidos de Copa de Europa en canchas inglesas, sin jamás abandonar el suelo patrio. Nadie de hecho le daba al Forest grandes esperanzas de poder superar la eliminatoria. Los elementos a favor por cierto no faltaban, obviamente: el Nottingham conocía perfectamente al Liverpool (aunque valía también el razonamiento contrario) y unos pocos meses antes había batido a los del Merseyside en la carrera rumbo al título de la liga, además de vencerlo en la doble final de Copa de Liga.

Sin embargo, a la hora de poner en la balanza las contras, lo primero a tener en cuenta era el abismo que existía a nivel de experiencia. El Liverpool en Europa era decididamente otra cosa, uno de los mejores equipos de esa década. Los Reds quizás no contaban con el juego deslumbrante y espectacular del Ajax de Michels y Cruyff, ni con una gran cantidad de fuera de serie como el Bayern de Beckenbauer y Müller, pero en comparación a Nottingham Forest era sin lugar a duda un gigante del fútbol europeo, súper experimentado a nivel internacional, ya con años de gloria continental encima. De hecho, el conjunto de Bob Paisley no solamente había ganado la Copa de Europa en 1976-77 y 1977-78, sino que antes de conseguir ese doblete también había levantado la Copa UEFA en 1975-76. Liverpool venía de tres temporadas consecutivas de triunfos europeos, algo logrado anteriormente solo por el grande Real Madrid y los ya mencionados Ajax y Bayern de esos años 60. La serie ante el Nottingham Forest habría llevado a 30 encuentros su racha de partidos consecutivos en competiciones UEFA sin conocer la eliminación. En ese proceso, además, el Liverpool había dado cuenta de una elevada capacidad de sobreponerse a cambios traumáticos. Luego del adiós del ídolo de la hinchada Kevin Keegan, el escocés Kenny Dalglish, pese al inicial escepticismo, había hecho olvidar con sus goles al inglés, llegando a anotar ante Brujas el decisivo tanto para retener la Copa de Europa en mayo de 1978.

A medida que el choque europeo iba acercándose, el equipo de Paisley seguía aparentando cada vez mayor favoritismo, gracias sobre todo a un sensacional comienzo en el torneo de Primera División. En las cinco fechas iniciales disputadas entre agosto y septiembre de hecho, el Liverpool obtenía todas victorias, con 19 goles a favor (3,8 por partido) y apenas 2 en contra. Espectacular el papel que estaban jugando en ese arranque de temporada los escoceses Kenny Dalglish y Greame Souness, cada uno autor de seis tantos, e impresionante la paliza que los de Merseyside le habían propinado al Tottenham en la cuarta jornada. El 2 de septiembre en Anfield, el Liverpool vapuleaba a los Spurs de los argentinos Osvaldo Ardiles y Ricardo Villa con un 7-0 que sentaba de manera inequívoca la ambición de los Reds norteños de rehacerse inmediatamente con el título nacional, del que habían sido despojados unos meses antes por el propio Forest.

***

No era que el equipo de Brian Clough estuviese atravesando un mal momento. De hecho, hablar de crisis hubiese sido injusto y poco pertinente, porque el Nottingham Forest seguía invicto desde noviembre del año anterior y en el Charity Shield (la Supercopa Inglesa) había brindado ante Ipswich Town una exhibición ofensiva de raro nivel y espectacularidad, con un contundente 5-0 que al cierre de esta publicación aún constituye el récord del triunfo más ancho en la supercopa inglesa. Sin embargo, su comienzo en el torneo local arrojaba interrogantes todavía más hondos sobre sus posibilidades en el inédito clásico inglés europeo. A diferencia de Liverpool, el Nottingham Forest había cosechado apenas un triunfo y cuatro empates. Pero más allá de los cuatro puntos abajo en la tabla de posiciones, lo que saltaba a la vista era en particular la diferencia de goles a favor entre los dos conjuntos. Mientras los de Bob Paisley venían ametrallando los arcos contrarios con un promedio que rozaba las cuatro conquistas por encuentro, el Nottingham había apenas obligado en tres ocasiones a los arqueros rivales a recoger el balón desde el fondo de sus redes.

El dato era alarmante. Lo que le faltaba al Nottingham Forest eran los goles de un artillero, un delantero de peso. Se notaba en esas semanas la ausencia de un hombre de área capaz de luchar hombro a hombro con los defensas adversarios y tutear a la portería rival. Ante las presentes circunstancias, la venta de Peter Withe al Newcastle parecía en el transcurso de ese primer mes y medio de temporada una decisión realmente poco acertada. Encontrar al Liverpool en la primera ronda de la Copa de Europa equivalía a traspasar la puerta del infierno y acceder directamente al círculo de Lucifer: el Nottingham Forest era un Dante que, en vez de Caronte, se encontraba inmediatamente cara a cara con el Diablo. Para sortear esa ola roja de fuego, Clough y Taylor, pese a toda la confianza que ostentaban,

necesitaban un atacante que los guiara en esa senda de perdición. Estaban en busca de su Virgilio.

EL CITY GROUND, EL INFIERNO DEL LIVERPOOL

Miércoles 13 de septiembre de 1978. Había llegado el gran día del debut del Nottingham Forest en la Copa de Campeones de Europa. Para el Forest, para su técnico Brian Clough y su asistente Peter Taylor la cita se presentaba quizás como la prueba terminante para demostrar la definitiva madurez del equipo. Gracias a los laureles conquistados en el ámbito doméstico, los Arbolitos Traviesos se habían ganado el más alto respeto de todo el fútbol inglés. Al City Ground llegaba nuevamente el Liverpool, el gran rival de toda la anterior temporada. Pero esta vez no era apenas un partido de torneo, de FA Cup o Copa de la Liga. Tampoco era meramente un juego de Copa de Europa, a pesar del carácter épico y excepcional que implicaba ese clásico en la primerísima instancia del torneo más importante del continente. Estaba en juego algo más valioso: el orgullo y el honor de demostrar quién era el conjunto que de manera más brillante representase el fútbol inglés. Era el desafío entre el nuevo que avanzaba contra un antiguo baluarte que defendía su imperio; el enfrentamiento entre una pequeña ciudad de provincia conocida por la leyenda de Robin Hood y el más importante polo portuario del país, que pese a la crisis post bélica tenía a los Beatles y a la música pop como estandarte en la cultura mundial de esas últimas décadas.

"El choque ante Nottingham Forest va a ser nuestra final de Copa en septiembre", diría el técnico del Liverpool Bob Paisley, a pesar de tener encima tres finales consecutivas ganadas en competiciones europeas. Para los de Liverpool esa serie ante el Nottingham Forest de Brian Clough representaba una encrucijada: era ser parte de una gran era del fútbol europeo junto a otros equipos, o ser directamente el amo y señor de una entera época del balompié continental.

Para un encuentro de esta envergadura, prácticamente una final adelantada, se necesitaba a un árbitro con una elevada trayectoria a sus espaldas. En caso de clásicos nacionales la política de UEFA siempre ha sido la de descartar a colegiados de la misma federación de ambos equipos, para evitar condicionamientos derivantes de antecedentes en competiciones domésticas. La elección de UEFA cayó finalmente sobre el austríaco Erich Linemayr, uno de los mejores de la década. Internacional desde 1966, había dirigido en dos partidos del Mundial 1974 y uno del Mundial argentino, en el que además fue asistente de línea durante la final del Monumental, ganada por Argentina. En una de las semifinales de la Copa de Europa pitadas, la de 1975-76 entre Real Madrid y Bayern, Linemayr había sido víctima de un bochornoso episodio, en el que un fan del Madrid invadió el terreno de juego para agredirlo, sin que ello de todos modos alterase al árbitro austríaco, frío también en el manejo de situaciones tan extremas. En suma, un colegiado con gran temperamento y una garantía.

A las 19.25 el verde césped y los 38.316 espectadores del City Ground (algunas fuentes mencionan a 42.000, con exceso de capacidad) acogía junto al austríaco Erich Linemayr y a sus asistentes, a estos 22 jugadores:

Liverpool (por la ocasión en camiseta blanca suplente y pantaloncito negro): 1. Ray Clemence; 2. Phil Neal, 3. Alan Kennedy, 4. Phil Thompson, 5. Ray Kennedy, 6. Emlyn Hughes, 7. Kenny Dalglish, 8. Jimmy Case, 9. Steve Heighway, 10. Terry McDermott, 11. Greame Souness.

Brian Clough y Peter Taylor asignaban a estos once con camiseta roja y pantaloncitos blancos el honor y desafío de inscribir el nombre de Nottingham Forest por primera vez en la historia de la Copa de Europa: 1. Peter Shilton; 2. Viv Anderson, 3. Colin Barrett, 4. John McGovern, 5. Larry Lloyd, 6. Kenny Burns, 7. Ian Bowyer, 8. Archie Gemmill, 10. Tony Woodcock, 11. John Robertson.

Un momentito, ¿y el 9? Ahí venía la primera gran sorpresa de la noche. El puntero central del primer encuentro europeo oficial del Forest sería Garry Birtles, en su debut absoluto desde el primer minuto con la camiseta del Garibaldi. ¿Una locura? ¿Una apuesta arriesgada? Si no era la primera, era definitivamente la segunda, aunque luego de la partida de Peter Withe para Newcastle, para esa posición no le habían quedado grandes alternativas a Clough.

Garry Birtles tenía 22 años. A esa edad en el fútbol de hoy hay un montón de jugadores con ya dos, tres o hasta cuatro temporadas de fútbol profesional encima, con incluso mundiales disputados y copas y campeonatos en su cosecha. En ese entonces, al contrario, abrirse camino en las divisiones superiores de un club era menos sencillo y lo más frecuente era que el debut en primera llegase alrededor de los 20 años. Birtles no era la excepción.

El Nottingham Forest había adquirido su pase dos años antes desde el Long Eaton United, equipo amateur con apenas dos décadas de historia y que militaba en las ligas regionales del Derbyshire. Agregado al equipo de reserva del Forest, Garry Birtles había tenido una sola oportunidad de mostrarse en la temporada 1976-77: en la campaña que coincidió con el retorno de Nottingham a Primera, Birtles ingresó a la cancha solamente el 12 de marzo de 1977, cuando el Forest le ganó 2-0 al Hull. En ese partido, encima, Birtles actuó como volante central, una posición que no se ajustaba de ningún modo a su forma de jugar. Después de esa fugaz aparición, con

la explosión de la dupla Withe-Woodcock, sus posibilidades se achicarían nuevamente y quedaría durante un año y medio estancado en la reserva, prácticamente en el olvido.

Para juntar un poco más de plata a su bolsillo, Garry Birtles trabajaba junto a su padre como albañil, dedicándose a reformas de ambientes en casas y departamentos. Su especialidad era en particular emplazar azulejos en los pisos. A pesar de que el sábado anterior al comienzo de la eliminatoria había vuelto a pisar el gramado ante Arsenal, Birtles el lunes estaba trabajando como siempre. Sin embargo, ahora Clough y toda la hinchada esperaban que en vez de azulejos en los pisos, empezase a colocar pelotas en las redes contrarias.

***

Eran apenas segundos los que faltaban para romper el dominio de las charlas y de las especulaciones. Desde las tribunas la afición de Liverpool sacaba chapa de campeón al entonar el cántico: "We're on the march with Paisley's army (Estamos en marcha con el ejército de Paisley)", ostentando su confianza en que una vez más el vigente campeón de Europa desbarataría al rival de turno para seguir el camino triunfal que había llevado los Reds a lo largo y a lo ancho del continente en los últimos tres años. Los hinchas del Nottingham Forest se aferraban a la magia que en tan corto tiempo los había llevado desde el barro de la Segunda División a la gran chance de desfilar sobre el palco de honor del balompié europeo y entonaban la canción de la victoriosa campaña anterior "We all agree, Nottingham Forest go magic (Todos coincidimos, Nottingham Forest es mágico)". Erich Linemayr echaba una última mirada a sus colaboradores. A las 19.30 hora de Greenwich finalmente el árbitro austríaco dio el silbatazo de inicio y la pelota empezaba a rodar. Por primera vez en la historia dos equipos del mismo país se enfrentaban en la primera ronda de la Copa de Europa.

GARRY BIRTLES, EL AZULEJO QUE FALTABA

La tensión que había reinado entre los jugadores del Nottingham Forest hasta el comienzo del encuentro se desplomó en cuestión de unos segundos y desvaneció abruptamente en las aguas del río Trent. Luego del saque de envío, el Nottingham arrancó con todo y a los 18 segundos, el Forest ganó un córner con una peligrosa incursión de Birtles, dando inmediatamente cuenta en esos primerísimos instantes de la tendencia que dominaría y que revertía las perspectivas sobre el encuentro. Era el Forest el que llevaba las riendas y el Liverpool desde el vamos se mostraba amedrentado. Clough había sido muy claro y convincente durante la última charla: "Ustedes saben a qué juegan y son más que Liverpool. Salgan a la cancha, diviértanse y demuestren lo que es jugar al fútbol". ¿Diviértanse? Sí, porque al fin y al cabo "es un juego, no es la guerra", como amaba subrayar el técnico cuando le cuestionaban su poco cuidado por la preparación. De acuerdo a su filosofía no era siquiera tan importante fijarse en los aspectos tácticos de la oposición. En la medida en que sus dirigidos respetaran el libreto de su creencia futbolística, todo saldría de la mejor manera.

La clave era siempre arrancar pelota al ras del césped desde la defensa, tocarla vertical para un jugador en el medio que, luego de transportarla hacia campo rival, la tocase hacia la izquierda para buscar el desequilibrio de Robertson y sus combinaciones con Woodcock. La mayor parte de las jugadas, de hecho, pasaban siempre por el sector zurdo. Luego el gordito escocés se encargaría de generar la magia para iluminar a sus compañeros.

Los primeros 10 minutos verían el Liverpool perder gradualmente la orientación, como si los de Paisley navegasen en un mar de perdición, transitando por una tierra incógnita. Souness no escatimaba esfuerzos para generar circuitos con Jimmy Case a la derecha y con Kenny Dalglish a la izquierda, pero no había caso: Kenny Burns y Larry Lloyd en la zaga, con el fundamental aporte de John McGovern -volante bajo delante de la defensa-, formaban un cerrojo impenetrable y dejaban a los delanteros de Liverpool Steven Heighway y Tony McDermott totalmente aislados, con Greame Souness predicando solo en el desierto. Sintomática fue la primera amarilla del pleito, que Linemayr mostró justamente a Souness en el minuto 11. Pese al 0-0 aún fijado en el marcador, el Liverpool parecía estar totalmente perdido.

Al minuto 14 el Nottingham Forest se encontró muy cerca de anotar: Birtles, tras un amague sobre Thompson, con un zurdazo poderoso obligó a Clemence a una prodigiosa tapada bajo el cruce de los palos. Es así que mientras el Liverpool mostraba cada vez más grietas, el Forest era dueño de una soltura inesperada. El alboroto de la Trent End, la tribuna donde concentraba el sector más cálido de la hinchada del Nottingham, era incesante y dejaba al Liverpool sin aliento.

La sensación de que algo grande estaba a punto de suceder iba dando vueltas en el aire desde el mismísimo comienzo de esa tibia noche de fin de verano. Y el minuto 26 sería aquel que la historia había elegido para dar confirmación de esos presagios.

El arquero Peter Shilton tocó para Viv Anderson. El lateral defensivo derecho parecía devolvérsela, pero decidió abrir para Kenny Burns, que una vez más dejaba el jardín de su área para avanzar hacia la mitad contraria. Cruzada la divisoria en círculo central, Burns soltó un pelotazo hacia tres cuartos de cancha, donde se ubicaba el número 8 Ian Bowyer. Éste,

llevándose encima la marcación de Hughes, logró estirar hacia la puerta del área rival, donde estaba Tony Woodcock. El capitán de Liverpool, Emlyn Hughes, superado por el pase de primera, levantó desesperado el brazo reclamando, inútilmente, una posición adelantada de Woodcock. Todos pensaban que el melenudo sería quien finalmente intentaría definir, pero esa pelota se le estaba haciendo larga y Ray Clemence en salida parecía poder cortarle el camino.

Desde afuera, sin embargo, estaba llegando hacia el corazón del área el hombre que nadie esperaría para esa noche. El que alternaba entrenamientos con la pelota a trabajos de pavimentación de ambientes internos. El que hasta tres años antes jugaba en la segunda división regional del Derbyshire y ahora cabalgaba sobre el césped en un encuentro de Copa de Europa. Garry Birtles había seguido toda la acción desde los entretelones, pero era ahora o nunca para subirse al escenario de la historia. Woodcock continuaba su carrera hacia el arco rival. Ya estaba mano a mano con Clemence, con el guardameta de Liverpool que bajaba el cuerpo para frenar el avance del delantero rival. Tony Woodcock ya no podría anotar el gol. Los guantes del arquero visitante parecían por instantes alcanzar el esférico. Woodcock levantó finalmente la vista y vio a su izquierda a Birtles, que llegaba hacia el punto penal. Con su pie derecho, logró estirar la marcha de la pelota hacia las entrañas del área.

Garry Birtles, quien dos días antes como todos los lunes había estado instalando azulejos en los pisos de una casa de la ciudad, se encontró con la chance inmejorable de cambiar su vida. El arco estaba ya desguarnecido con Phil Thompson fuera de posición. Todo el estadio agarrado de un suspiro. Solo hacía falta dar un soplo para salir del infierno y volar hacia el paraíso.

Pocos instantes. Un simple gesto. Un verdadero y propio pase a la red. Sencillo, con la cara interna de su zurda. Y el balón, dócil, caminó más allá de la línea de cal, para el éxtasis del City Ground.

¡Yes!

Garry Birtles era el hombre del destino, el héroe de Nottingham. El grito de la multitud era incontenible. El tablero no mentía: Nottingham Forest 1-Liverpool 0. Acababa de anotar el primer gol de Nottingham Forest en la Copa de Europa. Era su primer gol con la camiseta del Forest, su primera anotación como futbolista profesional. Y la había logrado contra el gran Liverpool bicampeón europeo. El festejo de Birtles no era de esos que se ven hoy en día, con carrera desenfrenada hacia el banco, donde los suplentes con pechera saltan hacia el terreno de juego para amontonarse encima al autor del gol. Ninguna remera debajo de la de juego. Ningún gesto llamativo, como sacarse la camiseta o mandar besos a la novia vía cámara. Muy discreto, Birtles levantó los brazos, acomodó una sonrisa y abrazó a sus compañeros mientras retomaba el camino hacia el centro de la cancha.

Clough y Taylor habían acertado en la elección. Pese a su corta edad, era Birtles el Virgilio que estaba enseñándole al Nottingham Forest el camino de salida desde el infierno. Al contrario, para el Liverpool ese partido y el City Ground asumían el semblante del reino de las almas perdidas.

Y aquí ocurrió un episodio que puso a desnudo toda la fragilidad psicológica por la que estaba pasando Liverpool. Garry Birtles recordó en una entrevista brindada al programa italiano Sfide: "Acababa de anotar el gol del 1-0 y luego de festejar con mis compañeros, estaba encaminándome hacia la mitad de cancha para el saque del medio. Fue en ese ínterin que se me acercó el defensor de Liverpool Phil Thompson, quien me dijo: 'Un solo gol no les alcanzará para ganar la eliminatoria, en Anfield será otra historia".

El Liverpool era como un boxeador que había recibido un gancho a la zona hepática y que podía apenas quedarse parado. Sea cual fuere la verdad, esas palabras eventualmente pronunciadas por Thompson reflejarían de cierto modo la actitud de Liverpool que, incapaz de una reacción, parecía ya tener la mente en la revancha.

Segundos después de ponerse arriba en el marcador, el Nottingham Forest estuvo cerquísima de anotar el 2-0, pero el cabezazo de Garry Birtles (¡no lo paraba nadie!) terminó al lado del palo izquierdo de Clemence por cuestión de unos centímetros.

¿Era ese el gran Liverpool bicampeón de Europa, puntero del campeonato y mejor delantera del torneo local? ¿Dónde había desaparecido el cuadro que había dejado en el camino a equipos como Saint Étienne, Borussia Mönchengladbach, Benfica y Brujas y que días antes vapuleaba 7-0 al Tottenham? El primer tiempo finalizó con dos intentos de Liverpool, que sin embargo no inquietaron al atento Peter Shilton.

El final de la primera etapa entregaba la sensación de un resultado justo en su dimensión, pero no satisfactorio en sus proporciones. La ventaja de los de Clough era ampliamente merecida, pero el 1-0 quedaba muy corto a un Nottingham Forest que se había mostrado de a ratos desbordante. Es probable que en ese entretiempo el sentimiento dominante entre los hinchas y jugadores de los rojos de East Midlands se ajustase a lo que había afirmado el zaguero de Liverpool Thompson: la ventaja mínima no alcanzaría para cumplir la hazaña de frenar la marcha continental de la armada de Paisley.

"¿DÓNDE DIABLOS ESTÁ YENDO ESE IDIOTA?"

En el complemento, Brian Clough decidiría no efectuar cambios. El guion del partido no sería modificado, aunque la intensidad y la vehemencia del Nottingham se reducían y desde luego el Liverpool aprovechaba esa baja. Justo en el primer minuto de la segunda etapa, Larry Lloyd terminaría en el registro de los indisciplinados, amonestado por una brusca entrada sobre Steven Heighway. Sería de todos modos la segunda y última amarilla de todo el encuentro.

En la sumatoria, las oportunidades de gol se vieron sensiblemente aminoradas, aunque eso no necesariamente le quitó revoluciones a los casi 40 mil corazones que latieron en esa noche de fin de verano. Al minuto 70, Tony Woodcock logró abrirse camino: tirado por banda izquierda, corrió hacia el área adversaria y, luego de frenar su carrera y evitar la intervención de Souness, puso un pase al límite de la propia área. Desde atrás llegaría el lateral izquierdo Colin Barrett, quien de zurda impactó fuerte en la pelota. Conclusión violenta, pero poco esquinada: Clemence bloqueó sin mayores sustos, en una acción que además fue invalidada por la posición adelantada de Birtles. Pero atención, hacía su primera aparición significativa en el escenario Colin Barrett, que de ahí a unos instantes sería un nombre a tener en cuenta.

Transcurrían unos minutos y a los 77, al Liverpool le tocaría su mejor chance de todo el partido con Dalglish, quien disparó un violento remate que Shilton con su guante izquierdo envió al córner.

El Nottingham Forest continuó apretando el acelerador en el tramo final. Al minuto 83, el equipo de Clough efectuó una brillante acción de contragolpe, pero Garry Birtles abrió excesivamente el zurdazo que se perdió largo a la derecha de Clemence. Con el correr de los giros de reloj, Clough y Taylor -así como quizás buena parte del público local- iban convenciéndose que después de todo el 1-0 no era un resultado despreciable. El primer y fundamental objetivo había sido alcanzado: el clean sheet, literalmente la hoja blanca, el arco en cero en condición de local, era lo principal en una eliminatoria europea tan equilibrada y abierta a miles de variantes. En segunda instancia, la victoria, si bien mínima, garantizaba que cualquier tipo de empate en el partido de vuelta clasificaría al Forest. E incluso, perder con un gol de diferencia pero marcando aunque sea uno también implicaría pasar de ronda. Pero esa no era evidentemente la misma sintonía con que encaraban los últimos instantes del juego los futbolistas en Red Garibaldi.

Los del Nottingham seguían volcándose al ataque y luchaban sobre cada pelota. Llegaba el minuto 87. Colin Barrett, endiablado, adelantó dos veces el avance de los rivales sobre su banda izquierda y envió la pelota hacia mitad de Liverpool. Aquí Garry Birtles dominó el balón y avanzó hacia el borde zurdo del área contraria. Entre tanto, Barrett, lateral defensivo izquierdo, estaba a punto de retroceder, para darle sostén a la defensa llegado el caso de que Liverpool iniciase una acción de contragolpe. Sin embargo, a pesar de su temor por quedar fuera de posición (y de los tremendos retos de Clough que se comería en caso de gol de Liverpool), Colin Barrett avanzó a espalda de la acción. "¡¡Ey!! Pero ¿dónde diablos está yendo ese idiota? ¡Vuelve, vuelve!", decía Brian Clough que no entendía. A los gritos pedía que Barrett reculase nuevamente hacia su zona defensiva, pero su voz desde el otro costado del campo de juego no podía alcanzar a su rubio defensor, quien proseguía su avance.

Entretanto Garry Birtles también continuaba su carrera hacia la última línea. El defensa de Liverpool Phil Thompson se le tiró a los pies, ensuciando el trayecto de la pelota. El número 9 del Nottingham Forest antes de que el cuero se perdiese por el fondo alcanzaría a tirar el centro. El balón flotó en el aire, dirigiéndose hacia Tony Woodcock. El número 10 se encontraba nuevamente a metros de la línea de meta, pero como ya ocurrido en el primer tiempo, el espacio y la comba del esférico no le permitirían rematar al arco de manera contundente. Woodie, con un cabezazo, pivoteó hacia atrás.

¿Y quién estaba a la puerta del área chica? El que nadie esperaría frente al arco rival en ese bautismo de fuego en la Copa de Europa. Sin embargo, Colin Barrett estaba ahí, a cinco metros y medio de la portería contraria. Segundos antes había titubeado. Pero, al fin y al cabo, ¿qué importancia tenía el hecho de que él no fuese un delantero? ¿Qué importaba si había anotado solamente dos goles con el Nottingham Forest? La pelota bajaba dulce hacia el piso, pero antes de que ésta pudiese tocar el suelo, Barrett con instinto de hombre de área no lo pensaría ni un instante: conectó el balón con su botín derecho y con un violento latigazo lo mandó a inflar la red de Liverpool...

¡Yes!

Era el gol del 2-0. El golpe del definitivo knock out. Barrett corría desenfrenado, con su puño derecho bien levantado. Paisley sacudía la cabeza en gesto de desconcierto. El City Ground largaba un grito que lucía a la vez un sentimiento de felicidad e incredulidad. Birtles se acercaba a Thompson y le preguntaba: "¿Y ahora qué dices, dos goles nos alcanzan para pasar de ronda?". Los restantes dos minutos fueron pura formalidad y sirvieron apenas para completar regularmente los 90 del partido. El silbatazo del árbitro austríaco Erich Linemayr decretó una victoria que ni

el más optimista, quizás ni siquiera Brian Clough, hubiera imaginado. No al menos con esa diferencia.

El 2-0, además por su carácter agónico, constituía un mazazo tremendo para el Liverpool. Perder por una brecha mínima hubiese sido un resultado dentro de todo aceptable para el equipo de Merseyside, sobre todo si se analizaban las alternativas del cotejo que habían visto al Nottingham Forest protagonista absoluto. El que años después hizo patente ese concepto fue Kenny Dalglish, quien recordaría en una nota de 2009 publicada en el diario The Guardian: "En general, en las competiciones europeas, perder 1-0 afuera el primer partido no es un mal resultado. Pero el hecho de jugar frente a una oposición que conocíamos muy bien nos hacía pensar de manera burda que era el caso de perseguir el empate, como si estuviésemos jugando un partido de torneo local. El gol de Barrett finalmente nos castigó. Esa noche parecíamos nosotros los novatos de la Copa de Europa y ellos el equipo que venía ganando desde años en campo internacional".

¿EL FIN DE UNA ERA?

El partido de Anfield Road del 27 septiembre se tornó un desfile triunfal para el Nottingham Forest y una exhibición circense para su guardameta de clase mundial, Peter Shilton. No había caso: el Liverpool delante de su parcialidad armó un sitio constante a la portería del Forest, pero Shilton una y otra vez bajó la persiana e impidió que la luz de los Reds iluminara su arco. No es que el Nottingham viviese de forma totalmente pasiva ese encuentro de revancha, pero la intensidad fue lógicamente menor, porque la gran parte del trabajo ya lo había cumplido dos semanas antes en el City Ground. A pesar de la gran presión ejercida por los todavía campeones de Europa, el Nottingham Forest ostentaba cierta tranquilidad, mostrándose cómodo y relajado. Esta sensación de calma y sosiego no solo dependía de la ventaja conseguida en la primera parte de la eliminatoria, sino que Brian Clough una vez más se las había ingeniado para bajar los decibeles de la atmósfera que rodeaba el partido.

Antes del encuentro hubo un episodio curioso y llamativo. Sobre el micro que llevaba al Nottingham Forest desde el hotel a la cancha, marcaba su presencia a bordo del vehículo nada más y nada menos que el legendario Bill Shankly. ¿Recuerdan? El carismático exentrenador de Liverpool quien ya había aparecido el año anterior en el vestuario del estadio de Goodison Park, luego del victorioso inicio de la triunfal campaña 1977-78 ante Everton. En esa ocasión, Shankly había alentado a los jugadores del Forest, exhortándolos a creer en la posibilidad de luchar para ganar el campeonato. Pero esa vez Shankly hablaba dentro del cuartel del enemigo, siendo Everton el clásico rival ciudadano de Liverpool. En esta oportunidad, en cambio, todo resultaba un poco más bizarro: ¿qué hacía Shankly, un personaje tan emblemático de la historia de Liverpool, viajando hacia Anfield Road junto al equipo contra el cual esa noche, por obvias razones, hincharía en contra? Muy sencillo: Shankly se hospedaba en el mismo hotel que el Nottingham Forest. Clough, amigo y estimador del escocés, lo había invitado para viajar junto a sus dirigidos hacia el estadio. Difícilmente antes de una cita tan importante harían lo mismo en otras latitudes: ¿se lo imaginan a Ramón Díaz arrimado hasta el Monumental por el micro de Boca Juniors antes de un River-Boca por la Libertadores?

Ciertamente Brian Clough era un técnico duro con sus jugadores durante las prácticas, no tanto desde un punto de vista del trabajo físico y atlético, sino respecto de lo que él exigía de parte de ellos bajo el perfil técnico. Si a Clough no le gustaba cómo un futbolista metía un cambio de frente o cerraba una diagonal, no tenía ningún inconveniente en hacérselo saber de forma muy directa y sin medios términos. Pero es siempre importante remarcar en esta historia que Clough sabía bien dónde estaba parado: no a la cabeza de un ejército que marchaba en armas para enfrentar a una batalla, sino simplemente al mando de un equipo de fútbol, cuya principal misión es entretener al público, divertirlo, posiblemente ganando campeonatos y consiguiendo trofeos, pero sin ceder a la lógica belicista que muy a menudo se arma alrededor del espectáculo deportivo. La presencia amistosa de Shankly sobre el micro de su equipo, antes de un partido tan trascendente, contra el club con el que ese extécnico tenía una comunión espiritual que nadie igualaría, servía para descontracturar el clima de tensión, para reafirmar a sus jugadores que ellos, al viajar con Shankly en su micro, eran un grupo que merecía el respeto de los más grandes de la historia de ese deporte.

Así y todo, Brian Clough, para tranquilizar ulteriormente y de manera más prosaica a sus futbolistas, también había decidido recurrir a otro elemento que lo acompañó siempre a lo largo de su carrera: "Dale, muchachos, relájense un poco y tomen una de éstas". El DT, sin el mínimo empacho, le alcanzaba a cada integrante de la convocatoria una lata de cerveza de medio litro, para que con un poco de cebada y lúpulo pudiesen aliviar la presión del compromiso. Era realmente otro fútbol. Pero en ese entonces, donde el atletismo exasperado que domina el balompié moderno era solamente en una fase experimental, estrategias de ese estilo podían traer sus ventajas.

El pitazo final del árbitro francés Georges Konrath a las 21.35 del 27 septiembre de 1978 sancionó otro pequeño gran milagro en la historia del Nottingham Forest. En su primera eliminatoria europea oficial, el Forest dejaba en el camino al todo poderoso Liverpool bicampeón de Europa. Otra hazaña aparentemente imposible era ya parte de la historia grande

del club de las East Midlands. "It's the end of an era (Es el final de una era)", sentenciaba a los micrófonos de la BBC el relator John Motson, mientras los aficionados de la KOP, la histórica agrupación de la hinchada de Liverpool, retiraba banderas y estandartes desde las tribunas.

En verdad, la sucesiva historia futbolística de la primera mitad de los años 1980 se empeñaría en demostrar que ese juicio era apresurado. Pero si la era del Liverpool no había efectivamente terminado, la era del Nottingham Forest avanzaba hacia un inimaginable apogeo.

¿Y AHORA?

El sentimiento que dominaba el ambiente del Nottingham Forest de cara al resto de la Copa de Europa 1978-79 se presentaba ahora de cierta forma bastante contradictorio. Por un lado, la sensación era que el torneo todavía tenía que arrancar, pues el equipo no había dejado el suelo patrio en la primera fase del certamen y se había medido a un rival extremadamente familiar, aunque en un contexto desconocido. Por otro lado, ya había poco por temer: si el Nottingham Forest había eliminado al campeón no solo de la última, sino de las últimas dos ediciones, ¿quién podría hacerle temblar las piernas al equipo de Clough? El rey había sido destronado. Pero en el fútbol se juega sobre un verde césped, no se pelea sobre la lona de un ring de boxeo, y para apoderarse del cetro de Liverpool aún quedaban junto a Nottingham Forest quince clubes listos para la lidia.

Más allá del último campeón, ese primer turno había dejado en la marcha a otras víctimas ilustres. Brujas de Bélgica, finalista en Wembley apenas unos meses antes, también había clamorosamente abandonado la competencia de manera precoz y ello convertía automáticamente la edición 1978-79 de la Copa de Europa en la primera de la historia en la que en la instancia de octavos de final no había ninguno de los dos equipos finalistas de la temporada anterior.

La Juventus, semifinalista de la pasada edición y reciente campeona en la Copa UEFA 1976-77, había caído ante Rangers de Escocia, dejando un pequeño sinsabor en Brian Clough: "Como me hubiera gustado darle una lección de fútbol a esos bastardos ladrones. Una lástima que fuesen eliminados tan tempranamente", declaraba Clough algunos años después en una entrevista, recordando la sed de revancha que desde abril de 1973 animaba su espíritu cada vez que la Juventus aparecía ahí cerca en el horizonte.

Un resultado que sorprendía por su contundencia era la clasificación del griego AEK de Atenas contra el Porto de Portugal: 6-1 la goleada griega a la ida e indolora su caída por 4-1 en el desquite.

Luego de esta primera ronda, el goleador del certamen resultaba ser Claudio Sulser, delantero del suizo Grasshopper de Zürich. Nadie igual le hacía tanto caso en ese momento, ya que todos sus goles habían sido anotados frente al no irresistible FC Valletta de Malta. Sin embargo, reaparecerá más pronto de lo esperado en esta historia.

RUMBO A ATENAS, LA CUNA DE LA DEMOCRACIA

Para los octavos de final el deseo de exótico que tanto había atraído a los jugadores del Nottingham Forest antes de la participación en Copa de Europa era premiado como mejor no podría esperarse. Al ser honestos para el equipo de Clough el viaje al exterior para la segunda instancia del torneo no sería nada de inédito, más bien la vuelta a una tierra y a un equipo ya conocidos en tiempos muy recientes. En efecto, el sorteo de UEFA establecía que sería AEK Atenas de Grecia el rival del Forest en la segunda instancia del máximo certamen europeo. "Sólo sé que no sé nada", decía el filósofo ateniense Sócrates en el siglo IV antes de Cristo (470-399). Antes de que arrancase la campaña europea, Brian Clough no podía saber obviamente lo que el futuro le depararía a su conjunto en el recorrido de la competición, pero su genialidad, y la de su asistente Peter Taylor, se veía asombrosamente reflejada en la intuición tenida durante la pretemporada veraniega, en la elección de los rivales a enfrentar para la puesta a punto de cara a la aventura continental.

En la fase precampeonato, el Nottingham había justo visitado Atenas, donde se había visto la cara con ese mismísimo AEK contra el que ahora tenía que volver a chocar en el segundo turno de la Copa de Europa. El encuentro amistoso se había jugado el 2 de agosto de ese 1978 en el Estadio Nea Filadelfeia y había finalizado 1-1, con Tony Woodcock anotando para el Forest. Decir que en base a la experiencia del amistoso de agosto el club griego ya no guardase secretos para el Nottingham Forest sería tal vez un poco azaroso. Un amistoso era ciertamente un antecedente importante, pero es cierto que un encuentro de esa índole no se juega con la misma intensidad de un compromiso oficial y en muchos casos no juegan siempre los titulares. Además, no hay que olvidar que era 1978: las computadoras e Internet eran aún herramientas de los pioneros de la informática y no constituía un medio para abastecerse de informaciones mediante videos, partidos en vivo y toda clase de páginas acerca de uno u otro equipo. El

VHS era una tecnología que se había afianzado y casetes sobre partidos no eran fáciles de conseguir. Tampoco había transmisiones de partidos por televisión desde otros países, como es costumbre hoy en día.

Así y todo, el nombre del AEK de Atenas difícilmente podría haber amedrentado a un equipo como el Nottingham Forest, que venía de destronar al Liverpool, dominador de esos últimos años. Pero sí merecía respeto, también por la reciente campaña 1976-77 en la Copa UEFA, donde había alcanzado una importante semifinal, entre otras cosas dejando en el camino a dos equipos ingleses, el Derby County y el Queens Park Rangers.

AEK, EL CLUB DEL EXILIO

Fundado en el año 1924, el club aurinegro había visto la luz con una misión especial: darles a las comunidades griegas originarias de Estambul (Constantinopla, como todo griego sigue llamándola indefectiblemente hoy en día) y de Asia Menor la posibilidad de practicar deporte. Luego de la Primera Guerra Mundial, Grecia y Turquía habían protagonizado un áspero conflicto, la Guerra Greco-Turca, impulsada por el derrumbe del Imperio otomano y por las promesas de ampliación territorial que las potencias occidentales le habían hecho a Grecia, vista la presencia de una consistente población de origen helénico que en ese entonces habitaba los actuales territorios de la República de Turquía.

La acción militar de Grecia se prolongaría durante tres años, hasta 1922: sus fuerzas se vieron superadas y su gobierno obligado a firmar un tratado de paz. El acuerdo establecía que Grecia volvería a sus fronteras anteguerra y que en los exterritorios del Imperio otomano a mayoría étnica turca, surgiría la República de Turquía. Una de las principales cláusulas para actuar el tratado era el intercambio de poblaciones: los turcos que residían en territorios definitivamente reconocidos como griegos, se trasladarían a Turquía; viceversa, las comunidades griegas que al finalizar el conflicto se encontraban en los territorios ahora bajo soberanía turca, emprendería el recorrido contrario rumbo a Grecia.

La gran mayoría de estas últimas comunidades terminaría estableciéndose en la periferia de Atenas, en nuevas barriadas cuyos nombres recuerdan varias de las ciudades de Asia Menor: Nea Smirni (Nueva Smirne), Nea Ionia, Nea Chalkidona y Nea Filadelfeia. Este último es el barrio ateniense donde se radicó el AEK, cuyas letras están por Athlitiki Enosis Konstantinoupoleos, que en griego significa Unión Atlética de Constantinopla, ciudad a la cual los fundadores miraban como su verdadera patria, más que a esa Atenas de los filósofos y de las primeras instituciones de la democracia, capital de la Grecia contemporánea.

En 1977-78, el AEK había conquistado su sexto título griego en el cual brilló la dupla ofensiva integrada por el griego Thomas Mavros y el yugoslavo Dusan Bajevic. El primero se convertiría en el máximo goleador de la historia del Alpha Ethniki, la máxima división de Grecia, con 260 goles anotados. El segundo, Bajevic, era un delantero de 1,85 metro, uno de los mejores atacantes de Yugoslavia junto a Dragan Dzajic e Ivica Surjak; con la camiseta del seleccionado eslavo había anotado un triplete frente al famoso Zaire del Mundial de Alemania 1974, vencido finalmente 9-0.

Pero sin dudas el máximo experto en inflar redes contrarias que se encontraba en el equipo de Atenas era su técnico, el húngaro Ferenc Puskás. Más de 500 goles anotados con las camisetas de Budapest Honved y Real Madrid, 83 conquistas con la selección de Hungría, con la que fue subcampeón mundial en Suiza 1954. Puskás ha sido considerado por varias encuestas entre los diez futbolistas más grandes de la historia. Un gran conocedor además de la Copa de Europa, tanto en su costado de jugador como de entrenador. Como futbolista, Puskás ganó con el Real Madrid el máximo trofeo del Viejo Continente en tres ocasiones (1958-59, 1959-60 y 1965-66), anotando 35 goles en 39 partidos.

Como técnico, en Copa de Europa, Ferenc Puskás había tenido más recientemente una exitosa experiencia con otro equipo griego: en 1970-71, el exdelantero de Hungría había conducido a la final de la actual Champions al Panathinaikos de Atenas. En el encuentro decisivo disputado en Wembley, sin embargo, el club dirigido por Puskás nada pudo hacer ante el todo poderoso Ajax de Cruyff, finalmente victorioso por 2-0.

GOLES, TROMPADAS Y MULTAS

Atenas, 18 de octubre de 1978. Ahora sí, a la sombra del Partenón la idea de Europa tenía todo otro sabor. En el estadio Nea Filadelfia las leyendas en alfabeto griego que aparecían sobre el tablero electrónico de la cancha y los carteles publicitarios brindaban tintas auténticamente internacionales a ese viaje por el que transitaba el Nottingham Forest desde hacía un mes. Si bien ahora, Brian Clough y sus dirigidos tenían que enfrentarse a un equipo de la tierra de Homero y Ulises, la verdadera Odisea ya había sido superada. Ahora, era tiempo de vacaciones. ¿Cómo? Sí, de vacaciones. Porque de cierto modo el partido de esa noche en Grecia se perfilaba como la primera de varias vacaciones que el equipo de Nottingham se tomaría desde la rutina del fútbol local: "Para mí y todo el equipo jugar en Europa, tener compromisos al exterior era un placer, porque nos permitía despejarnos del clima del fútbol doméstico y relajarnos, como si estuviésemos tomándonos unas vacaciones", recordaba Brian Clough en su autobiografía.

Una vez aterrizado el equipo a Grecia, el DT había sorprendido a todos: en vez de dirigirse al estadio para el reconocimiento de la cancha y la conferencia de prensa, llevó al plantel a dar un paseo y a jugar un poco con la ovalada de rugby a la playa, a orillas del Mar Egeo: "¡Qué me importa a mí la cancha! Es simplemente una cancha de fútbol cualquiera, no tenemos por qué preocuparnos con eso".

El Nottingham Forest, para ese partido de ida de los octavos de final, presentó una alineación casi igual a la que había escrito una página legendaria contra Liverpool en la primera ronda, salvo en la zaga donde estaba Frank Clark en lugar del desafortunado Colin Barrett, quien luego del partido de ida contra Liverpool había sufrido una lesión parcial en los ligamentos de la rodilla que lo dejó fuera por seis meses. Por su parte, Ferenc Puskás se encomendaba a su alineación tradicional, con la consolidada dupla ofensiva integrada por Mavros y Bajevic.

El Nottingham, como había hecho en el debut frente a Liverpool, arrancó nuevamente con su habitual agresividad, para marcar inmediatamente el ritmo del encuentro y conseguir lo antes posible una ventaja que pudiese acomodar el pleito en su favor. Luego de una intensa circulación de pelota y algunos intentos infructuosos, el equipo de Clough encontró el gol al minuto 10 con el capitán John McGovern, quien anticipó a su homólogo griego Nikolau, cuando éste intentó despejar la línea de meta.

El AEK esbozaba una confusa y tibia reacción, en tanto que el Forest seguía apretando el acelerador. Al minuto 22 sucedió un episodio clave: luego de un altercado, el uruguayo Milton Viera le asestó una trompada en la cara a Kenny Burns. Roja directa para Viera y AEK con diez.

***

Ahora, con el Nottingham Forest con uno más, el encuentro se inclinó decididamente a favor del equipo de Brian Clough: las ocasiones de gol no brotaban como flores en primavera para los ingleses, pero estos mantenían casi permanentemente el poder del balón en campo contrario, impidiendo al conjunto local representar peligro alguno hacia el arco de Shilton.

La ocasión propicia para ponerle un sello casi definitivo al contraste llegó justo en el anochecer de la primera etapa, al minuto 45. Frank Clark, luego de un desbordante pique sobre la izquierda, la tocaba al punto penal para Garry Birtles, quien con consolidada confianza, convidaba al guardameta a la salida, amagaba y vulneraba la meta adversaria por segunda vez en la noche. El Nottingham Forest estaba 2-0 arriba en el marcador y el joven Garry levantaba nuevamente los brazos, por segunda vez en tres partidos de Copa de Europa. Los aullidos del Nea Filadelfia esfumaban frente a esa superioridad clara y de a ratos incontrastable.

Con dos goles arriba y un hombre más al descanso, la noche ateniense pintaba para una goleada en favor de los de Clough.

***

Sin embargo, en el complemento, el Forest se relajó excesivamente sin empujar como había hecho en el primer tiempo. Y al minuto 59 los ingleses pagaban las consecuencias de su distensión: el delantero Thomas Mavros fue derribado por Burns en el área y el árbitro francés Wurtz cobró penal, entre las protestas de los jugadores del Nottingham. Desde los doce pasos se presentó Tassos Konstantinou, que con precisión descontó. AEK Atenas 1-Nottingham Forest 2.

Serían esas las cifras definitivas de un encuentro en el que el Nottingham Forest había exhibido una superioridad clara, pero que a la postre el conjunto inglés no había sabido aprovechar.

***

Brian Clough no podía estar completamente satisfecho de la actuación. El resultado era evidentemente muy positivo, ya que incluso una derrota por 1-0 en el City Ground en el segundo encuentro sería suficiente para clasificar a los cuartos de final. Sin embargo, esa baja de tensión era una alarma importante y para no subestimar. Notaba el técnico que era necesario mantener elevado el grado de alerta del equipo. El regreso desde Grecia le brindaría inmediatamente una oportunidad para mostrar a sus dirigidos la exigencia de orden y rigor, fundamentales para mantener intacta la solidaridad entre compañeros.

A la mañana siguiente del partido, mientras el plantel se estaba desplazando hacia el aeropuerto Ellinikon de Atenas, Brian Clough se dio cuenta de que mientras todo el resto del equipo vestía el uniforme oficial del club, Larry Lloyd, el zaguero, estaba encajado en su chomba y jeans, como un perfecto turista.

Brian Clough: Larry, perdón, pero ¿dónde está tu saco?

Larry Lloyd: Lo tengo guardado en la maleta, jefe.

Brian Clough: ¿Cómo? Bueno, ¡póntelo!

Larry Lloyd: Pero está guardado en el fondo, es muy incómodo sacarlo.

Brian Clough: Te multo con 50 libras por no tener puesto el saco, otras 50 por no quererlo sacar de tu valija y te multaré de otras 50 libras cada vez que te niegues a sacarlo ante mi pedido.

En el caso específico, a Clough no le importaba nada cómo viajase Larry Lloyd, si vestido elegante o formalmente. Lo que era sumamente importante era que todos y cada uno de los integrantes del plantel se

atuvieran a las reglas que había dejado asentadas el club y que nadie las desoyese, en nombre de la armonía grupal, que estaba por encima de cualquier individualidad.

El ida y vuelta entre Clough y Lloyd arriba del micro que los llevaría rumbo al aeropuerto duró hasta que el monto de la multa propinada al defensor no alcanzó las 500 libras esterlinas, cantidad de dinero que incluso a un profesional del deporte podía llegar a amedrentarle por aquellos años, donde los sueldos faraónicos aún no eran moneda corriente en el ambiente del fútbol internacional.

El incidente tuvo pequeñas consecuencias en el corto plazo: Lloyd fue apartado de la convocatoria para el siguiente partido de liga y el jugador amenazó con abandonar al Forest. Una grieta que de todas maneras fue subsanada prontamente, gracias a la intervención de los demás jugadores que lo habían convencido a quedarse en el club que desde hacía dos años lo había hecho renacer. El Nottingham Forest le estaba regalando los que serían los mejores años de su vida profesional.

***

La noche del 1° noviembre 1978 pasaría a la historia como la demostración de fuerza más contundente que el Nottingham Forest jamás exhibió en sus gloriosas noches europeas. Un show de bola como dirían los brasileños al conjunto de Clough, el que se mostraba amo y señor del gramado, con un juego de a ratos digno del tiki-taka que tres décadas después mostraría al mundo el Barcelona de Pep Guardiola y Lionel Messi.

Con goles de Needham, Woodcock, Anderson y un doblete de Garry Birtles, el Forest apaleó a un AEK sumamente aminorado frente a esa oleada roja que envolvió uno que otro rincón de la cancha. En los minutos finales del partido había gloria también para Gary Mills, joven centrocampista que estaba a diez días de cumplir 17 años. No volvería a jugar más en esa Copa de Europa, pero su fugaz aparición europea le entregaría de ahí a unos seis meses un importante récord.

Con los dos tantos de esa noche, Garry Birtles alcanzó los cuatro goles en la competición. Para Brian Clough y Peter Taylor la apuesta estaba dando sus frutos y por el momento la estaban ganando de forma mayúscula. El Nottingham Forest estaba ahora entre las mejores ocho de Europa. Soñar no costaba nada.

ATISBANDO LA RECTA FINAL: LOS CLASIFICADOS A LOS CUARTOS DE FINAL

Hoy en día para llegar a los cuartos de final de la UEFA Champions League un equipo procedente de una de las principales ligas europeas debe jugar al menos ocho partidos: seis en la fase de grupos y otros dos en octavos de final. Solamente en marzo del año que sigue al comienzo de la competición, un club sabe si podrá jugarse el acceso a la semifinal de la máxima competición continental. Situación diferente de la que se vivía a finales de los años 1970. A comienzos de noviembre y después de apenas cuatro partidos disputados por cada cuadro, ya estaban definidos los magníficos ocho que protagonizarían la tercera última instancia de la Copa de Europa.

El Nottingham Forest estaba entre ellos y la situación del máximo torneo europeo colocaba a los ingleses como uno de los grandísimos favoritos. Bob Paisley, tras la eliminación de su Liverpool frente al equipo de Clough, había declarado que el Forest sería uno de los principales candidatos a la victoria final. Ferenc Puskás, DT del AEK Atenas que había sido aplastado por el Garibaldi en octavos de final, consideraba que difícilmente alguien podría haber parado al equipo inglés de ahí al final.

El panorama que había pintado la segunda ronda del torneo respaldaba semejantes opiniones. El veredicto más clamoroso de octavos de final era indudablemente el que veía la eliminación del Real Madrid frente a los suizos del Grasshopper de Zürich. En el partido de ida en el Bernabéu, el equipo merengue había ganado 3-1, con goles de Juanito, García Hernández y Santillana. Un marcador final que revalidaba la opinión sobre la dificultad de la serie que habían expresado los principales medios españoles. Pero el Madrid no había hecho las cuentas con Claudio Sulser. ¿Recuerdan? Goleador provisorio de la Copa de Europa tras la primera instancia, en ella, facilitado por el no irresistible FC Valletta de Malta, Sulser había anotado seis goles. Oriundo del cantón Tesino, de lengua italiana, y joven estudiante de derecho en la vida de todos los días, Sulser había sido el autor del único gol de los Saltamontes (este es el significado de Grasshopper en inglés) en Madrid.

Pero no sería su última conquista europea. La noche del 1° de noviembre 1978, mientras el Nottingham goleaba el AEK en el City Ground, Claudio Sulser se convertía en el héroe del estadio Hartrum poniendo su firma a ambos goles con que el cuadro albiazul superaba 2-0 al Real. Con esas cifras, el equipo helvético empataba los goles de la serie 3-3, pero lograba el pase a la siguiente etapa del torneo merced al mayor número de marcaciones en condición de visitante. Para el Real Madrid, la enésima decepción. Sería esa

la única eliminación del equipo madridista en ocho enfrentamientos contra clubes suizos y el final de la única aventura europea del argentino Enrique Quique Wolff: cuatro presencias y un gol el balance de una campaña con poca luz y muchas sombras.

***

Los otros seis clasificados a cuartos de final eran Rangers de Escocia, Colonia de Alemania Occidental, Dynamo Dresden de Alemania Oriental, el austríaco Austria Viena, el Widzew Lodz de Polonia y el Malmö de Suecia.

Las primeras dos instancias habían dejado en la marcha a los clubes que todos inicialmente habían indicado como principales candidatos a la victoria final: Liverpool, Brujas y Juventus en la primera ronda; Real Madrid, PSV Eindhoven y Dinamo Kiev en los octavos de final. Sacando lógicamente la primera edición de 1955-56, la Copa de Europa 1978-79 se convertía a raíz de estos resultados en la primera de todos los tiempos en la cual en los cuartos de final no había presencia de clubes precedentemente finalistas en la historia del certamen. Esto ya entregaba pues un primer importante veredicto: el 30 de mayo 1979 en el Olympiastadion de Múnich la copa de las grandes orejas sería levantada por un nuevo equipo.

Un hecho que si por un lado tornaba incierto aventurar pronósticos sobre el posible ganador, por el otro incrementaba enormemente las chances del Nottingham Forest de poderse abrir el camino rumbo a la gloria.

FINAL DEL INVICTO: 42 PARTIDOS PARA LA HISTORIA

El 1978 quedará como uno de los más históricos para el Nottingham Forest, pero también para el fútbol de Inglaterra. Para el club de las East Midlands la conquista del título de campeón nacional había sido una hazaña de tremendo valor, sobre todo teniendo en cuenta que el año anterior había conseguido el ascenso con el tercer puesto, sin siquiera conocer su destino luego del último partido. La Copa de la Liga conquistada en marzo en una disputadísima doble final ante su majestad el Liverpool era un anexo importante y significativo a la deslumbrante marcha del equipo de Brian Clough rumbo a su primer campeonato nacional. Como olvidar luego el comienzo de la aventura en Copa de Europa, condimentado con el vértigo de esa primerísima eliminatoria en competiciones UEFA contra el Liverpool bicampeón europeo, en la primera serie de dieciseisavos de final de la historia del torneo entre dos cuadros del mismo país.

Contra el Liverpool había sido siempre fuego y llamas. En ese 1978, los partidos frente al equipo de Bob Paisley habían estado siempre cargados de gran tensión y de una mística particular, sobre todo porque salvo en un caso siempre había habido algo importante en juego. Hasta diciembre, el Nottingham y los de Merseyside se habían visto las caras en cinco ocasiones: cinco partidos en donde el Nottingham Forest no solo nunca había perdido, sino que nunca había sufrido goles en contra.

Fue entonces una ironía del destino que el 9 diciembre de 1978 los primeros y únicos goles que el Liverpool anotó en ese año contra el Forest fueron los que cortaron la larguísima serie invicta en el campeonato del equipo de Brian Clough. Con doblete de Terry McDermott, el Liverpool superó 2-0 al Nottingham Forest en Anfield Road y terminó con una invencibilidad de 385 días. Un año más casi tres semanas. Fue el tiempo que transcurrió desde el 19 de noviembre de 1977, el día en el que el Nottingham Forest había conocido su última derrota, al caer de visitante 1-0 en Elland Road frente al Leeds United. 42 partidos consecutivos sin perder. Una monstruosidad, prácticamente el número de encuentros correspondiente a la duración de un campeonato entero.

En el proceso el Forest había repartido de manera perfecta triunfos e igualdades: 21 victorias y otros tantos empates, con 58 goles a favor y 22 en contra; 11 partidos ganados y 10 empatados en el City Ground, 10 encuentros vencidos y 11 igualados lejos de su cancha; 27 goles anotados en condición de local, 31 de visitante; 10 anotaciones en contra en el City Ground, 12 en canchas ajenas.

Un balance casi perfecto. Las cifras sobre la muy sutil diferencia entre victorias logradas en casa y afuera, tal como la distribución de los goles en favor y en contra en su propio campo y en los campos rivales, daban cuenta de un equipo que sabía jugar en todas las canchas, sin depender del factor de la localía. Un aspecto que reflejaba la filosofía de su técnico, que hacía caso omiso de las características de la oposición para la preparación del partido. Nunca había que concentrarse en los jugadores rivales y adaptarse a su forma de jugar, sino que más bien era prioridad hacer lo contrario, seguir un libreto que obligase al contrincante a ajustar su dibujo táctico en función del juego de Brian Clough, donde el balón la mayor parte del tiempo se deslizaba a ras del césped, haciendo primar la habilidad técnica por encima de la fuerza atlética, trato propio de muchos equipos ingleses de la época, a partir del Liverpool.

Era difícil imaginar en ese momento a otro equipo que no fuera Liverpool capaz de sacarle ese invicto al Nottingham Forest. A lo largo de 1978, el equipo de Bob Paisley había sido el único en pelear de igual a igual al de Clough, tanto en la final (con repetición) de la Copa de la Liga como en el campeonato.

Pese a haber perdido la carrera por el título en abril, ahora con el triunfo que terminó el invicto del Nottingham, el conjunto de Merseyside consiguió su victoria número 14 en 19 encuentros del torneo 1978-79. Gracias a ese comienzo fulminante y a los 8 puntos de ventaja que tenía sobre el Forest, al Liverpool no le costaría demasiado quedarse en abril 1979 con el título inglés número 11 de su historia. Sin embargo, esa conquista, magnífica por las estadísticas, quedaría ofuscada por las hazañas del gran rival que los Reds estaban teniendo en esos tres años de locura del fútbol inglés y europeo.

UN RÉCORD VENCIDO

Esos 42 partidos no solo quedaron sellados en la historia y en la memoria de los apasionados, sino que físicamente aparecieron sobre un plato plateado con el cual la Football Association obsequió a Brian Clough, quien lo custodiaba en el salón de su casa: "Desde que me he retirado, cada vez que agarro en mis manos ese homenaje me doy cuenta de lo grande que fuimos, de cada pequeño y grande esfuerzo que hicimos para treparnos hasta esa cumbre: sinceramente creo que nadie podrá repetir o superar lo que cumplimos". Clough tenía razón sobre lo grande de su equipo, de su trabajo y del valor de ese récord. Pero en cuanto a la imposibilidad de superarlo se equivocaba: entre el 7 de mayo de 2003 y el 27 de octubre 2004, Arsenal, bajo el mando del entrenador francés Arséne Wenger, coleccionó 49 partidos consecutivos sin derrota, con 36 victorias y 13 empates en su cosecha. Sin embargo, a diferencia de lo que fue el Nottingham Forest en los 70, Arsenal -ganó el título invicto en 2003-04 en un certamen de 20 equipos y 38 fechas- era uno de los grandísimos del fútbol nacional. Cuando los Gunners arrancaron su increíble secuencia invicta ya contaban con 12 campeonatos en su vitrina, con el último conquistado apenas hacía dos años (2001-02). El club de Londres no solo era una habitual presencia en la ya riquísima Champions League de los 2000 y una marca conocida a nivel planetario, sino que contaba con un plantel de envergadura internacional, con los campeones mundiales franceses Thierry Henry, Robert Pires, Patrick Vieira y otras estrellas de grandísima categoría como el holandés Dennis Bergkamp y el otro francés Sylvain Wiltord.

En cambio, en el Nottingham Forest de los años 70, Brian Clough y Peter Taylor, más allá de algunas adquisiciones que habían implicado importantes inversiones, forjarían su máquina mágica haciendo hincapié en un importante grupo de jugadores formados en Nottingham. Los que fueron incorporados sucesivamente eran sobre todo futbolistas que parecían encaminados al cierre de sus carreras o jugadores prácticamente desconocidos y que el mágico radar de Taylor había traído en la órbita del club.

Es cierto también que al finalizar el año 1978, en el Nottingham Forest había aumentado la impresión de que faltaba una pieza para completar esa obra maestra. Al margen de las grandes actuaciones brindadas en Copa de Europa, Garry Birtles no parecía tener el nivel, la madurez y el peso para poder sostener a largo plazo el poder ofensivo del equipo. Servía una ulterior incorporación, una que Brian Clough consideraba absolutamente imprescindible para tornar a su plantel en el mejor que podría haber deseado. Ese jugador le servía a toda costa. Lo necesitaba a cualquier precio.

UN MILLÓN DE RAZONES PARA SOÑAR CON SER LOS MÁS GRANDES

Una gran multitud de periodistas deportivos, fotógrafos, camarógrafos y equipos de producción de medios locales y nacionales desafiaron el frío de esa mañana del 9 febrero de 1979 en el estacionamiento del City Ground. Junto a ellos, Brian Clough, Peter Taylor y algunos hinchas esperaban por la llegada de ese obscuro objeto del deseo.

A bordo de un Austin azul descendió encajado en un formalísimo saco beige y corbata marrón Trevor Francis, por ese entonces mejor conocido como The million pounds man, el hombre de un millón de libras esterlinas. Por una cifra todavía superior -un millón y 150 mil libras esterlinas, incluyendo impuestos-, ese atacante acababa de ser adquirido por el Nottingham Forest desde el Birmingham City, convirtiendo su pase en el más caro de la historia del fútbol inglés hasta ese entonces.

Un millón y 150 mil libras esterlinas de 1979 corresponden a menos de 300 mil dólares estadounidenses de 2016, más precisamente US$292.500. Un monto que en el fútbol contemporáneo coincide con los sueldos más bajos que perciben los futbolistas de menor talla que actúan en las principales ligas de Europa, una cifra microscópica frente a los más de 200 millones de dólares estadounidenses pagados por el brasileño Neymar en el verano europeo de 2017.

Aun así, el costo del pase de Francis parecía sumamente exagerado al comienzo de ese último año de la década de 1970. ¿Podía invertirse tanta plata para hacerse con las prestaciones de un solo futbolista? ¿Valía un millón de libras esterlinas Trevor Francis?

Delantero de 24 años, número nueve de 1,78 metro, Francis era dotado de un muy buen olfato goleador: entre 1971 y el inicio de 1979 había anotado

con la camiseta de Birmingham City 119 goles en 280 presentaciones. Un número de conquistas que lejos estaba de ser fenomenal, pero que así y todo era de notable consideración, sobre todo teniendo en cuenta el nivel modesto del Birmingham, en donde Francis había jugado los primeros dos años en Segunda y los restantes seis en Primera, categoría en la cual difícilmente el Birmingham City permanecería con tanta continuidad sin el aporte goleador del atacante oriundo de Plymouth.

La prensa se la agarraba contra Brian Clough. ¿Qué diablos había ganado Francis para ser pagado tanto? El entrenador de Middlesbrough, alabado a menudo por su defensa de las causas de los más débiles y desde siempre admirado por su extracción proletaria, esta vez se convertía en el blanco de críticas feroces por haber apretado un gatillo que dispararía los precios del mercado. El mensual World Soccer hablaba de una cifra bochornosa, sobre todo por los tiempos que corrían. El invierno 1978-79 fue para Inglaterra uno de los más fríos del siglo XX, pero a la vez uno de los más enardecidos en cuanto a movilización social. Luego de haber pedido en 1976 un préstamo de más de 2 mil millones de dólares al Fondo Monetario Internacional, el gobierno laborista encabezado por James Callaghan había decretado un techo de aumento de las paritarias a un 5%, con el objeto de contrarrestar la creciente inflacionaria que embestía en esos años a Gran Bretaña. Una limitación de aumento salarial que era inaceptable para sindicatos y trabajadores, y había desatado una masiva ola de huelgas (como la de los camioneros), piquetes, choques contra las fuerzas de seguridad (que involucraban en particular a los mineros), en el marco de una protesta jamás vista en Inglaterra en las décadas de la postguerra. Una sucesión de eventos que se conocerían como el Winter of discontent (El invierno del descontento), y que en mayo de 1979 allanaría el camino del Partido Conservador rumbo a la victoria en las elecciones parlamentarias.

EL GOLEADOR DE LOS DOS MUNDOS

No era para nada asombroso que en semejante cuadro de crisis y estallido social una noticia como la del millón pagado por Trevor Francis sembrase semejante indignación. Sin embargo, la concatenación de eventos que se había generado en el Nottingham Forest entre fines de 1978 y comienzos del sucesivo 1979 hacía necesario darle una mayor potencia de fuego al ataque del equipo.

Peter Taylor había sondeado pistas internas y extranjeras, pero pese a que muchos tuviesen una mayor experiencia internacional ninguno, en su parecer, presentaba las características adecuadas para poderse adaptar el juego de Clough. Para hacerse con Trevor Francis, el Nottingham Forest había vencido la concurrencia del Coventry City, club que parecía llevar la delantera en la negociación por el hecho de que su actual manager, Gordon Milne, era también un colaborador del equipo norteamericano Detroit Express, donde Francis jugaba durante el verano boreal una vez finalizada la temporada inglesa.

Eran los 60, los años de la NASL, la North American Soccer League, la primera experiencia de fútbol profesional vivida por Estados Unidos: Pelé, Cruyff, Beckenbauer, George Best, Eusebio, Neeskens, Chinaglia, Deyna y justamente Trevor Francis eran algunas de las principales estrellas que animaban a la liga norteamericana, rica de financiadores, pero donde no había un respaldo de público en los estadios y en televisión suficientemente amplio para que sobreviviera tantos años, siendo los New York Cosmos de Pelé, Chinaglia y Beckenbauer la única franquicia que tenía cierto seguimiento.

Al margen de algunas bizarras innovaciones reglamentarias, como los penales en movimiento o la línea del offside avanzada 25 metros más adelante del mediocampo, era la tendencia de los equipos alquilar jugadores. Futbolistas con un contrato regular en otro club, de Europa o de Sudamérica, eran a menudo contratados como refuerzos estacionales, para jugar tres o cuatro meses y luego ser devueltos a sus clubes de origen, a veces sin que siquiera disputasen el torneo completo.

Trevor Francis fue uno de los últimos en sumarse a esta carrera de dólares, ya que en 1985 la NASL bajaría el telón y levantaría campamiento para dejar a los recuerdos y a las anécdotas sus años de goles, campeones y malabarismos reglamentarios. Pero lo que Francis dejaba en claro era que no renunciaría a los verdolagas, Clough y Taylor tenían que ser conscientes de ello. El delantero había puesto de manifiesto su deseo de abandonar Birmingham para poder jugar en un club más competitivo, pero aseguraba a la vez que respetaría su acuerdo con Detroit Express y que en cuatro meses partiría nuevamente rumbo a Estados Unidos.

¿Podía Brian Clough apostar a un jugador que dejaría al club temporalmente en unos meses y que luego regresaría sin prácticamente descansar? Pero este tampoco era el punto más preocupante y el que suscitaba los mayores interrogantes sobre la contratación multimillonaria del Forest. Trevor Francis no podría jugar casi en ningún partido copero: no podía bajar a la cancha en la final de la Copa de la Liga, prevista para el 17 de marzo en Wembley contra el Southampton, pues había jugado en la competición en esa misma temporada con el Birmingham City.

Pero, sobre todo, Francis no podría jugar en Copa de Europa durante tres meses, lo cual lo apartaba automáticamente tanto de los cuartos de final, así como desde las eventuales semifinales, dejando solamente una chance

para verlo pisar el gramado en la competencia máxima en esa temporada: si el Nottingham Forest llegaba a la final de Múnich, Trevor Francis podía hacer su debut absoluto en competiciones UEFA justo en el partido decisivo del torneo más importante de Europa.

Brian Clough, sin embargo, estaba obstinado y cuando Taylor le avisó que el Birmingham City había levantado el pedido a 930 mil libras, Clough no dudó: "Haces una cosa', Peter, ofrezcamos un millón y verás que esa propuesta no la podrán rechazar".

Ahora faltaba solo que la historia se encargase de demostrar si con ese millón de libras invertidos el Nottingham Forest tendría también un millón de razones más para soñar con la gloria. Por entonces nadie lo sabía, pero esos seis ceros serían devueltos con todos los intereses. Y algo más.

LA VICTORIA CON RESACA

"Bueno, señores, ahora ninguno de ustedes saldrá de aquí antes de que se tomen todo eso".

Eran doce botellas de champán, que flotaban en cuatro baldes con hielo ubicados en el centro de la habitación de un hotel en Londres donde Brian Clough y Peter Taylor habían citado al equipo la noche del 16 de marzo de 1979. El Nottingham Forest se aprestaba a enfrentar al día siguiente la final de la Copa de la Liga contra Southampton, en el legendario escenario de Wembley. ¿Champán antes de una final? Como recordó Brian Clough en su autobiografía, de camino al hotel "los jugadores se habían mostrado excesivamente tensos y silenciosos".

Archie Gemmill no tenía intención de bajar desde su habitación. Como en casi cada noche de su vida se había ido a acostar temprano, como buen samaritano. Pero de repente un llamado telefónico lo volvió a despertar: "¡Levanta inmediatamente el culo y vente abajo! ¡Te estamos esperando todos!", era Brian Clough. El técnico no quería que alguien se perdiese las reuniones, fuesen de cualquier índole.

Luego de unos minutos, Gemmill junto al resto de los jugadores empezaron a degustar una que otra copa de champán, mientras Clough y Taylor entretenían a todos contando anécdotas. La reunión se arrastraría hasta pasada la 1 de la madrugada, ya entrado entonces el día del partido. El que definitivamente pagaría las consecuencias del experimento de Clough y Taylor sería Garry Birtles: mientras recorría las escaleras para regresar a su cuarto, el delantero -en plena ebriedad- tropezó en el último escalón, se resbaló hacia atrás bocabajo y terminó rasguñándose las rodillas.

Demás está decir que el equipo se encontraría disputando la final en plena resaca. Además del alcohol en exceso, el Forest tenía que lidiar ese 17 de marzo con ausencias importantes, como Viv Anderson y Kenny Burns en la línea defensiva, sin olvidar que el recién incorporado Trevor Francis no podía aportar lo propio, pues con Birmingham City había ya jugado en la competición.

En principio no parecía que el Nottingham sufriese de manera evidente la borrachera de la noche anterior. En los primeros minutos, Garry Birtles con un cabezazo y Archie Gemmill con una percusión central desequilibrante, llevaron la amenaza a la portería de Southampton. Pero al minuto 16, en la primera distracción de los rojos, Shilton fue vencido por David Peach, quien recibió la pared desde el capitán Alan Ball y, mano a mano con el arquero del Garibaldi, amagó y anotó el 1-0 en favor de Southampton.

Luego del tanto, Alan Ball, campeón mundial en esa misma cancha con Inglaterra en 1966, desahogó brevemente su festejo hacia el banco del Nottingham Forest y acto seguido se acercó a John McGovern: "Esto es Wembley, hijo querido, intenta disfrutar de este clima mientras puedas estar aquí". Rara provocación, proviniendo de un gran veterano como él. Una vez abajo en el marcador el equipo de Brian Clough padeció más que nunca la ebriedad de la última noche: Shilton anticipó al minuto 20 a Holmes y Hayes en el área chica, en tanto que al 24 fue Lloyd el que rechazó un violento remate desde afuera de Ball. En unos eternos diez minutos, el Forest quedaba aplastado en su mitad, con Gemmill que perdía una y otra vez el balón, desatando las iras de Clough. Su equipo en verdad no guardaba ningún tipo de ardor para alcanzar el empate, pero las chances producidas eran más fruto de improvisación y casualidad que de las trabajadas maniobras que Clough pregonaba. El ensayo alcohólico de la previa no estaba trayendo los beneficios que él imaginaba.

"¿A ustedes les parece que es la forma de jugar una final?", estallaba Clough en el vestuario durante el entretiempo "¿Cómo se atreven a jugar así con sus familias que vinieron a verlos y los miles de hinchas que nos están alentando?". El técnico del Nottingham en esto era inigualable. En toda circunstancia sabía perfectamente darle la vuelta de tuerca justa y tocar las cuerdas de sus dirigidos para motivarlos y hacerlos reaccionar: "¡¡Y nadie, digo nadie, se atreva a decir que esta actuación tiene que ver con lo de anoche!! ¡¡Nada de excusas, señores!!".

***

Ninguna justificación, solamente jugar como debe hacer el campeón defensor. Y en el complemento finalmente quedaría demostrado quién era el que tenía el mando. Garry Birtles, con un remate de zurda en el minuto

51, hizo el 1-1 y al 79, tras robar una pelota a los defensas rivales, venció en el mano a mano al arquero Gennoe para el 2-1.

La ventaja del Forest mandó a los Saints a la lona. John McGovern, siempre muy moderado en su actuar, esta vez no pudo aguantarse: luego del 2-1 se acercó a Alan Ball y le dijo: "Ey, Alan, este es Wembley, ¿por qué no empiezas a divertirte mientras estés aquí?".

Pero tiempo para disfrutar de Wembley ya no sobraba, al menos para Ball y el Southampton. Al minuto 83, Woodcock recibió una pared desde Gemmill y con una espectacular diagonal en media vuelta envió la redonda al segundo poste para el 3-1. Era la apoteosis.

De nada serviría ya en minuto 86 un latigazo de Nick Holmes, quien descontó para Southampton. Un 3-2 sería el resultado definitivo. El silbatazo final de Peter Reeves certificó la grandeza absoluta del Nottingham Forest, primer club en la historia que se consagró campeón de la Copa de la Liga por dos temporadas consecutivas. John McGovern trepó los 39 escalones hasta el palco de honor con una bufanda albirroja al cuello. La entrega del trofeo estaría esta vez en cabeza del mandatario de la UEFA, el italiano Artemio Franchi -en lugar del presidente de la Football League, Alan Hardaker-, invitado especial ese día en el templo del fútbol inglés. Una señal del destino, un mensaje claro hacia dónde ahora el Nottingham Forest debía apuntar sus cañones: no a la conquista de la Primera División -el Liverpool ya se había despegado hacia el título-, sino a la victoria de esa copa de grandes orejas que ese mismo Artemio Franchi entregaría en Múnich 74 días después, el 30 de mayo.

Eliminar al Liverpool en la primera ronda de la Copa de Europa había sido épico. Haberse quedado con la cabellera del AEK Atenas en octavos de final había representado una prueba de madurez y una ostentación de elevada categoría. Pero haber defendido exitosamente la Copa de la Liga representaba una señal inequívoca de que ya no quedaba otra meta a la cual el Nottingham Forest podría anhelar. Luego de otra victoriosa campaña de Inglaterra para las tropas de Brian Clough, ya era hora de marchar sobre Europa. Con resaca o como fuera.

VUELVE LA COPA DE EUROPA: SALTANDO RUMBO A LA SEMIFINAL

Después del largo letargo invernal, el camino continental del Nottingham Forest proseguiría en marzo de 1979 con los cuartos de final de la Copa de Europa ante el suizo Grasshopper de Zürich. Grasshopper, es decir, el saltamonte. "¿Saltamontes? ¿No son esos bichitos verdes que andan por el pasto del jardín? No, de un equipo con un nombre así no podíamos tener miedo", recordó de manera chistosa Larry Lloyd al autor Daniel Taylor en su libro I believe in miracles. Pero más allá de fáciles ironías, el Grasshopper merecía sumo respeto: en octavos había dejado afuera al Real Madrid y en la temporada anterior había alcanzado una histórica semifinal de Copa UEFA. Su técnico, el alemán Helmut Johansen, como Brian Clough, era un entendedor de milagros: en 1966-67 contra toda expectativa había conducido al Eintracht Braunschweig a su único título de Bundesliga, haciendo luego un gran papel en la Copa de Europa 1967-68, donde el Braunschweig sería eliminado por la Juventus en cuartos de final. El propio título suizo conquistado en la anterior temporada con Grasshopper había roto con una sequía de siete años sin campeonatos nacionales ganados, un tiempo largo para un club que con 17 torneos locales en su vitrina era ya en ese entonces el mayor vencedor en la historia de la Superliga de Suiza. Además, el Grasshopper contaba con el goleador del certamen, Claudio Sulser, con nueve goles en su nombre, tres de los cuales fueron anotados ante el Real.

Números, datos y circunstancias invitaban a la calma. Pero, sobre todo, era el comienzo del primer partido jugado en Nottingham que obligaba el Forest a volver a plantar los pies bien en el suelo. El 7 de marzo en un City Ground colmado de pasión eran los Saltamontes de Zürich quienes inauguraban el marcador. Al minuto 11, el capitán de Grasshopper, Andi Meyer, enviaba desde el círculo central un formidable lanzamiento para Sulser y el centrodelantero, superado a Needham, picó la pelota con el externo de la zurda sobre la salida de Shilton. 1-0 para el Grasshopper. ¡Vaya baldazo de agua fría! Gol número 10 de Claudio Sulser en Copa de Europa contra el Nottingham Forest, quien por primera vez desde el comienzo de su aventura europea se encontraba abajo en el marcador. Sin embargo, la conquista de Sulser era apenas la picadura del saltamonte que despertaría al león dormido. Al minuto 31 llegaba el empate. Tony Woodcock recibió un pelotazo sobre la derecha y sirvió a Garry Birtles al límite del área: el carpintero de Long Eaton coordinó la zurda y con un remate de empeine batió al arquero Roger Berbig. 1-1 y con ese resultado al descanso.

***

En el segundo tiempo una lluvia de goles del Forest empapó el estadio, que ya en el minuto 47 encontraba el tanto del 2-1 con un penal de Robertson, cobrado por una mano del capitán suizo Meyer. Sin embargo, eran los últimos minutos del encuentro que marcaron la senda hacia las semifinales para el Garibaldi. Primero, al minuto 87, fue Archie Gemmill quien recogió un rechazo de los defensas de Grasshopper con un zurdazo que enfiló a espaldas de Erbig para el 3-1. Luego al 89, córner de Robertson, cabezazo de Larry Lloyd y pelota al fondo de la red de Grasshopper por

el definitivo 4-1. El marcador final del primer encuentro ya sentenciaba la serie.

Brian Clough podía descansar tranquilamente, pues hasta ese entonces en la historia de la Copa de Europa solamente una vez un equipo había dado vuelta a una eliminatoria de cuartos de final o semifinales luego de perder con tres goles de diferencia: la hazaña había sido del Panathinaikos de Atenas, en la temporada 1970-71. Tras haber perdido 4-1 con Estrella Roja en Yugoslavia, de local ganó 3-0 y se metió en la final, instancia en la que perdería frente a Ajax.

En el plantel primaba gran optimismo y eran varios los jugadores que en el vestuario pedían por un día libre. Pero también en esta oportunidad, pese al resultado extremadamente satisfactorio y alentador de cara a la vuelta, Brian Clough había nuevamente ideado un plan para mantener alta la concentración y sobre todo la humildad de su grupo: "Los quiero mañana aquí vestidos de manera presentable, señores, porque tenemos que ir a darles nuestro obsequio a unas personas que esta noche vinieron a alentarnos".

Al día siguiente, el técnico junto a sus dirigidos concurrieron a la Carlton Colliery, una mina de carbón situada en las afueras de la ciudad. Clough y sus futbolistas, armados de casco con lamparita y protecciones para codos y rodillas, bajaron en las entrañas de la tierra y caminando casi arrodillados se arrastraron hasta la cueva para observar cómo trabajaban los mineros. Además de representar una buena y ulterior excusa para congregarse, era también la ocasión para rendir homenaje al trabajo de esos obreros, tal como ellos la noche anterior habían entregado su soporte y aliento al equipo desde la tribuna en ocasión de su compromiso.

***

En el partido de vuelta en el estadio Hartrum en Zürich, el color de los sueños de grandeza empezaba a tomar las tintas de la realidad. Acompañado por seis mil hinchas procedentes de Inglaterra, el Nottingham Forest cerraba la serie con un empate por 1-1. Fue una vez más el Grasshopper que abrió las danzas al minuto 33 con un penal: Viv Anderson saltó sobre un jugador suizo y el árbitro italiano Gianfranco Menegali no dudó en indicar la pena máxima. Claudio Sulser, con un poderoso zurdazo, mandó el balón a un lado y Shilton al otro, para sellar su undécima marcación en la Copa Europa 1978-79.

Pero al Forest le hacían falta apenas cinco minutos para igualar la historia y reventar los Saltamontes lejos de las landas de gloria. Minuto 38: Woodcock libró un pase profundo sobre banda izquierda, Birtles corrió hacia el fondo y envió el centro sobre el que Martin O'Neill llegó puntual para anotar su primer gol en competiciones UEFA y meter el punto final a la eliminatoria. Brian Clough no podría haberse esperado un mejor regalo: ese 21 de marzo de 1979 festejaba su cumpleaños 44 con la clasificación del Nottingham Forest a su primera semifinal de Copa de Europa, la segunda que el entrenador oriundo de Middlesbrough enfrentaría en su carrera.

***

Claudio Sulser se despedía del torneo con 11 goles anotados, una cantidad suficiente para terminar como máximo artillero de esa edición del principal certamen del Viejo Continente. Jugaría cuatro partidos más en Copa de Europa durante su carrera, sin poder de todos modos agregar otras preseas a su colección. Finalizada su carrera de futbolista en Lugano de Suiza en 1989, emprendería la de abogado, profesión que lo llevaría a trepar las más altas esferas del fútbol internacional, hasta llegar a la Comisión Ética de la FIFA. Fue el propio Claudio Sulser, entre otros, quien a finales de junio de 2014 decidió suspender por nueve partidos internacionales -y durante cuatro meses de toda actividad relacionada con el fútbol- al delantero uruguayo Luis Suárez, por el famoso mordisco que el atacante charrúa le dio al defensor italiano Giorgio Chiellini en un partido del Mundial de Brasil.

EN LA RUTA RUMBO A MÚNICH, EL COLONIA DE HENNES WEISWEILER

Sería Colonia el rival del Nottingham Forest en su primera histórica semifinal de Copa de Europa. También para los alemanes del oeste se trataba de una primera vez en el umbral de una final de la máxima competición del Viejo Continente, aunque no de una primera absoluta en torneos UEFA: en la temporada 1968-69, el equipo de Renania había desafiado al Barcelona por un lugar en la final de la Recopa, sin poder finalmente acceder al decisivo partido tras una derrota global en la eliminatoria por 6-3. Pero sobre todo en 1974-75 había alcanzado la semifinal de la Copa UEFA, ya contando con seis de los actuales titulares de su oncena.

Colonia había celebrado con el doblete de 1978 su 30° aniversario. El club con esa denominación -FC Köln- existía de hecho solamente desde 1948, cuando dos instituciones de anterior fundación, Kölner (establecido en 1901) y Sülz (constituido en 1907) habían decidido fundirse y dar luz a una nueva entidad que reuniera los mismos colores, el blanco y el rojo, los apasionados de la capital del Land de Renania/Westfalia. Entre las primeras figuras de ese equipo estaba Hennes Weisweiler, quien desde 1948 hasta 1952 había sido técnico y jugador de la Cabra, el animal emblema del club.

Luego de unos primeros años dirigiendo como técnico en la ciudad de Colonia, en 1964, Weisweiler devino en entrenador del poco conocido

Borussia Mönchengladbach. Serían once años de un crecimiento constante, en el que Weisweiler convertiría al Gladbach en el mayor taller futbolístico de Alemania. El Borussia Mönchengladbach, con él al timón, alcanzaría cumbres de gloria jamás conocidas: tres títulos de Bundesliga, una Copa de Alemania y sobre todo en 1975 el primer título internacional, la Copa UEFA (torneo en el que había perdido contra el Liverpool otra final en 1973), para cuya conquista había tenido que hacer llorar a su Colonia, superado en la otrora mencionada semifinal.

Pero más allá de estos brillantes resultados era la gran cantidad de jugadores que Weisweiler había lanzado la que quedaría como marca indeleble de su obrar: los campeones euro-mundiales de 1972 y 1974 Berti Vogts, Jupp Heynckes, Herbert Wimmer, Rainer Bonhof, Wolfgang Kleff, los campeones de la Euro 1972 Gunther Netzer y Horst Koppel, y el campeón de la Euro 1980 y subcampeón del mundial 1982 Uli Stielike son algunos de los principales talentos que desde sus primeros pasos han pasado bajo los preceptos y la atenta mirada de Weisweiler, quizás el más grande maestro de fútbol que el balompié teutón jamás haya tenido.

El Borussia Mönchengladbach se convertiría en uno de los mejores equipos de la década de 1970 y su envolvente juego de ataque cautivaría la atención del Barcelona, que en 1975 contrató a Hennes Weisweiler como sucesor de Rinus Michels sobre el banco blaugrana. Un capricho del presidente Agustí Montal Costa, mal digerido por el indiscutible líder del universo barcelonista de esos años, Johan Cruyff, quien había sentenciado: "Weisweiler no es un técnico de mi gusto". Una aventura comenzada con el pie izquierdo y que terminaría decepcionando: un segundo puesto en la Liga a cinco puntos del Real Madrid (en una época sin Champions para el segundo) y una semifinal en Copa UEFA no eran definitivamente los resultados que el público catalán y tampoco el DT alemán habían esperado para la temporada 1975-76.

Pero si cada final es un nuevo comienzo, la vida de Hennes Weisweiler le había deparado el gran retorno a sus orígenes, a su primer amor: finalizada la aventura en Cataluña, Weisweiler en el verano boreal de 1976 había vuelto al Colonia y en el espacio de dos temporadas había extinguido casi todas sus deudas para con la hinchada renana. Primero había triunfado en la Copa de Alemania 1976-77; luego, al año siguiente, conquistado la Bundesliga, el tercer título de campeón nacional, con el que en 1977-78 completó el doblete doméstico, gracias a una triunfal defensa de la copa alemana. Ahora sentía que había llegado el momento de alcanzar la máxima ambición de su carrera, esa que ni en Mönchengladbach ni en Barcelona había podido cumplir, la única que realmente faltaba para consagrarlo en el Olimpo de los grandes técnicos y que de manera inesperada habría podido realizar junto a su pequeño grande Colonia. El problema, sin embargo, era otro pequeño gran equipo que sin pedirle permiso a la historia estaba picando en la puerta de la leyenda.

UNA NOCHE DE LOCURA

Nottingham, City Ground, miércoles 11 de abril de 1979. A exactamente seis años de distancia del partido de ida de la semifinal de Copa de Europa de 1973 jugado en Turín entre Juventus y Derby County, para Brian Clough y su asistente Peter Taylor había llegado la gran ocasión para una revancha: Nottingham Forest y Colonia estaban cara a cara para un lugar en la final de Múnich. Por tercera vez en cuatro eliminatorias, el equipo de Brian Clough arrancaba una serie en condición de local, donde hasta ahora siempre había ganado.

En los días precedentes al encuentro, la región de East Midlands había sido azotada por lluvias torrenciales que habían dejado la cancha completamente embarrada, con un semblante digno de un campo de arroz. Un marco que se presentaba realmente a años luz de las actuales alfombras verdes que reciben las semifinales de Champions League y que relucen bajo los potentes focos de estadios multitudinarios y el escrutinio de las cámaras de la televisión de medio mundo.

Clough tenía que lidiar con importantes ausencias en el fondo: no disponía ni de Viv Anderson para el lateral derecho (suspendido una fecha), así como tampoco de Kenny Burns (desgarrado), que al lado de Larry Lloyd constituía el elemento más importante del cinturón defensivo del Forest. Aun así, Clough impulsado por Peter Taylor no había querido renunciar a la tracción delantera de su cuadro. Por lo tanto, fue David Needham quien tomó la posta en el centro de la defensa y para reemplazar a Viv Anderson, el DT corrió a Colin Barrett al lateral derecho y puso como lateral izquierdo a Ian Bowyer, dejando a Frank Clark en el banco. ¿Un mediocampista ofensivo jugando de 3? Bowyer se había demostrado un profesional ejemplar a lo largo de todos sus años en Nottingham, exhibiendo una versatilidad envidiable, jugando prácticamente en toda posición (¡incluso en el arco en dos situaciones de emergencia!), pero ¿era oportuno arriesgarse tanto en un partido que en ese momento era definitivamente el más importante de la historia del Nottingham Forest?

Peter Taylor, el brazo derecho de Clough, tenía un ascendente sobre su compañero de aventuras inigualable y su opinión era la única que podía influenciar al DT. Peter Taylor en los días previos al partido había en efecto cometido un grosero error de evaluación, catalogando a Colonia como un equipo de la 'Midlands League', prácticamente un conjunto con un nivel de quinta o sexta división. "No habrá ningún problema contra este equipo

de carniceros. Ganaremos fácil con 4 o 5 goles, por lo que descuiden y coman también dos porciones abundantes de carne para almorzar", había declarado el asistente entrenador en diálogo con los jugadores. Además, Clough insistía en arriesgar a Archie Gemmill, pese a que el volante escocés presentase todavía problemas físicos.

Acompañados por el cariñoso saludo de un osito peluche, engalanado en los colores del club que un hincha volteaba sobre sus hombros, estos fueron los once del Nottingham Forest, con clásica camiseta Rojo Garibaldi, para enfrentar la batalla más importante del año: 1. Peter Shilton; 2. Colin Barrett, 3. Ian Bowyer, 4. John McGovern, 5. Larry Lloyd, 6. David Needham, 7. Martin O'Neill, 8. Archie Gemmill, 9. Garry Birtles, 10. Tony Woodcock, 11. John Robertson.

El Colonia de Hennes Weisweiler, encajado en su clásico completo blanco con cuello rojo y cabra sobre el pecho, respondió con la siguiente alineación: 1. Harald Schumacher; 2. Harald Konopka, 3. Herbert Zimmerman, 4. Bernd Schuster, 5. Roland Gerber, 6. Bernard Cullman(c), 7. Roger Van Gool, 8. Jürgen Glowacz, 9. Dieter Müller, 10. Herbert Neumann, 11. Dieter Prestin.

Quedaba sentado en el banco de suplentes del conjunto alemán un joven Pierre Littbarski, a unos días de cumplir 19 años. Wing izquierdo, petiso pero muy habilidoso, era el último descubrimiento de Weisweiler: no bajaría a la cancha esa noche ni en la revancha. El destino había decidido evidentemente que a esta función de la historia del fútbol asistiera como simple espectador. Pero más adelante jugará las finales de los mundiales de España 1982 e Italia 1990, mirando desde el banco la de México 1986: nada mal para un futbolista que ha desarrollado su carrera entre Colonia, Racing París y Japón. Y a propósito de Japón, al lado de Littbarski en el banco también había un misterioso jugador procedente del país del Sol Naciente, un tal Yasuhiko Okudera. Pero a diferencia de Littbarski, este japonés no quedará en los entretelones.

A las 19.30 horario de Greenwich con el silbatazo del árbitro portugués Antonio Garrido comenzó en el City Ground de Nottingham uno de los partidos más memorables en la historia de la Copa de Europa.

ENTRE BARRO Y CHARCOS, UNA LLUVIA DE GOLES

El Nottingham comenzaba el partido como siempre lo hacía: con marcación y presión agresiva sobre los rivales y la prioridad era controlar el balón para que el adversario lo persiguiera o, con la oposición en poder del esférico, presionar alto para quitar y largar inmediatamente en contragolpe. Al minuto 3, linda carrera de Woodcock desde el círculo central a tres cuartos en acción de contra, pase a Birtles en el área y remate de zurda del centrodelantero: pelota al lado del palo derecho de Schumacher, debajo de la Trent End. Era una primera y alentadora señal. Pero pasaban apenas dos minutos y el Colonia asomaba peligrosamente en la zona de Peter Shilton, con un amenazante disparo de Dieter Müller. Era una señal de alarma que el equipo de Clough no estaba acatando. Poco después, al minuto 6, Schuster metía un pase vertical hacia tres cuartos del Forest, Jürgen Glowacz recibía al borde del área de Nottingham y la tocaba a su derecha, abriendo la cancha para la avanzada de Roger Van Gool. El belga se encontraba con el camino abierto y con el botín diestro soltó un remate que pegó en el caño derecho de Shilton y terminaba en el fondo de la red: Colonia pasaba a ganar 1-0. Gol de Van Gool: como decían los antiguos latinos, nomina sunt omina, es decir, el nombre de una persona puede ser presagio de lo que ocurrirá con ella, y la verdad que con un apellido así, ¿qué más se podría haber esperado? De cualquier manera, el Nottingham Forest no era de hacer dramas en circunstancias como estas: también ante el Grasshopper se habían encontrado abajo en el marcador en el comienzo, pero luego habían allanado su camino metiendo cuatro a espaldas del guardameta contrario.

***

Habían transcurrido escasos 10 minutos de la parte inicial y los futbolistas de ambos equipos tenían sus camisetas y pantaloncitos sumamente empapados de barro: cada vez que un jugador intentaba deslizar el esférico al ras del piso, en cada ocasión había un contraste o un pelotazo caía cerca (y ni hablar de cuando un jugador caía al suelo), chorros de fango se despedían desde el terreno, brindando una variación cromática a la vestimenta de los protagonistas que pintaba de cuerpo entero el clima batallero de esa noche de tímida primavera. Para el Nottingham Forest, el estado de esa cancha no era nada ventajoso. "Si Dios hubiese querido que jugáramos en las nubes, Él hubiera puesto canchas de fútbol allá arriba". Era una de las frases favoritas de Brian Clough, síntesis de cómo había que jugar a este deporte, manteniendo todo lo posible la pelota abajo, haciéndola escurrir elegante y dulcemente entre los jugadores, hasta alcanzar el último cuarto de cancha contrario y, en lo posible, llegar de esa misma manera hasta el gol. El Nottingham Forest se había forjado alrededor de ese credo y esa alfombra sucia e insultada por la intemperie le estaba jugando en contra. Al minuto 19, un tiro libre favorable al Nottingham, con balón cerca del área de Colonia. John Robertson lo efectuaría alcanzándosela a Woodcock. Woodie logró esquivar al defensor Gerber y tocarla horizontalmente al límite para Archie Gemmill. Pero el balón, por las anómalas condiciones de la cancha, terminaba escapándosele al escocés. El número 10 de Colonia,

Herbert Neumann, aprovechó para agarrar la pelota dentro el semicírculo y largar como un tren con una rápida y contundente contra hacia terreno rival. Apenas superada mitad de cancha, el enganche alemán vio correr sobre banda izquierda a Van Gool. El belga obtenía el pase y enfilaba el área desde la izquierda. Shilton salía desesperadamente, pero Van Gool lo anticipaba tocándola en el medio, donde Müller, cómodo y libre, apoyaba en la red vacía. No habían pasado siquiera 20 minutos y el Colonia estaba ganando 2-0. El gol número 5 de Dieter Müller en esa Copa de Europa dejaba totalmente helado el City Ground. ¿Qué había pasado? ¿Dónde había terminado la máquina de los sueños? ¿Había de repente desvanecido la magia del Nottingham Forest? Y, sobre todo, ¿estaba Peter Taylor aún convencido de que Colonia fuese un equipo digno de las categorías amateurs?

El espectro de la eliminación asomaba impetuoso sobre el equipo de Brian Clough, que por primera vez en Europa se encontraba con una desventaja de dos goles. La reacción del Forest fue enfurecida: Ian Bowyer, al minuto 21, estrelló el travesaño con un remate de derecha. Luego al minuto 28, cuando el Forest había parecido al borde del abismo, el destello de luz que iluminó el fondo del túnel: Robertson recibió desde un tiro de esquina un pase de Woodcock y con uno de sus maravillosos pies (esta vez el diestro) envió un centro: tras un cabezazo de David Needham, la redonda llegó a Garry Birtles, que desde la frontal del área chica se alzó en vuelo y metió el testazo del descuento. Nottingham Forest 1-Colonia 2.

Con su sexto gol en la Copa de Europa 1978-79, Birtles volvía a ser Virgilio, indicando nuevamente al Nottingham la salida desde el infierno. Pero el Colonia no bajaba la intensidad de su juego ofensivo: los hombres de Weisweiler continuaban cercando el área del Forest y al minuto 33, Shilton se superó sobre un peligroso latigazo de Konopka, central pero violento, que el arquero mandó al córner.

El partido, pese al aspecto sumamente precario del gramado, era un espectáculo puro, seguramente el mejor de esa edición del torneo. Al minuto 35 sería el capitán del Nottingham Forest, John McGovern, quien remató angulado de derecha, obligando a Schumacher a volar sobre su izquierda para enviar al saque de esquina. El conjunto de Clough se volcaba adelante a la busca del gol del empate y al 38 parecía llegar: zurdazo violento y cercano de Woodcock, pero Harald Schumacher, con el cuerpo cerró la senda del gol al colorado número 10 del Garibaldi.

Y si todo esto no había sido suficiente para el primer tiempo, la etapa inicial en sus últimos instantes regaló aún un momento de vértigo puro. Minuto 43: rápida contra de Colonia, en la que Roger Van Gool tocó para Müller y éste se la devolvió a Van Gool, quien voló hacia el arco del Forest.

Archie Gemmill corría desesperado para frenar al belga, pero una vez que lo alcanzó, Van Gool lo dejó plantado con una finta y se presentó al mano a mano con Peter Shilton.

Eran las 20.13 y el City Ground aguantaba la respiración. A Van Gool el balón le quedaba mejor para un remate de izquierda: si hubiera sido un zurdo natural no lo hubiese dudado y habría ajustado el disparo hacia la derecha de Shilton con el empeine. Pero el atacante de la selección de Bélgica era diestro y por ello, finalmente, optaba por apoyarla con la cara externa de su botín derecho. Shilton estaba vencido pero el arco del Nottingham Forest no. ¡Palo! La parte externa del caño izquierdo del arquero del Nottingham rechazó la conclusión de Van Gool, para el alivio de todos los hinchas locales.

Era una acción que marcaba un antes y un después: si esa pelota hubiera entrado, ¿qué hubiese sido de esa eliminatoria? ¿Podría haber remontado el Nottingham Forest un 1-3 al descanso? La respuesta nunca se podrá saber, pero sí quedaba claro que el pleito constituía un desafío más titánico de lo que todos podrían haber imaginado.

En el repliegue defensivo que había producido para intentar frenar la acción de Van Gool, Archie Gemmill se desgarró el gemelo derecho: Brian Clough mandó a la cancha en su lugar a Frank Clark, que iba a ocupar su posición natural de lateral izquierdo en defensa, con Ian Bowyer que tomaba el lugar de Gemmill en posición de enganche.

LA REMONTADA INCOMPLETA

En el complemento, el Nottingham Forest atacó incesantemente: con Clark como lateral defensivo izquierdo y Bowyer gravitando en el último cuarto de Colonia, Clough había reajustado la formación de manera más acorde a las características de los hombres a su disposición.

Al minuto 53 fue justamente Frank Clark quien con un pique sobre la banda fue en recuperación de una pelota reventada por el defensor de Colonia Harald Konopka. El pase vertical que Clark efectuó a seguir fue presa de Jürgen Glowacz, pero éste erró el sucesivo servicio y McGovern se apoderó del balón a tres cuartos del equipo alemán. El capitán encontró a Robertson en su clásica posición, abierto a la izquierda, y el gordito no se hizo desear: de sus pies salió un centro mágico que Garry Birtles saltó a picar con la cabeza y el balón llegó justito sobre la derecha de Ian Bowyer, quien desde la puerta del área fusiló a Schumacher con un disparo esquinado a la derecha. ¡Yes!

El grito del City Ground era nuevamente estático y la cancha de West Bridgford reventó como en la noche de la victoria ante Liverpool, en la primera ronda del certamen. 2-2. El Nottingham Forest estaba más vivo que nunca. Ahora el equipo de Brian Clough arrinconaba a Colonia contra su área. Al minuto 55, McGovern robaba el esférico a Müller dentro del área contraria y remataba con toda potencia. Schumacher volaba y sacaba el balón desde el cruce de los palos, demostrando por qué terminaría jugando en su carrera dos finales mundiales consecutivas. Pero el Forest no daba tregua. Al minuto 60, Martin O'Neill llegaba cerca del desvío bajo la red alemana, luego de otro finísimo centro de Robertson, quien con el correr de los minutos estaba ganando cada vez más el centro del escenario.

Se percibía vívidamente en el aire que de un momento a otro llegaría un gol más del equipo de Clough y la cita con el nuevo festejo llegó en efecto al minuto 62: McGovern hizo el lateral desde la derecha, cerca del área de Colonia. Bowyer se la devolvió a McGovern, quien con un pase filtrado encontró a Garry Birtles en el área. El número 9 se encontraba espaldas al arco, marcado fuerte por Schuster, pero con una media vuelta dejó en el lugar al rubio mediocampista alemán y desde la última línea tiró un centro que viajó al segundo palo, cortando el aire como un cuchillo en la manteca.

Un balón que viajaba rapidísimo, aparentemente demasiado para que alguien llegase a la conexión. Pero de repente, casi apareciendo desde la nada, asomó John Robertson, que como un héroe de los comics se alzaba en vuelo para interceptar la redonda e imprimir su magia también de cabeza... ¡Yes! Era el delirio total. El Nottingham Forest daba vuelta a la historia y ganaba en el City Ground 3-2. La ruta rumbo a Múnich afloraba ahora en el horizonte con matices más marcados y claros.

***

La táctica de espera que Hennes Weisweiler había aplicado en el complemento estaba fallándole en Colonia. El brujo alemán ordenaba a sus dirigidos lanzarse al ataque: luego de un par de chances muy claras de Neumann y Müller, Weisweiler decidió sacar a Jürgen Glowacz, un mediocampista, y mandar a la cancha en posición de delantero al misterioso japonés, Yasuhiko Okudera, volante natural, pero con inclinación mayormente ofensiva.

Categoría 1952, oriundo de la ciudad de Kazuno en la norteña isla de Honshu (la de la capital Tokyo), Okudera era más que nada un misterio fuera de Alemania Occidental, donde había llegado en 1977. Su carrera como futbolista profesional había comenzado casi de casualidad. En 1970, a los 18 años, se había recibido de perito electrónico y había ingresado en la empresa Furukawa Electric. Ésta contaba con un equipo amateur que disputaba la Japan Soccer League, el máximo campeonato nipón de la época, en el cual actuaban otros equipos que también representaban a las grandes empresas como Toyota, Honda, Mitsubishi, que estaban llevando a Japón a convertirse en la primera economía del mundo.

En el espacio de siete años, Yasuhiko Okudera, de día empleado de la empresa Furukawa y de noche futbolista con el equipo, se convertiría en un mediocampista con un talento promedio superior a cualquier otro jugador del Sol Naciente. Gracias a su lógico desembarco en el seleccionado de Japón, Okudera en 1977 viajó a Alemania, donde la federación japonesa había pactado algunos amistosos y clínicas de fútbol con algunos destacados entrenadores, entre los que naturalmente estaba Hennes Weisweiler. Éste, impresionado por la aplicación y la capacidad exhibidas por Okudera, decidió contratarlo. Luego de un comienzo difícil en los primeros dos meses, Yasuhiko Okudera había devenido durante la temporada 1977-78 en una pieza importante en el plantel de Colonia, coleccionando 20 presencias y 4 goles en Bundesliga (todos en las últimas tres fechas) y 4 apariciones con 2 tantos en la Copa de Alemania, contribuyendo de manera sustancial al triunfo de Colonia en ambos torneos.

***

Era el minuto 80 y Okudera entraba tomando lugar cerca del límite de su área pues el Nottingham Forest tenía un tiro libre a favor. Robertson envió el balón al área y Lloyd con un cabezazo pivoteó hacia el punto penal. Antes de que alguno de sus compañeros pudiese alcanzarla, la redonda ya había sido rechazada afuera hacia Dieter Müller. El goleador alemán vio el pique en profundidad de Van Gool sobre la derecha, a tres cuartos del Nottingham, y prontamente le alcanzó el esférico con un largo pase a ras del césped.

Pero junto a la pelota, casi corriendo paralelo a ella por el carril central, también había tomado carrera Yasuhiko Okudera, quien avanzaba hacia el área del Forest como una moto Kawasaki. Van Gool finalmente lo vio y le entregó la bola al semicírculo del área rival: con el primer toque de zurda, Okudera evitó el retorno de Bowyer, y con el segundo de derecha largó el disparo hacia la portería de Shilton. Parecía un remate inocuo y privado de fuerza, pero un rebote del barro de la cancha engañó al arquero local y el balón terminó al fondo de la red.

Clamoroso e increíble, era el gol del 3-3. Habían transcurrido exactamente 25 segundos desde su ingreso e Yasuhiko Okudera sellaba el marcador con su primera conquista en Copa de Europa, el primer gol de un jugador asiático en la historia del torneo. Para los hinchas de los Rojos y Peter Shilton, prácticamente una puñalada.

El equipo de Brian Clough no quería rendirse concediendo ese empate y se echó hacia el arco de Colonia: primero, Lloyd con un cabezazo y después,

Colin Barrett, casi anticipando a Schumacher sobre una salida, intentaron vulnerar la portería alemana, pero sin éxito. El portugués Antonio Garrido sancionó el final de un partido extraordinario: Nottingham Forest 3-Colonia 3. Para subrayar la gran actuación de John Robertson. Apenas tres días antes su hermano y su cuñada habían trágicamente fallecido en un accidente de ruta. Clough naturalmente le había dejado la posibilidad de tomarse su tiempo, pero Robbo, pese al dolor, decidió estar presente, porque eso, como había manifestado, "era lo que hubiese querido mi hermano". Un gol de cabeza (el segundo en su carrera de esa forma) y los centros que habían inspirado las acciones de los primeros dos tantos eran parte de una historia que en ese momento parecía complicarse, pero que a la postre sería legendaria.

MÚNICH: ¿UN ESPEJISMO?

Al pitazo final fueron los jugadores de Colonia aquellos que festejaron. El 3-3 era un resultado que parecía abrirles las puertas de la final y los jugadores de Weisweiler rodeaban con abrazos al héroe Okudera.

La atmósfera de la cancha lo decía todo: la sensación dominante era que con ese balón que había patinado debajo de Shilton la magia de la aventura europea se había terminado. Al día siguiente, el diario Daily Telegraph resumía así los sentimientos encontrados que circulaban en el ambiente del Forest y sus perspectivas con vistas a la definición de la llave: "Aunque las expectativas de sobrevivencia del Nottingham Forest en la competición sean flojas, el panorama final es mucho más alentador del que se presentaba a las 20 (cuando el Nottingham perdía 2-0). El indómito espíritu de lucha del equipo de Clough, así como la encomiable habilidad de Robertson y la fuerza de Bowyer, han privado a Colonia de la chance de una clasificación cómoda. De todos modos, es difícil imaginar que cuando la batalla se reanude en Alemania, Colonia no añada uno o dos goles a su preciosa cosecha".

Todo esto significaba que, si el Nottingham Forest quería ir a Múnich, prácticamente la única manera sería ganando el partido de vuelta en Colonia, pues otro 3-3 o igualaciones aún mayores serían poco probables. Sin embargo, nunca en la historia de las semifinales de Copa de Europa un equipo que no había ganado de local el partido de ida, había podido a continuación vencer el encuentro de revancha de visitante. El único conjunto que había logrado clasificarse a la final sin una victoria en casa en el primer encuentro de semifinales había sido el Inter de Milán, en 1966-67 y 1971-72. Sin embargo, en ambas ocasiones, el empate de la ida había dejado al club italiano con situaciones mucho más manejables para el partido afuera de la que tenía ahora el Forest: en 1967 ante los búlgaros de Lokomotiv Sofia, Inter había empatado 0-0 de local el primer partido y con el mismo marcador igualó en la revancha, ganando finalmente un desempate. En 1972, en cambio, los nerazzuri, luego de un 1-1 en San Siro contra Celtic, a la vuelta en Escocia habían rescatado el mismo resultado en los 90 minutos, llegando finalmente a imponerse por la vía de los penales. Circunstancias muy distantes de la realidad con que tenía que lidiar ahora el equipo de Brian Clough.

"Para mí es un buen resultado". El técnico, frente al micrófono del periodista Gary Newborn del canal ITV, no cedía ni un milímetro su convicción en el destino de grandeza de su equipo.

Gary Newborn: Me hubiera esperado algo distinto de usted, ¿por qué cree que el 3-3, con tres goles del visitante, un buen resultado?

Brian Clough: Porque estábamos 2-0 abajo, podríamos haber estado incluso peor. Pero pudimos volver, meternos arriba, en algún momento podríamos haber ganado el partido. Claro, luego ese error de Shilton les dio a ellos el empate, pero me quedo con nuestra remontada, que ha sido una notable hazaña contra un cuadro rico de talento como Colonia.

Gary Newborn: ¿Qué sensación tiene de cara al partido de revancha, luego de estos tres goles de la visita?

Brian Clough: Bueno, si concedimos tres goles en nuestra cancha, ahora todo queda en meter uno más cuando juguemos allá. Uno puede alcanzar. Nosotros siempre pensamos que podemos ganar. ¡Sinceramente, nosotros estamos convencidos siempre que podemos ganar! Y la manera en la que defendieron no nos impresionó tampoco: estaban 2-0 arriba, remontamos, golpeamos incluso algunos palos. Podríamos realmente haber anotado cinco o seis goles. Incluso Colin Barrett podría haber ganado el partido en los últimos instantes. Al fin, es cierto que no vamos a Colonia con la ventaja en la serie, pero lejos estamos de haber ya quedado fuera de la competición...".

Luego Clough, cuando estaba a punto de terminar la nota, giró su rostro y apuntó su mirada, derecho a la cámara. El programa no estaba saliendo en vivo y el técnico sabía que más tarde, después de las 23, varios de sus dirigidos verían esa entrevista por televisión. Con estudiado énfasis en sus ojos desafiantes, Clough disparó las últimas palabras, las últimas municiones para sus soldados: "Espero que nadie sea tan estúpido de creer que estamos eliminados".

UN GOL Y EL ARCO CERRADO

A mediados de abril de 1979 la única certeza que tenía el Nottingham Forest era que cualquiera fuere el resultado de la vuelta de la semifinal, su primera aventura en Copa de Europa terminaría en Alemania Occidental. Al equipo inglés lo aguardaba la visita a Colonia para la revancha, a la cual, más allá de la igualdad de la serie, el Forest llegaba de algún modo en desventaja, en razón de la regla de los goles de visitante: en efecto, el conjunto local tenía la posibilidad de empatar con tres resultados distintos, 0-0, 1-1 y 2-2, y aun así acceder a la final. Definición que se jugaría en Múnich, en el sur de Alemania Federal, un hecho que hubiera favorecido considerablemente a Colonia en caso de clasificación, ya que era fácil deducir que ello habría implicado jugar el partido decisivo prácticamente en condición de local.

Esa perspectiva, acompañada sobre todo por el muy buen resultado conseguido por Colonia en el City Ground, había desatado en la ciudad de Renania un entusiasmo desmesurado. Agencias de viajes locales y clubes de aficionados de la Cabra ya habían preparado todo para la visita a Múnich a finales de mayo: paquetes de estadías con descuentos, ofertas especiales para pasajes aéreos y ferroviarios eran propuestas al orden del día en la ciudad del oeste de Alemania Federal. Encima corría la voz de que los jugadores de Colonia habían celebrado con champán en el viaje en avión durante el regreso desde Inglaterra.

Pero los jugadores del Nottingham Forest no se entregarían tan fácilmente. "¡Anotar un gol y mantener el arco cerrado!", insistiría también Peter Taylor, quien ya desde el postpartido en los vestuarios se había dirigido a los futbolistas tratando de inculcarles esa idea, convenciéndolos de que lograrían ese resultado.

***

El Nottingham Forest llegó a Colonia el 22 de abril, tres días antes del compromiso. El equipo se concentró en el Hotel Königin, dentro del parque de Völksgarten, en el sur de la ciudad. Como de costumbre antes de partidos clave, el plantel no realizaría ninguna práctica: ningún trabajo físico, salvo algunos paseos por el parque y algunas vueltas en los botes a pedales sobre el lago artificial; ningún ensayo de esquemas o entrenamiento con la pelota. Tal como había ocurrido en Atenas y Zürich, Brian Clough no había considerado necesario llevar a sus dirigidos a la cancha para hacer ningún tipo de reconocimiento ("Es solo otra maldita cancha"), inclinándose por dejar a sus jugadores totalmente relajados y libres para disfrutar del clima primaveral que dominaba en esos últimos días de abril. Y por la noche tampoco se respetaban estrictamente horarios y pautas de conducta: la gran mayoría de los futbolistas quedaban despiertos hasta tarde, jugando a las cartas, charlando y, por ahí, dándose el gusto de un trago. Pero esta vez Clough y Taylor, conscientes de lo que había pasado en el primer tiempo de la final de Copa de Liga, decidieron que el champán tal vez sobraría para la ocasión: "¿Señores, un poco de cerveza?". Sí, mejor...

UN BESO DEBAJO DEL ARCO

Miércoles 25 de abril de 1979, Müngersdorfer Stadion, Colonia. Había llegado la noche de la verdad y conocer qué equipo viajaría el mes siguiente a Múnich, sede de la gran final. Unos 50 mil espectadores colmaron las tribunas, entre ellos más de 10 mil ingleses llegados desde el Nottinghamshire, pero también desde la propia Alemania Occidental, donde muchos soldados de Su Majestad Británica prestaban servicio en bases OTAN. Esta vez era un césped en perfectas condiciones el que recibió a los dos equipos.

El Forest recuperaba tanto a Viv Anderson -regresado desde la suspensión- así como a Kenny Burns -que había superado sus inconvenientes del muslo derecho-, pudiendo ya contar con su consolidada estructura defensiva. En el mediocampo Gemmill se había rendido y dejaba lugar a Ian Bowyer, quien actuaría de enganche como en el segundo tiempo del partido de ida, en tanto que Frank Clark tomaba regularmente lugar sobre banda izquierda en la línea de defensa. Así los once que darían el asalto a la primera final de Copa de Europa del Nottingham Forest: 1. Shilton; 2. Anderson, 3. Clark, 4. McGovern, 5. Lloyd, 6. Burns, 7. O'Neill, 8. Bowyer, 9. Birtles, 10. Woodcock, 11. Robertson.

Hennes Weisweiler cambiaba solamente un jugador con respecto a la alineación titular del partido del City Ground. El héroe de Nottingham, Yasuhiko Okudera, ocupaba nuevamente un lugar en el banco de suplentes. Nicolae Rainea de Rumania sería el árbitro del encuentro.

En los primeros diez minutos no ocurriría nada relevante. Colonia hacía circular el balón de manera trabajosa, para que el ritmo del juego se conservase lento. Solo cuando sus jugadores alcanzaban tres cuartos con pelota dominada, estos intentaban darle alguna llameada al juego de ataque. Una de estas llegó al minuto 11 y Colonia casi saca el pasaje a Múnich: Müller recibió un pase a tres cuartos desde Glowacz y, superado en velocidad a Larry Lloyd, llegó para un remate cruzado sobre el segundo palo. Solamente un escalofrío para el Forest: pelota ancha pero por poco.

Luego, al minuto 30, un episodio clave. Córner para el Nottingham Forest: Dieter Müller recupera en su campo el rechazo de su defensa y empieza una larga carrera. Cruza la divisoria y sigue con el dominio del esférico

hasta el último cuarto del equipo inglés. Pero una vez ingresado al área del Nottingham, sufre el adelanto de Lloyd: pelota al tiro de esquina y Müller en el piso. El número 9 de Colonia se agarraba el muslo derecho y brindaba a las cámaras una expresión de claro dolor. Se había desgarrado. Müller aguantaría diez minutos más, pero al 40, Weisweiler se vio obligado a mandar a la cancha en su lugar a Heinz Flohe. Colonia perdía así a su goleador y principal estandarte.

El primer tiempo terminaría así: con Colonia y Nottingham Forest, que habían jugado al gato y al ratón. Los germanos occidentales actuando a ritmo lento, poco convencidos de la oportunidad de atacar a pleno orgánico; los hombres de Clough, que tampoco se habían esmerado para apedrearle el rancho a Schumacher. El Forest también se había mostrado sumamente precavido, consciente de que el 0-0 hasta el último cuarto del encuentro era un resultado que hacía el guiño a la posibilidad de que un único favorable episodio podía abrirle las puertas de Múnich.

***

El guion no mudaría en los primeros veinte minutos de la etapa final. El encuentro asumía con el pasar de los minutos el semblante de un partido de ajedrez, donde no se sabía quién entre los dos y cuándo moverían la pieza decisiva.

Minuto 65. Barry Davies, el que relataba el encuentro para la BBC de Gran Bretaña, comentaba: "El Nottingham Forest va por la victoria que tiene que conquistar. Hasta ahora lo ha hecho con parsimonia, tratando en lo posible de no dejar espacios. Pero ya llegó el momento: tiene que apostar, porque necesita la victoria, Colonia no". Justo en el momento en el que las palabras de Davies se esfumaban, Kenny Burns dejó salir del círculo central un pase en profundidad, lento pero preciso que Zimmerman envió al córner ante la llegada de Woodcock.

El tiro de esquina lo iba a efectuar John Robertson. Para estorbar la ejecución del saque de esquina de Robertson se había acercado a la banderita el número 8 de Colonia, Jürgen Glowacz. Robertson echaba miradas un poco al área y un poco al jugador rival, próximo a la oreja de la cancha. Luego, de manera repentina y casi inesperada, el escocés levantó el brazo e indicó un punto hacia el área. Glowacz, distraído y quizás preocupado, se dio vuelta. Justo mientras el alemán le daba la espalda, Robbo largó finalmente el centro. El balón tomó una comba arqueada y llovió hacia el primer palo, a la altura del borde izquierdo del área chica. Saltaba Lloyd, llevándose la marcación de Cullman, pero, sobre todo, delante de ellos, saltaba Garry Birtles, quien eludía el anticipo de Strack y de cabeza prolongaba la trayectoria del esférico hacia el corazón de la pequeña área.

Allí estaba Ian Bowyer. El balón parecía una pluma, la que dulce y livianamente caía, dando casi la sensación de que el volante ofensivo tuviese todo el tiempo para elegir cómo y hacia qué punto de la portería de Colonia enderezar esa redonda suave. Y Bowyer, con extrema naturalidad, acarició con la frente la pelota, tratándola como una señora, como si fuese su propia esposa, mandándola finalmente a dar un beso bajo el techo del arco de Schumacher. 1-0, 1-0, ¡1-0!

¡Yes!

Desbordaban de felicidad los más de 10 mil hinchas de Nottingham Forest presentes en el Müngersdorfer. El relámpago que rompía el equilibrio había finalmente llegado: "Un gol y el arco cerrado", se había dicho y ahora el marcador daba fe de la previsión de Peter Taylor.

Para Colonia, una herida mortal. Los alemanes habían planteado el entero contraste sobre la base de la ventaja psicológica que al comienzo del partido les brindaba el hecho de saberse arriba en la serie, gracias a los goles de visitante. Pero ahora, de repente, se encontraban ellos con la obligación de perseguir un gol para poder clasificarse. Weisweiler intentó nuevamente con la carta Yasuhiko Okudera en lugar de Glowacz, pero su equipo ya no sabía cómo manejar el juego y daba la sensación de haber perdido completamente la brújula, con el arco de Shilton que parecía quedar ya a kilómetros.

El último desesperado intento lo haría Harald Konopka, ya en tiempo adicional: un derechazo hacia el palo izquierdo de Peter Shilton, quien echó un vuelo de ángel y puso el candado al arco. Fue la última emoción de la noche. El pitazo final de Rainea promovía al Nottingham Forest a su primera histórica final de Copa de Europa.

***

Para Hennes Weisweiler se terminaba el sueño: el gran objetivo de poder triunfar en Copa de Europa se esfumó para siempre. Luego de otra temporada en Colonia, Weisweiler en 1980 cruzaría el Atlántico para entrenar al New York Cosmos: pese a la guerra perenne con los pesos pesados del vestuario, el DT alemán ganaría el campeonato de ese año. Vuelto a Europa en 1982, Weisweiler encabezaría en 1982-83 al Grasshopper, ganando un título más en Suiza. La temporada 1983-84 podría haberle dado una última chance de desfilar con el conjunto zuriqués sobre el máximo escenario de la Copa de Europa, pero el 5 de julio de 1983, un ataque de corazón se lo llevaba sin preaviso. Moría así a sus 63 años uno de los más grandes técnicos que Europa haya conocido en el siglo XX.

En cuanto a Yasuhiko Okudera, el volante ofensivo japonés proseguiría su carrera en el fútbol alemán por ocho años más: una temporada en Colonia,

un año en el ascenso con Hertha de Berlín y seis temporadas más en Bundesliga con Werder Bremen. Volvió a Japón en 1987, donde terminaría la carrera en 1990, sin haber podido jugar un Mundial con la selección de su país: aun así, su nombre aparece entre los más destacados del Salón de la Fama del fútbol asiático.

DOS INGLESES HACIENDO HISTORIA

El Nottingham Forest se convirtió en el cuarto club inglés que alcanzaba una final de Copa de Europa, luego de Manchester United, Leeds y Liverpool. Habían pasado tan solo dos años de su retorno a la Primera División y los Arbolitos Traviesos tenían ahora la chance única e inmejorable de consagrarse campeones continentales. Su clasificación era aún más histórica si se considera que el Forest fue el primer club en alcanzar el acto conclusivo de la Copa de Europa ganando el partido de revancha de la semifinal en condición de visitante, sin haber previamente ganado de local en la ida.

Al Nottingham Forest, el fútbol inglés le encomendaría para la final de Múnich una misión particular: hacer de Inglaterra el país con el mayor número de clubes campeones de Europa. Luego de la temporada 1977-78 eran de hecho tres las federaciones que contaban con más de un club campeón continental: Italia, que tenía al Milan y al Inter; Holanda, con Feyenoord y Ajax; e Inglaterra, que había levantado la copa con Manchester United y Liverpool. El último obstáculo que Brian Clough y su equipo tenían que sortear para meter sus manos sobre la copa con las grandes orejas respondía al nombre de Malmö, primer club de Suecia que clasificase a la final de la Copa de Europa.

Malmö, luego de eliminar a Mónaco, Dinamo Kiev y Wisla Cracovia, había superado en la semifinal a Austria Viena, con un triunfo global en la serie 1-0: 0-0 en Austria en la ida y victoria achicada de local en la vuelta, gracias a un solitario gol de Tommy Hansson. Si alguien hubiera pronosticado en agosto de 1978 que Nottingham Forest-Malmö sería la final de esa edición se habría ganado la lotería. Lo que llamaba particularmente la atención era sobre todo la casi total inexperiencia que uno y otro equipo tenían a esos niveles.

El Nottingham estaba en su campaña estreno en competiciones UEFA. Malmö en ese 1978-79 disputaba en cambio su temporada número 11 en torneos internacionales, participando por octava vez a la Copa de Europa. Sin embargo, su curriculum europeo no presentaba ningún antecedente destacado, siendo su participación insignia la de la edición 1974-75 de la Recopa, en la cual había alcanzado los cuartos de final.

Si por un lado la final no lucía el atractivo y el encanto de las grandes y legendarias definiciones de años precedentes, sí existía un elemento peculiar que despertaba el interés y la curiosidad de los apasionados, sobre todo de los ingleses: por primera vez enfrentaría en la final del máximo torneo continental dos técnicos del mismo país, en particular, dos entrenadores de Inglaterra.

En efecto, también el DT de Malmö era un súbdito de Su Majestad, aunque de Robert Douglas Bob Houghton se sabía en verdad muy poco en ese entonces, sobre todo en Londres y sus alrededores. Con apenas 31 años acababa de convertirse en el director técnico más joven en dirigir a un equipo en una final de Copa de Europa. Jugador con una oscura trayectoria desarrollada entre la reserva del Fulham, el Brighton & Hove Albion y otros equipos de las ligas regionales inglesas, en 1971, a los 23 años, mientras aún se desempeñaba como futbolista amateur, Houghton había empezado a dedicarse alma y cuerpo a estudiar tácticas, sistemas y esquemas innovadores, comenzando pronto a alternar al papel de jugador y estratega. Luego de su experiencia como entrenador-jugador en los torneos menores, Houghton devenía en 1973 como asistente en Ipswich Town del futuro DT de Inglaterra, Bobby Robson. Fue gracias a este paso que llegaría al Malmö FF de Suecia.

MALMÖ FF, DI HIMMELSBLATT

Fundado en 1910, el club del sur de Escandinavia a inicios de 1974 había vivido la salida de su histórico presidente Eric Persson. Éste no había abandonado la nave antes de dejar en herencia a su sucesor una última pieza para convertir finalmente al Malmö en el más ganador del fútbol de Suecia.

Próximo a su salida desde la institución, había querido confiarle a Bob Houghton la misión de llevar a Malmö FF en lo más alto. El joven técnico inglés no había traicionado las grandes expectativas depositadas en él: en sus primeros cinco años al frente de los Himmelsblått (los Celestes en idioma sueco), había ganado tres campeonatos, haciendo de Malmö el club con más títulos en Suecia. Su fórmula del éxito estuvo basada en una combinación entre el 4-4-2 de marca inglesa y las nuevas interpretaciones del juego al estilo holandés. La defensa con cuatro jugadores suplantaba los tradicionales esquemas suecos, en los que antes de su llegada primaban línea de tres y un volante defensivo de cobertura, con marcación establemente a hombre. Con la aplicación de las nuevas tendencias del fútbol de Holanda, Houghton, por el contrario, comenzó a formar a Malmö con defensa en zona, donde los jugadores de atrás buscaban espasmódicamente accionar la trampa del offside, manteniendo su centro de gravedad muy alto y con

constantes piques en velocidad. No era ninguna casualidad que Malmö en su sorprendente recorrido rumbo Múnich hubiese recibido apenas tres goles en contra de su arco.

UN EQUIPO DIEZMADO

Para practicar ese estilo de fútbol, la preparación atlética jugaba un papel fundamental y exigía considerables esfuerzos de parte de sus dirigidos. Sería éste un aspecto que finalmente jugaría en contra de los sueños de Malmö para la decisiva cita en Baviera. El Allsvenskan, el torneo de primera división de Suecia, se juega hoy como en los años 1970 durante el año solar, desde abril hasta noviembre, vista la imposibilidad de realizar partidos durante la rígida estación invernal que caracteriza los países del norte de Europa. Para los equipos nórdicos la pausa de invierno representa un momento de vacación, regeneración y finalmente de pretemporada. Sin embargo, los compromisos europeos habían obligado a Malmö a hacer de la parada de inicio de 1979 un precampeonato completo: ya a comienzos de marzo -40 días antes de arrancar su campeonato local-, el equipo de Houghton había tenido que medirse al Wisla Cracovia por los cuartos de final de Copa de Europa y la semifinal contra Austria Viena llegaría a comienzo de la nueva temporada. La campaña europea corría a contramano con respecto a los habituales ritmos de preparación a los que Malmö solía someterse en la puesta a punto de cara a las competiciones domésticas.

Los efectos negativos de la aceleración de las rutinas físicas y atléticas no tardarían en presentarse: luego de los cuartos de final era Bo Larsson, mejor jugador sueco de los 70, capitán y veterano de 36 años, sufrió una ruptura de menisco; tras las semifinales también el vicecapitán Krister Kristensson y el defensor central Roy Andersson habían tenido que pasar por el quirófano debido a lesiones ocasionadas por el estrés. En último, el día antes de la final, Stefan Tapper, volante defensivo elegido para ser capitán del equipo en el partido cumbre, sufrió una fractura parcial en su tobillo derecho, pero apretaría los dientes para bajar a la cancha.

LAS ÚLTIMAS VACACIONES DE LA TEMPORADA

Domingo 27 de mayo de 1979. El sol de una primavera tardía ya lucía su hábito veraniego en Baviera. El Nottingham Forest concentraba en su hotel, ubicado en las afueras de Múnich. Pese a que esa linda estación ya estaba tomando su lugar, a Brian Clough el clima bávaro no le había parecido suficientemente caluroso, soleado y seductor para satisfacer sus apetitos de vacaciones y relax: mientras el plantel había viajado a Alemania Occidental junto a Peter Taylor, él disfrutaba junto a su familia de algunos días de playa en la isla de Creta, en Grecia. Incluso antes del partido más importante del fútbol europeo, Clough permanecía fiel a la línea que había seguido a lo largo de toda la temporada. Su equipo desde el 25 de julio de 1978 -día del primer amistoso de pretemporada hasta el 18 de mayo 1979, fecha del último encuentro de liga ganado contra West Bromwich- había disputado un total de 72 partidos (61 oficiales y 11 amistosos): ¿Qué sentido tenía entonces, aun frente a una final de Copa de Europa, estar practicando, ensayando jugadas y esquemas si sus dirigidos a lo largo de los últimos diez meses habían jugado un promedio de siete partidos cada 30 días? ¿Los 72 encuentros no eran acaso una cantidad bastante elevada de juegos para seguir exigiéndoles a sus futbolistas ulteriores esfuerzos en los días previos a la final?

Para Clough era definitivamente así y por eso había programado su llegada a Múnich desde Grecia solamente el día antes de la gran cita. Entretanto Taylor y los jugadores no estaban haciendo absolutamente nada relativo a lo futbolístico en su ausencia. Disfrutaban de los días primaverales con paseos, tomaban sol, jugaban a las cartas y obviamente disfrutaban de una que otra cerveza. Pero nada de correr, nada de patear la pelota sobre ningún tipo de césped.

Para Brian Clough, cuanto más importante el desafío en términos de prestigio, tanto más grande la necesidad de descontracturar el clima y el ambiente alrededor de sus hombres. Justamente por eso él mismo había optado por alejarse del plantel antes del partido decisivo como si no quisiera con su usual presencia cargara de tensión a sus dirigidos. Había sido ésta solamente una manera más de transmitirles la idea que, más allá de lo que había en juego, también esos días de fines de mayo eran una suerte de última vacación de la temporada.

TREVOR FRANCIS, LISTO PARA EL DEBUT EUROPEO

Para conquistar la copa que todo jugador y equipo quieren levantar, Brian Clough tenía a disposición un arma más, la que no había podido utilizar durante meses por causas de fuerza mayor: Trevor Francis. El jugador por el que habían pagado un millón de libras estaba finalmente disponible también para un partido de copa. ¡Y qué partido! El exdelantero de Birmingham City, llegado en el mes de febrero, no había podido jugar las eliminatorias contra Grasshopper y Colonia, porque el reglamento de UEFA en ese entonces marcaba que un jugador que pasara de un club a

otro durante la misma temporada no podría debutar en competiciones europeas con su nuevo equipo antes de pasados tres meses desde su incorporación. Por lo tanto, desde el mismísimo día en el que desembarcó en el City Ground, el Nottingham Forest sabía que la única ocasión para verlo vestir el Red Garibaldi en un día de semana sería el 30 de mayo.

Aspecto que había tornado paradójico los primeros meses de Trevor Francis en Nottingham: el torneo de Primera División representaba en el imaginario de Clough el máximo esfuerzo y su conquista, la mayor gratificación posible para un técnico. Pero era sobre todo por el lastre de los numerosos compromisos coperos que el manager del Forest había pretendido reforzar al plantel sumando a un delantero de gran potencia y olfato goleador como Francis. Al margen de su cotización millonaria, Clough había querido desde luego hacerle poner los pies en el piso, convocándolo dos días después de su adquisición a jugar un partido de la reserva, frente a unas 30 personas. Para los partidos de Copa, Francis, pese a no estar a disposición, siempre acompañaba al equipo: Brian Clough le encargaba preparar y servir el té a sus compañeros en el entretiempo. ¿Se imaginan a Ibrahimovic o a Cristiano Ronaldo preparando y sirviendo el té en los vestuarios cuando no juegan?

En el propio campeonato -que el Nottingham había cerrado como subcampeón a ocho puntos de Liverpool-, el aporte del exatacante de Birmingham había tenido una importancia relativa: los seis goles anotados en 19 encuentros constituían un botín harto decepcionante. Pero ahora tendría la posibilidad de jugar un partido que potencialmente podía revertir el significado de su llegada en las East Midlands, brindar un sentido pleno a esa locura de un millón de libras. Brian Clough, y eso lo advertían todos en el equipo, nunca habría renunciado al as de espada. Trevor Francis el 30 de mayo haría su debut en competiciones UEFA jugando la final de la Copa de Europa.

LA REBELIÓN DE GEMMILL

Múnich se convertía alegremente en el teatro de la gran final, acogiendo en sus calles y plazas a miles de hinchas procedentes de Inglaterra. Un éxodo como jamás se había visto para un equipo inglés en el exterior con más de 25 mil aficionados que acompañaban al Nottingham Forest hacia el sueño de la máxima coronación en el fútbol continental. Los seguidores de Malmö se encontraban en franca minoría: de todos modos, británicos y suecos fraternizaban en las bierkellers, las tradicionales cervecerías de la capital bávara a ritmo de bocales de cebada y lúpulo bebidos con feroz pasión, en un Oktoberfest improvisado en el veranito del sur alemán.

El clima en la concentración del Forest, sin embargo, estaba a punto de asumir tintas completamente opuestas. La angustia ceñía los sentimientos de tres jugadores: Archie Gemmill, Martin O'Neill y Frank Clark. Gemmill aún padecía en cierto grado las secuelas del desgarro de gemelo que le había provocado esa carrera desesperada tras Van Gool, en el legendario 3-3 ante Colonia. Pero luego de apretar los dientes durante seis semanas parecía en condiciones para bajar a la cancha. Martin O'Neill estaba afligido por problemas en su muslo izquierdo, luego de un duro choque en uno de los últimos encuentros de liga frente a Manchester City. Frank Clark, en cambio, arrastraba dolores en el tendón de la corva.

Brian Clough desembarcó en Múnich bronceado y relajado, consciente de que tendría que tomar una última y difícil pero fundamental decisión: elegir a uno de esos y dejar a los restantes en el banco. ¿Por qué, en efecto, correr el riesgo de mandar a la cancha a jugadores con problemas musculares, si él mismo sabía que podía contar con un Trevor Francis motivado como nunca en su vida y en mejor estado, y con un Ian Bowyer quizás en el momento cumbre de toda su carrera?

La cena del 29 de mayo no develó los once iniciales. Los jugadores se habían sentado expectantes, creyendo que el técnico comunicaría quiénes se sentarían en el banco de suplentes, pero la velada se arrastraba sin que la noticia más importante fuera comunicada: Clough quería una última noche que le trajera consejos.

***

Luego, el mismo día de la final, a las 11 de la mañana del 30 de mayo, el manager junto a Taylor reunió a la plantilla en el salón de entrada del hotel. Clough llamó la atención de cada uno de los tres jugadores que estaban en duda, empezando por O'Neill.

Brian Clough: Primero tú, ¿cómo te sientes? ¿Crees que estás en condiciones?

Martin O'Neill: Por supuesto, jefe, seguro como que existe la lluvia.

Frank Clark también respondió afirmativo ante la misma pregunta, y luego Clough se dirigió a Archie Gemmill. "Claro, jefe, puedo jugar. Estoy absolutamente en perfecto estado", contestó.

Brian Clough: ¡Macanudo, señores! Estoy encantado por su voluntad, pero los tres me están mintiendo y yo puedo solamente arriesgar a uno entre ustedes. Frank, ¡juegas tú!

A Archie Gemmill se le saltó la térmica y parándose frente a todos le gritó a Clough: "Debes estar jodiéndome, carajo". A continuación soltó improperios y agravios hacia el técnico, amenazándolo por momentos

con pegarle una trompada en la cara. Peter Taylor lo frenó e intentaba hacerlo razonar, llevándolo a un costado de la sala y explicándole cuán difícil había sido tomar esa decisión. Pero Gemmill hacía oídos sordos y seguía descargando toda su bronca: "Me importa una mierda todas estas explicaciones, ¡tú y tu colega me están cagando encima!".

Un trueno que quebró la armonía y la tranquilidad que había dominado a lo largo de todo el viaje europeo del Nottingham Forest. Años después, Brian Clough le reveló a Frank Clark por qué finalmente la elección había recaído sobre él: "Porque pensaba que entre los tres eras el que no había mentido, o a lo mejor el que mentía menos".

Martin O'Neill fue de carácter más apacible respecto de Gemmill. Se quedó sentado, cabizbajo, helado y decepcionado por lo que acababa de escuchar: pensaba que esa era una ocasión única e irrepetible en su carrera y que no habría desfilado en la escena principal. En esos momentos de congoja deportiva, O'Neill no podía saberlo, pero el destino le habría reservado a su vida y a la del Nottingham Forest otro giro asombroso.

"MUCHACHOS, TOMEN UNA CERVEZA"

Algo se había roto en el ambiente del Forest. Una tensión como jamás se había visto alrededor del equipo acababa de cortar el aire como llamas de un incendio. Clough no podía hacer descuentos a nadie, menos en semejante circunstancia, que también para él representaba una ocasión de revancha inigualable: "Quería otra oportunidad en la Copa de Europa", le había respondido a Don Revie en la famosa entrevista doble de 1974, ante la pregunta del extécnico de Leeds sobre el porqué agarrar al United, si tanto odiaba a ese equipo. La Copa de Europa 1974-75 había sido uno de los principales elementos de atracción para que Clough se decidiera a dirigir al club que había sido su principal antagonista, sobre todo luego de la desazón vivida con Derby County en 1973. Pero seis días antes del debut, previsto para el 18 de septiembre 1974 en Elland Road contra los suizos del FC Zürich, el club de Yorshire ya le había mostrado la puerta de salida, luego de sus famosos 44 días en el cargo. Ahora en Múnich se le presentaba la chance de silenciar a todos y demostrar que tanto en Derby como en Leeds se habían equivocado tremendamente en deshacerse de su presencia.

***

El micro rumbo al Olympiastadion estaba a punto de ponerse en marcha cuando Clough notó algo en Garry Birtles que no era de su agrado: "Garry, perdón, ¿desde cuándo no te afeitas?".

Gary Birtles: Dos días, jefe. El tema es que cuando me afeito antes de un partido luego el sudor me provoca en la cara una fastidiosa picazón y eso me distrae.

Brian Clough: No me interesa nada, Garry. Si quieres jugar esta noche tienes que afeitarte. Te quiero aquí de vuelta en cinco minutos, caso contrario, no juegas. Agarra si quieres el aftershave de mi habitación.

Dos horas antes de jugar el partido más importante de su carrera, Birtles se veía obligado a correr arriba a sacarse la barba en exceso. Y después de unos minutos reaparecía, afeitado, pero con muchos pedazos de papel higiénico para limpiar la sangre de los numerosos cortes que se había provocado por la prisa. Según contó luego Birtles a Daniel Taylor para el libro I believe in miracles, esa orden no era solamente fruto de la disciplina que Brian Clough quería imponer a cada rato a sus dirigidos. El atacante recordó que ese día estaba más nervioso que nunca y que Clough, habiéndole notado esa ansiedad, quiso con ese gesto distraerlo, hacerle pensar en otra cosa, para que no estuviera excesivamente enfocado.

Durante el trayecto hacia la cancha primaba un silencio que jamás se había hecho tan estruendoso durante los desplazamientos del equipo. "Muchachos, tomen una cerveza, relájense", apretando una botella de cerveza, Clough intentaba reanimar la atmósfera del grupo e invitaba a sus jugadores a deshacerse de un importante cargo de cajas de bebida alcohólica guardadas en la parte trasera del micro cuando éste hubiera llegado a proximidades del Olympiastadion: "Un poco de cerveza no hace ningún daño, no hay nada malo en tomar un poco antes de un partido: es mucho mejor que estar ahí sentados, aburriéndose, o mirando inútiles videos sobre el equipo contrario".

TONIGHT, IS THE NIGHT

Mayo de 1979. Margaret Thatcher ya era para estas épocas la primera mujer en cubrir el cargo de primer ministro del Reino Unido. El ayatollah Khomeini se había convertido desde hacía cuatro meses en Guía Suprema de la recién inaugurada República Islámica de Irán, en tanto que habían transcurrido dos meses desde que el presidente egipcio Anwar Sadat y el primer ministro israelí Menachem Begin firmaran en la Casa Blanca de Washington D.C. el tratado de paz que ponía fin a la guerra entre Egipto e Israel luego de más de treinta años.

La noche del 30 de mayo, Nottingham Forest y Malmö FF asomaban desde el túnel de los vestuarios del Olympiastadion de Múnich para disputar la final número 24 de la Copa de Europa. El marco era muy distante del que suele

hoy en día acompañar el ingreso al campo de juego de los dos finalistas de la actual Champions League: ninguna música, ninguna coreografía especial para generar algún tipo de sugestión o de mística en torno al encuentro. Estaban aún lejos los tiempos del show business, lo único que importaba era el partido y esa Copa de los Clubes Campeones Europeos, que el capitán británico John McGovern o el sueco Stefan Tapper levantaría al cielo de Baviera. Las camisetas rojas del Forest y las celestes de Malmö chocaban un poco con la historia grande del torneo, pero el escenario, con presentes algo menos de los 65 mil espectadores de su aforo, se mostraba aún precioso en esa noche de fines de primavera (el Olympiastadion había sido el principal escenario de los Juegos Olímpicos de verano de 1972). Dichos Juegos estuvieron manchados por el secuestro y asesinato de algunos atletas israelíes, perpetrado por el grupo terrorista palestino Septiembre Negro. Aunque también brillaron formidables atletas, como el finés Lasse Viren, oro en los 5.000 y 10.000 metros, y el norteamericano Dick Fosbury, quien con su innovadora técnica de giro de espalda revolucionaría para siempre la disciplina del salto en alto.

Allí también una selección nacional de fútbol se había coronado por última vez campeona del mundo en el continente europeo: el 7 de julio 1974 el sueño de la revolucionaria Holanda del Fútbol Total se había detenido sobre ese césped frente a una Alemania Occidental colmada de talento y más pragmática, conquistadora en esa fecha de su segundo laurel mundial.

***

Era sobre ese palco de copiosa y reciente historia deportiva donde iba a decidirse cuál sería el undécimo club que pondría su sello en el historial de la Copa de Europa y Brian Clough confiaba a 11 hombres el honor de ingresar en la historia del fútbol europeo: 1. Peter Shilton; 2. Viv Anderson, 3. Frank Clark, 4. John McGovern, 5. Larry Lloyd, 6. Kenny Burns, 7. Trevor Francis, 8. Ian Bowyer, 9. Garry Birtles, 10. Tony Woodcock, 11. John Robertson.

Francis hacía su estreno absoluto en competiciones europeas. Increíble pero fue así, el destino le entregaba la clamorosa chance de comenzar su experiencia internacional de clubes en el partido más importante. Pero no jugaría con la camiseta 9, sino con el número 7, ubicado en la línea del mediocampo sobre banda derecha: ¿cómo podía Clough descartar a Birtles o Woodcock cuando ambos habían siempre actuado de manera extraordinaria, fabricando junto a Robertson las mejores jugadas de la campaña?

El Malmö de Bob Houghton saltaba a la cancha una alineación de emergencia: 1. Jan Möeller; 2. Roland Andersson, 3. Ingemar Erlandsson, 4.

Kent Jönsson, 5. Magnus Andersson, 6. Stefan Tapper, 7. Anders Ljungberg, 8. Robert Prytz, 9. Tommy Hansson, 10. Tore Cervin, 11. Jan Olov Kinnvall.

El árbitro de la contienda fue Erich Linemayr, el austríaco al que UEFA había asignado el debut del Nottingham Forest ante el Liverpool hacía nueve meses. Tonight is the night (Esta noche es la noche), cantaba Frank Sinatra, uno de los máximos ídolos de Brian Clough. Eso debía estar pensando el DT cuando a las 20.15 Linemayr se dispuso a entregar a la historia la primera final de Copa de Europa del Nottingham Forest. Pero también el entrenador solía decir: "Si solamente el fútbol pudiese ser tan divertido como la música de Frank...".

UN MOMENTO QUE VALE UNA VIDA ENTERA

¿Y la final? ¿Qué se puede decir de la final de la Copa de Europa 1979? ¿Cómo definirla? ¿Aburrida? ¿Decepcionante? ¿Fea?

Para el espectador neutral el partido que decidía al campeón de Europa tuvo un poquito de todo eso. Que la evolución del juego resultase tan poco agradable estéticamente era culpa tanto del Forest como del Malmö. El conjunto de Nottingham exhibía cierto agotamiento físico luego de tantos partidos disputados a lo largo de una temporada muy intensa, en la cual solamente se turnaron 16 jugadores: los de Clough, como en tantas ocasiones durante ese glorioso ciclo, buscaban constantemente a John Robertson sobre banda izquierda para que el escocés inventara e iluminara, pero lo hacían sin procurar otras opciones, sobre todo cuando los suecos iban a tapar ese sector de la cancha con constantes duplicaciones o incluso triplicaciones de marcación sobre el principal transportador.

Por su lado, Malmö, carente de jugadores clave en el mediocampo, renunciaba a un juego propositivo, apostando a un partido en el cual buscaba de forma exasperada la activación del offside (20 veces resultaron inhabilitados los delanteros del Forest) y donde a nivel ofensivo se limitaba a lanzamientos profundos que pudiesen complicar a la zaga contraria en la ilusión de poder aprovechar eventuales errores de la línea de fondo inglesa. Era justamente de esta forma que en el minuto 10 se generaría la única ocasión que el cuadro de Houghton tendría en todo el encuentro: el defensor central de Malmö, Kent Jonsson, envió un largo pelotazo desde círculo central hacia el área del Nottingham Forest; Kenny Burns cabeceó con la intención de tocarla atrás para Peter Shilton, pero el balón quedó corto, a mitad de camino entre el guardameta inglés y el atacante sueco Jan Olof Kinnvall. El delantero de Malmö quedó mano a mano y logró conectar la pelota, pero ésta se despidió hacia el alto y Shilton, sin mayores

inconvenientes, finalmente la dominó. Sería el único susto para el Garibaldi en todo el partido, con Malmö que quedó de ahí en más como espectador del encuentro, esperando tal vez llegar a los penales.

¿Y Trevor Francis? Jugaba a esconderse sobre la derecha, luego cuando le alcanzaban el esférico picaba en velocidad, pero en las dos ocasiones en las que había aparecido durante el primer tiempo, siempre había llegado al área sueca agotado por la carrera e incapaz de rematar al arco.

***

La parte inicial se diluía con el sinsabor del marcador cerrado. El Nottingham Forest estaba a punto de irse al descanso sin la ventaja y, como subrayaba también desde su micrófono Barry Davies de la BBC de Gran Bretaña, se trataba de un medio fracaso, teniendo en cuenta el estado muy aproximativo de Malmö. Además, ya al minuto 34 se había visto obligado a quemar el primer cambio, mandando a la cancha al poco experimentado Claes Malmberg en lugar del capitán de la noche, Stefan Tapper, quien abandonó el gramado con su tobillo dolorido.

Pero una vez más las palabras del relator inglés parecieron haber despertado el instinto de victoria del equipo de Clough. Al minuto 45, Larry Lloyd interceptó la pelota cerca del mediocampo y sacó un pase hacia el costado izquierdo. Esta vez, John Robertson dio finalmente un pique en velocidad y dejó atrás a dos rivales, ganando la línea final. El número 11, a la altura del borde izquierdo del área de Malmö, levantó la cabeza y envió el centro hacia el segundo palo. El balón era demasiado elevado para que Birtles o Woodcock pudieran conectarlo. Pero desde el mediocampo, a toda velocidad, se había lanzado al ataque el jugador que todo el mundo había esperado desde febrero: Trevor Francis con amplias zancadas alcanzó el área. La pelota atravesó todo el ancho del arco y cayó hacia el segundo sector: parecía despedirse por línea de fondo, pero Francis llegó a la cita, empalmó con su sien izquierda y cayó al suelo. El balón, como hilo en el ojo de una aguja, enfiló entre el cuerpo del arquero Jan Möller y el cruce de los palos para cambiar su historia, la de un equipo, de una ciudad y de un entrenador.

¡Yes!

"Esto era lo que quería ver hacerle a Robertson", comentaba Barry Davies, quien luego sintetizó perfectamente el sentido mismo del porqué Trevor Francis estaba en Múnich esa noche: "Y Trevor Francis, el hombre de un millón de libras, pone su nombre en el marcador y devuelve la enorme cifra del cheque".

Tuvo razón Brian Clough al insistir y desafiar las tormentas mediáticas en el medio del Invierno del descontento. Ahora ese millón de libras esterlinas ya no era un bochorno o una locura, sino la lógica elección de un entrenador que había advertido en el horizonte ese momento que valía una vida entera. El de Francis era un auténtico veni, vidi, vici. Nunca antes o después un futbolista hizo su debut en competiciones europeas jugando la final de Copa de Europa y convirtiéndose en el hombre del partido.

NOTTINGHAM FOREST CAMPEÓN DE EUROPA

Los segundos 45 minutos no agregaron prácticamente nada salvo una ocasión en la cual Robertson, asistido esta vez por Francis, casi anota el 2-0, pero el poste le negó el festejo. A las 22.03, Viv Anderson iba en percusión sobre banda derecha y se acercaba a la banderita del tiro de esquina. El relator Barry Davies, evidentemente aburrido, quería que el partido terminase lo más pronto posible, ya que no tenía ningún reparo en comentar que "de estas jugadas de Viv Anderson ya vimos suficiente", pero después enunciaba las palabras que quedaban para siempre selladas en la historia: "Pero ya eso no importa, ¡el Nottingham Forest lo hizo!".

El colegiado Erich Linemayr, el mismo que había dado el pitazo de envío del histórico debut contra Liverpool, ahora daba el silbatazo final de la aventura, una película con final feliz. Era el apoteosis. El Nottingham Forest de Brian Clough era campeón de Europa.

Luego de Real Madrid, Benfica, Milan, Inter, Celtic, Manchester United, Feyenoord, Ajax, Bayern y Liverpool, el club de la ciudad de Robin Hood se convertía en el undécimo en conquistar la más importante entre las competiciones europeas. En la historia grande de la Europa de los clubes, ahora al lado de los Di Stefano, Puskás, Eusebio, Cruyff y Beckenbauer, aparecían también Robertson, Birtles, Francis y Woodcock.

Brian Clough y Peter Taylor se levantaron desde el banco, se abrazaron, pero con mucha tranquilidad. En el festejo que los jugadores del Forest protagonizaron entre el campo de juego y la pista de atletismo del Olympiastadion primó una gran sobriedad: con sus abrazos y sonrisas, los futbolistas británicos ni siquiera aparentaban haber ganado el trofeo más grande del fútbol continental, dos años y dos semanas después de su ascenso a la Primera División de Inglaterra. Brian Clough junto a Peter Taylor regaló una pose para los fotógrafos, pero después, sin siquiera esbozar una sonrisa, se dirigió a los vestuarios.

Archie Gemmill, aún lleno de bronca y desazón, hizo lo mismo: su ausencia en la ceremonia de premiación sería un dedo puesto en la llaga que le costaría caro.

Bob Houghton desaparecía de la escena grande del fútbol europeo como la más fugaz entre las estrellas fugaces. Su carrera larguísima, terminada en 2011, lo llevaría a lo largo y a lo ancho del planeta, dirigiendo en Canadá, Estados Unidos, China, Arabia Saudita, Uzbekistán y la India. En 1989-90, en su segundo y último ciclo con Malmö, cumplirá la hazaña de eliminar en primera ronda de Copa de Europa al Inter de Trapattoni con Klinsmann, Braheme y Matthäus como rivales en la cancha. Pero nunca más se acercaría a una final europea o de otro certamen continental en el resto del mundo.

EL ENCUENTRO CON ELLA

La entrega de la copa era una ceremonia completamente distinta a la que solemos asistir en la actualidad. Era el equipo campeón el que desfilaba primero, con el capitán que inmediatamente se dirigía a recibir el preciado premio de manos del presidente de UEFA y solo sucesivamente él y sus compañeros eran galardonados con las medallas de ganadores, que no venían colgadas al cuello de los campeones sino entregadas en pequeñas cajitas. Acto seguido, medallas plateadas eran asignadas de la misma forma a los futbolistas subcampeones.

John McGovern subió a la tribuna y cruzó nuevamente esa mirada familiar: 74 días antes, el 17 de marzo, en Wembley, el presidente de UEFA, Artemio Franchi, había sido huésped de honor de la federación inglesa en ocasión de la final de la Copa de Liga y había entregado a McGovern el trofeo nacional que el Nottingham Forest había conquistado contra Southampton. En dos meses y medio, Little John se encontraría nuevamente cara a cara con el mandatario de la confederación europea, esta vez con la copa con las grandes orejas aguardando por la caricia de sus dedos. Pero la cara de McGovern no parecía la de un capitán que acababa de ganar la Copa de Europa. No se notaba en él la felicidad que uno creería contemplar en el rostro del capitán que se dispone a levantar el trofeo más prestigioso e importante del fútbol continental: "Mi mamá estaba en Múnich para disfrutar conmigo de esa victoria", recordó McGovern años después en una entrevista al diario The Guardian, "pero lo primero en que pensé en esos instantes fue a mi padre. Pensaba en el fondo que era una verdadera lástima que él no estuviera presente en ese momento de triunfo para mí y mis compañeros".

Se advertía cierta incomodidad y confusión en el escocés. Cuando fue dirigido a agarrar la copa, Artemio Franchi lo frenó, pues era él en calidad de presidente quién debía entregarle el premio. Luego McGovern, casi sin saber cómo hacer, se dio vuelta y levantó la Copa de los Clubes Campeones Europeos al cielo de Múnich, con un bosquejo de sonrisa que al fin se le pintaría en los labios. Pero justo cuando emprendía la marcha para bajar las escaleras y dar la vuelta olímpica, el capitán del Nottingham Forest se dio cuenta de que había empuñado la copa al revés: "La cuestión era que sobre el palco de honor la copa estaba apoyada con el símbolo de UEFA y su nombre orientados hacia las cámaras", recordaría siempre McGovern en el libro I believe in miracles: "Cuando finalmente la había levantado, yo le mostraba al público la parte trasera, je je. Así que cuando me percaté, me sentí en una situación un poco embarazosa e inmediatamente la di vuelta. La verdad todo era muy raro: yo mismo me preguntaba, ¿qué diablos hago yo aquí?", agregó.

La Copa de Europa pasaba de unas manos a otras, dando la vuelta sobre la pista olímpica de Múnich. Frank Clark saludaba al fútbol jugado de la mejor manera, despidiéndose con casi 36 años luego de cuatro temporadas en las que había pasado de la Segunda División a la victoria en Copa de Europa.

También el joven Gary Mills celebraría con sus compañeros, pese a no haber sido parte de la convocatoria del partido. Gracias a los 47 minutos jugados en la revancha de octavos de final contra AEK de Atenas, Mills se había convertido con el triunfo final del Forest en el futbolista más joven en integrar el plantel de un equipo campeón de Europa: ese 30 de mayo 1979 Gary Mills tenía 17 años, 6 meses y 20 días. Pasados ya unos 746 días después del ascenso en las nubes de la Primera División, John McGovern y el Nottingham Forest habían alcanzado el paraíso. Clough había declarado un año antes que si el Nottingham Forest hubiera ganado la Copa de Europa, ésta "pesaría como una pluma. Le podrían haber puesto un elefante adentro y aun así la hubiera levantado", aseguró John.

UN NOMBRE QUE NADIE PODRÁ BORRAR

El regreso a Nottingham fue triunfal. En las primeras horas de la tarde del 31 de mayo fueron más de 250 mil las personas que coparon la Old Market Square, la principal plaza de la ciudad. Una multitud impresionante, teniendo en cuenta que en el área urbana de Nottingham vivían entonces unas 300 mil personas y que decenas de miles eran los seguidores que todavía se encontraban por esas horas en Alemania, recién emprendiendo el regreso a su casa. Por eso en la ruta desde el East Midlands Airport hasta el centro ciudadano, el equipo desde el bus sin techo no había visto a nadie andando por las calles, con algunos jugadores, que imagínense, habían bajado del micro empezando a gritar "Ey, ¡somos los campeones de Europa! ¿Dónde andan todos?". Una vez llegados en la plaza, los jugadores se subieron al

balcón de la municipalidad de Nottingham y exhibieron festejantes la Copa de Europa frente a una marea humana decorada de banderas, bufandas, gorras y camisetas que teñían de rojo el corazón de la ciudad. Con ellos, sin embargo, no estaban ni Brian Clough ni Peter Taylor: el DT, luego del triunfo, había simplemente reanudado sus vacaciones griegas, en tanto que su principal asistente había permanecido en el exterior para una gira de exploración, a la caza de algunos eventuales nuevos talentos para sumar al plantel.

El Nottingham Forest era el tercer club inglés que conseguía la Copa de Europa, luego del Manchester United -campeón en 1967-68- y del Liverpool -vencedor en las dos anteriores ediciones.

La consagración, al margen del natural entusiasmo que rodeaba al equipo en Nottingham y alrededores, había generado en ciertos medios un poco de perplejidad. La final, en particular, dejaba en algunos la sensación de que el torneo se hubiese de alguna manera desprestigiado, por efecto de la victoria de un club chico, sin gran atractivo e historia, al cabo de un partido catalogado como una de las peores finales de todos los tiempos. Se hizo eco de este sentimiento el mensual World Soccer, con una columna firmada por el periodista Keir Radnedge decididamente dura para con el torneo, su formato y el propio Nottingham Forest. El título era Forest win in Munich but is the European Cup finished? ('Ganó el Forest en Múnich, pero ¿se terminó así la Copa de Europa?).

La nota cuestionaba si la Copa de Europa no hubiese ya agotado sus mejores días y si fuese aún un torneo que expresaba las reales jerarquías del fútbol europeo. En un pasaje inicial del artículo el autor brindaba esta opinión: "Me temo que a los hinchas del Forest no le agradará mucho mi punto de vista, pero lamentablemente me quedé con la neta impresión de que el tiempo de las grandes finales de Copa de Europa ya quedó en los recuerdos. Y eso quiere decir solo una cosa, que UEFA debería tomar cartas en el asunto y analizar la posibilidad de crear un campeonato europeo de clubes".

Radnege a continuación mencionaba al Trofeo Bernabéu -que quedaría inaugurado en ese verano boreal de 1979- como ejemplo de un certamen que "podría volver a despertar el interés hacia los grandes partidos". Del Trofeo Bernabéu participarían dos meses después el Real Madrid, el Ajax, el Bayern y el Milan, con dos semifinales, una final por el tercer puesto y la gran final: era visto como potencial embrión de un nuevo campeonato continental para equipos de club. El elenco de participantes difícilmente podía sugerir otro tipo de interpretación, sino que la final Nottingham Forest-Malmö, para Radnedge y otros críticos, desafinaba con el aura mística y legendaria que desde sus albores acompañaba las grandes definiciones de la Copa de Europa.

El espíritu de la nota anticiparía la década y media de transformaciones que el torneo sufriría a partir de la mitad de los años 1990 y que lo llevarían a la Champions League de los años 2000, con una multitud de equipos que cada año producen un espectáculo multimillonario. Pero dados los reglamentos y el formato de la competición de la época, su juicio se demostraba sumamente ingrato con el nuevo campeón. Es cierto que el autor de la nota no olvidaría luego de subrayar desde dónde venía el Nottingham Forest y cuán increíble venía siendo la escalada protagonizada por los Arbolitos Traviesos en apenas dos años, pero no mencionaba los datos fundamentales que hacían del club de East Midlands parte de un selecto grupo de equipos históricos y, en ciertos aspectos, un cuadro único en todas las ediciones del torneo:

1. El equipo de Clough con seis victorias y tres empates en los nueve partidos de la edición apenas concluida, se convertía en apenas el tercer campeón en 24 ediciones que finalizaba el torneo de manera invicta, luego del Inter de Helenio Herrera en 1963-64 y del Ajax de Raymond Kovacs en 1971- 72.

2. Sacando al Real Madrid de la primera edición absoluta de 1955-56, el Forest era el segundo club, luego del Inter de Herrera de 1963-64, que ganaba el trofeo en su primera participación.

3. El inglés era el primer club (y quedaría como el único en la era pre Champions League) que se había clasificado a la final ganando de visitante el partido de vuelta de semifinal sin haber conseguido el triunfo de local en la ida.

4. El Nottingham Forest de Brian Clough era el primer club – y ha quedado desde entonces como el único en la historia- que ganaría el torneo luego de eliminar en primera ronda al campeón defensor, no de la última, sino de las dos ediciones anteriores.

Los hombres de Clough eran justos dueños del laurel más grande del fútbol de Europa. Habían estado presentes en el lugar justo y en el momento indicado para hacerse con el triunfo: la serie ganada contra Liverpool en los dieciseisavos quizás había sido el momento que definió el favoritismo del Nottingham Forest, porque de ahí en más a nadie podría haberle generado la misma ansiedad el propio papel de favoritos que inconscientemente los hombres en Rojo Garibaldi llevaban desde esa eliminatoria.

La culpa de que la final no hubiera colmado las expectativas que la nobleza del balompié tenía no era del Nottingham, ni tampoco del Malmö. ¿Cuán elitista era en efecto la Copa de Europa en esos años para llegar a

menospreciar de esa manera una final y un campeón tan inéditos? ¿Cuán consolidada era la tradición de los equipos que la habían animado, en particular en esa última década?

El equipo de Clough y Malmö con su participación a la final de Múnich 1979 habían elevado a 12 el número de clubes que se clasificaron por primera vez a la final del torneo en la década de 1970: Bayern y Liverpool, por ejemplo, habían inaugurado sus series de triunfos jugando su primera final absoluta, y en todas y cada una de las definiciones disputadas se habían siempre visto la cara con rivales que también jugaron la final por primera vez (Atlético Madrid finalista en 1974, Leeds United 1975, Saint Étienne 1976, Borussia Mönchengladbach 1977 y Brujas 1978).

Por lo tanto, si Real Madrid, Juventus, Liverpool, PSV Eindhoven, Dinamo Kiev y Colonia eran equipos más fuertes que podrían haberle dado una mayor sugestión a la final o en general a la historia de esa edición 1978-79, lo podrían haber demostrado en el campo de juego: Liverpool y Colonia habían caído frente a la mágica máquina de Clough; el Real se había rendido ante el Grasshopper, un cuadro ante el cual el Forest se despachó en los cuartos de final con un 5-2 global quedando así como uno de los mejores ejemplos de la contundencia, confianza y poder ofensivo con que el Nottingham había marchado gloriosamente a la conquista de Europa. La final es siempre la postal principal, el partido que uno tiende a guardar mayormente en su memoria, pero es simplemente el acto conclusivo de un proceso largo y que viene de lejos.

***

En la última edición de sus memorias, publicada en forma póstuma en 2005, esto escribía Brian Clough acerca de la época de fines de los 1970: "Fue un momento en el que la única cosa que teníamos que lamentar era la falta de reconocimiento, sobre todo cuando ganamos esa gran copa por primera vez. De acuerdo, contra Malmö no se podía hablar por cierto de un duelo con tanta historia, pero nosotros en primer lugar éramos un equipo revelación y, además, yo me había visto en la obligación de dejar afuera a Archie Gemmill y Martin O'Neill, dos jugadores clave, e igual ganamos", diría Clough. Y agregaba: "En todo caso fue un triunfo extraordinario, pese a que la final no fuera del todo linda. Si clubes de la talla de Manchester United, Liverpool o Arsenal hicieran hoy en día algo parecido a lo que logramos nosotros, no terminarían de recibir elogios de todas partes. Y muy merecidamente. Igual, digan lo que digan, escribimos nuestro nombre en el historial de la Copa de Europa. Y nadie de ahí podrá borrarlo. Nunca".

CAPÍTULO 7

CAMPEONES DE EUROPA, DE NUEVO

"Lo lamento, Archie, pero estás afuera. Aquí para ti está todo terminado...".

Nadie en el Nottingham Forest de Brian Clough estaba exento de las repercusiones de un comportamiento desconsiderado, en especial si esto iba en merma del equilibrio del plantel. Ni siquiera un jugador de extraordinario talento como Archie Gemmill podía escaparle al rigor. Su estallido de bronca en Múnich el día de la final de Copa de Europa, los duros agravios para con Clough por la exclusión desde la alineación inicial y también su abandono de la cancha antes de la ceremonia de premiación en el Estadio Olímpico le costaba finalmente la permanencia en el club.

Fue Peter Taylor quien le comunicó a Gemmill que el club habría prescindido de él. Clough, de hecho, no se presentó el primer día de la concentración de la temporada 1979-80: el director técnico había permanecido en Mallorca, disfrutando todavía de unos días de sol.

Archie Gemmill pasaba al Birmingham City, club que después de la partida de Trevor Francis había recién descendido a la Segunda División. Junto al mediocampista escocés se mudaba al Birmingham también Steve Elliott, quien luego de la explosión de Birtles no había logrado ganar espacio en el equipo.

En reemplazo de Gemmill, Clough y Taylor adquirían desde el Manchester City al también escocés Asa Hartford, quien junto a Gemmill, Burns y John Robertson había integrado el plantel de la selección escocesa en el Mundial de Argentina. 500 mil libras esterlinas fueron invertidas por su pase, mitad de la cifra desembolsada para Francis, pero aun así un gasto notable para fines de 1970. Se revelaba un fiasco total. Como notaba Peter Taylor, Hartford "era aplicado, un buen tipo, que no creaba ningún tipo de problema". Sin embargo, no cumplía con el requisito principal por el cual lo

habían traído, es decir "sobreponerse de izquierda a derecha y meter pases largos y filtrados". Luego de tres encuentros jugados con el Nottingham Forest, a fines de agosto de 1979 Hartford fue despachado al Everton.

Sin Gemmill y finalmente privado de un auténtico sustituto, Clough se encontraba en carencia de alternativas en el mediocampo. El director técnico, apartando su orgullo, decidió entonces volver sobre sus pasos y pegar un llamado a Archie Gemmill:

Brian Clough: Hola, escúchame hijo. Cometí un error y quiero que vuelvas aquí. A tal efecto te voy a duplicar el sueldo.

Archie Gemmill: Ya me has cagado encima una vez, no lo harás de vuelta.

Brian Clough: ¿Es lo que realmente sentís?

Archie Gemmill: Sí.

1979-80: UN CALENDARIO COLAPSADO Y LA RENUNCIA A LA INTERCONTINENTAL

Terminaba así definitivamente la aventura de Archie Gemmill en el Nottingham Forest. Volvería en el verano europeo de 1984 al City Ground, aunque en la novedosa veste de asistente técnico de Brian Clough y ya en un contexto muy diferente.

El Nottingham Forest se preparaba a una nueva intensa campaña para el 1979-80. Sin la Charity Shield en la cartera doméstica, la temporada preveía nuevamente la participación del Forest en Copa de Europa, como campeón defensor de la competencia. Curiosamente también en esta ocasión estaba acompañado en el máximo certamen por Liverpool, aunque con papeles invertidos: esta vez mientras los de Merseyside ingresaban a la futura Champions como campeones de Inglaterra, el Nottingham lo hacía como campeón de Europa.

La agenda de compromisos internacionales se enriquecía con la participación en la Supercopa UEFA o, como era llamada en ese entonces, la UEFA Super Competition. Certamen granjeado por el diario holandés De Telegraaf en 1972, la Súper Competition contemplaba un desafío ida y vuelta entre los vencedores de la Copa de Europa por un lado y de la Recopa europea por el otro. UEFA adoptó con entusiasmo la propuesta del periódico de los Países Bajos, pero en principio no ponía en juego ninguna copa, sino más sencillamente una placa con sellados encima el escudo de la confederación, el nombre de la competencia y el de los dos contrincantes. El rival del Nottingham Forest sería el FC Barcelona: los españoles, en una disputadísima final de Recopa 1978-79, habían superado al Fortuna Düsseldorf de Alemania Occidental, conquistando por primera vez el prestigioso trofeo. La cita con los catalanes para el equipo de Clough llegaría a comienzos de 1980: la ida, el 30 de enero en Nottingham; la revancha, seis días más tarde el 5 de febrero en el Camp Nou.

****

En cuanto vencedor de la Copa de los Clubes Campeones de Europa, durante la temporada 1979-80 al Nottingham Forest también le habría correspondido disputar la Copa Intercontinental, la competición que oponía el campeón de la Copa de Europa al de la Copa Libertadores de Sudamérica. Por muchos, y en particular en el hemisferio sur, el desafío era visto como un verdadero campeonato mundial de clubes, aunque FIFA apenas en 2017 ha reconocido retroactivamente sus ganadores como campeones del mundo. Un título que, no obstante, todos los vencedores ostentaban sobre ambas orillas del Atlántico, menos que en Inglaterra. Ningún equipo inglés había ganado este torneo: el Manchester United en 1968 se había visto superado por Estudiantes de La Plata, en tanto que Liverpool, clasificado para las ediciones de 1977 y 1978, había declinado en sendas ocasiones (hubiese enfrentado a Boca Juniors).

Las renuncias de Liverpool a disputar la Copa Europa-Sudamérica obedecían particularmente a una cuestión de oportunidad logística. Sobre todo, para los equipos ingleses, ir a jugar a Sudamérica no solo implicaba un viaje largo hacia otro hemisferio, con otro huso horario, una diferente estación y todo lo que ello insumía. Significaba agregar dos partidos de alto nivel a un calendario repleto de compromisos y agotado por las competiciones domésticas. No solamente hay que recordar que el campeonato inglés constaba a la época de 22 equipos por un total de 42 encuentros, sino que en Inglaterra existen dos copas nacionales, la FA Cup/Copa de Inglaterra y la Copa de Liga. Si a ello se le suman la participación en la siguiente edición de la Copa de Europa-a la cual el campeón europeo defensor como lógico tenía acceso- y la otrora mencionada UEFA Supercompetition, es fácil deducir la enorme cantidad de citas que potencialmente una temporada le deparaba a un equipo inglés de gran talla y ambiciones, como era en ese preciso momento el Nottingham Forest.

En la anterior campaña de 1978-79, el Forest había jugado 62 partidos oficiales entre torneo local, Charity Shield, Copa de Liga, FA Cup/Copa de Inglaterra y Copa de Europa. Si en 1979-80, sin la Charity Shield, el Nottingham hubiera tomado parte tanto en la Súper Competición como en la Intercontinental, era posible que el número de partidos a jugarse podría incluso superar el monto del precedente año futbolístico.

Un desafío titánico para un plantel que hacía hincapié básicamente sobre no más de 17 integrantes. Por esta razón, Brian Clough y la directiva del Nottingham Forest decidieron que los Arbolitos Traviesos no desafiarían a Olimpia de Paraguay, el entonces campeón de la Libertadores, dejando el reto a Malmö, el subcampeón de la última Copa de Europa. El 18 de noviembre 1979, Olimpia ganaría 1-0 en Suecia el primer partido, en tanto que en la revancha, el 2 de marzo de 1980, volvería a imponerse en Asunción por 2-1, conquistando así la primera y única Copa Europa/Sudamérica de su historia.

La renuncia del Nottingham Forest a jugar la Intercontinental era la enésima señal de la crisis que la competencia atravesaba desde una década. Durante 1970 fueron hasta siete las ediciones que se vieron afectadas por la renuncia de los campeones europeos a intervenir en ella: en 1971, 1973, 1974, 1977 y 1979 Panathinaikos, Juventus, Atlético Madrid, Borussia Mönchengladbach y Malmö participaron respectivamente como sustitutos de los originarios campeones, mientras que en 1975 y 1978 el desafío directamente no se jugó.

No era solamente el inconveniente organizativo aquello que impulsaba a los europeos a subestimar su participación, sino también unos antecedentes que habían dejado una mancha imborrable sobre la historia de la Intercontinental. Las finales de 1967 y 1969 (la primera entre Racing y Celtic, la segunda entre Estudiantes de La Plata y Milan) eran aún un recuerdo vivo entre los protagonistas del fútbol europeo. La conducta sumamente antideportiva de los equipos argentinos (que no se habían guardados golpes duros para con escoceses e italianos) y en general el ambiente hostil creado alrededor de los equipos europeos aún alimentaban el recelo de los clubes de Europa a involucrarse en tal desafío.

Solamente con el ingreso en el negocio de la marca japonesa Toyota en 1980 y el traslado de la competición a Japón, la Copa Intercontinental Europa/Sudamérica podría seguir con vida hasta 2004, sustituida luego por el actual Mundial de Clubes de la FIFA.

¿QUÉ PRIORIDADES, MR. CLOUGH?

Lo de Múnich había sido leyenda. La Copa de Europa sin lugar a dudas era el triunfo más importante de la historia del Nottingham Forest y ganarla por una segunda temporada consecutiva habría lanzado al club de City Ground en un muy selecto grupo de instituciones, es decir, los clubes que pudieron alguna vez defender exitosamente el máximo trofeo continental: Real Madrid, Benfica, Inter, Ajax, Bayern Múnich y Liverpool eran los nombres altisonantes de los equipos que habían cumplido esa gesta.

Carlo Ancelotti, múltiple campeón de la Copa de Europa/Champions League en la doble veste de futbolista y técnico, diría años más tarde que "ninguna noche se puede comparar a una así", refiriéndose al sabor que da triunfar en la competición insignia del fútbol europeo.

Sin embargo, al principio de la campaña 1979-80, la opinión de Brian Clough para con la Copa de Europa, el laurel que acababa de conseguir unos pocos meses antes, era sumamente distinta. El DT del Nottingham Forest en septiembre de 1979 daba una nota a la BBC en la cual sus declaraciones sorprenderían sumamente el oído del apasionado de fútbol de los años 2000. El reconocido reportero John Motson, para acomodar la atmósfera, arrancaba con una pregunta sutil, sobre cómo estaba yendo según el entrenador la temporada del Nottingham Forest y la del fútbol inglés en general. Pero lo más llamativo para nuestra historia llegaría segundos después de la primera y escueta respuesta que Clough entregó:

John Motson: Ustedes se encuentran en cuatro competiciones distintas por segunda temporada consecutiva: defienden la Copa de Europa, van por el campeonato y por supuesto por la FA Cup y la Copa de Liga. ¿Cuáles son las prioridades?

Brian Clough: El campeonato. Siempre lo ha sido y siempre lo será. Sería bien feliz de quedar afuera de la Copa de Europa, de la Copa de Liga y también de la FA Cup, que ni siquiera hemos ganado aún. Podría tranquilamente salir de estas competiciones mañana mismo si me pudieras garantizar que ganaremos el campeonato.

Fueron apenas 15 los segundos que Brian Clough tardó para despojar la Copa de Europa del aura de sacralidad que con reverencia el grueso del mundo del fútbol le atribuye. Para casi todos es lo máximo, para Clough en cambio no era así. Y en la sucesiva respuesta el DT campeón de Europa explicaba el porqué.

John Motson: ¿Por qué se siente tan seguro de ello?

Brian Clough: Porque el campeonato es la competición donde para triunfar hay que poseer todos y cada uno de los aspectos fundamentales de la dirección técnica del fútbol: tienes que tener tenacidad, talento. Tienes que ser un poco loco, necesitas de mucha fuerza psicológica y sí, seguramente también necesitas contar con muy buenos jugadores. Es en definitiva una verdadera guerra psicológica durante nueve o diez meses.

Habían transcurrido poco más de 500 días desde la consagración del Nottingham Forest como campeón de Inglaterra en Coventry. En el medio, el Garibaldi había conseguido con la Copa de Europa la máxima conquista continental, posiblemente el trofeo más importante que se pueda lograr. Sin embargo, para Brian Clough, el campeonato, la Football League, era el

Santo Grial de la carrera de un técnico, la única competición en donde se podían comprobar fehacientemente la calidad y aptitud de un estratega en el manejo de un plantel.

En efecto, el largo de la competición -que con sus 42 partidos era más larga por esos años que la actual Premier League- daba aún menor margen para dejar detalles librados al azar: mayor la duración de un certamen, más grande la probabilidad que sean factores causales, y no elementos casuales, los que en última instancia determinen el desenlace de la competición. Además, no hay que olvidar que a fines de septiembre de 1979, el Nottingham Forest estaba en la punta del torneo junto al Manchester United y el Crystal Palace, y había arrancado el campeonato casi al mismo ritmo que en el glorioso 1977-78.

En esta óptica, la Copa de Europa representaba para Clough un rico trago, muy invitante, pero no se comparaba al suculento banquete que él había saboreado en dos ocasiones, ganando la League, primero con Derby y luego con el Forest.

El resto de su vida lo invitará más tarde a reconsiderar la importancia de la Copa de Europa. Es probable que él mismo durante esa entrevista no imaginara a breve plazo otra cita histórica con ese trofeo.

UNA BATALLA DE 9 MESES SIN BOTÍN

El sueño de Brian Clough de volver a ser campeón de Inglaterra -en lugar de volver a consagrarse en Europa- se sostenía a principios de octubre de 1979 sobre el muy buen comienzo de temporada que había tenido su Nottingham Forest en el torneo local. Luego de las primeras 10 fechas, el Nottingham, con 15 puntos, era el único puntero del torneo, gracias a seis victorias, tres empates y una sola derrota. Un arranque muy parecido al de la gloriosa campaña 1977-78, donde a esa altura el Forest estaba en la cima con 16 unidades. Entre los resultados que más confianza y entusiasmo le daban al equipo de Clough estaba la victoria en la octava fecha por 1-0 contra Liverpool en el City Ground.

Pero en los restantes encuentros de la primera mitad del torneo, el Nottingham salió despedido desde el carrusel de la lucha grande de manera inexorable: desde la 11ª a la 21ª fecha, el Forest coleccionó tres victorias, un empate y hasta siete derrotas, que al final de la ronda de ida colocó al conjunto de Brian Clough en el 10° lugar con 22 puntos, a diez del Liverpool, que con 32 unidades se confirmaba el puntero de siempre, listo a encaminarse hacia otra vuelta olímpica.

Fue particularmente catastrófico para el Nottingham Forest el rendimiento lejos del City Ground, con seis derrotas consecutivas de visitante acumuladas entre el 13 de octubre (0-1 contra el Manchester City) y el 22 de diciembre (0-3 contra el Manchester United) en una racha en la cual el doble 1-4 ante Southampton (que se vengaba platónicamente de la final de Copa de Liga) y en el clásico ante el Derby County pusieron de manifiesto la aguda fragilidad defensiva por la que transitaba el Garibaldi, en su otoño más horrible desde la vuelta a Primera División.

***

El comienzo de 1980 traía cierto optimismo en principio. La clasificación a la final de Copa de Liga era un alboroto de entusiasmo en el pálido panorama de la temporada doméstica. Tras superar al Leeds en cuartos de final, el Forest lograba dejar en el camino al odiado Liverpool en la doble semifinal y de esta manera conseguía el pase para su tercera definición consecutiva en el segundo certamen copero de Inglaterra.

Sin embargo, en las demás competencias, Liverpool se demostraba superior: el 26 de enero, los Reds de Merseyside ganaban 2-0 en el City Ground y eliminaban al Nottingham Forest desde la FA Cup; pasaban poco más de tres semanas y, el 19 de febrero, en una fecha entresemana de torneo local, el Liverpool en Anfield Road volvía a imponerse con el mismo resultado de 2-0 y propinaba al Forest la décima derrota en el campeonato.

En las últimas doce jornadas, el Nottingham Forest volvería a levantar el ritmo cosechando siete victorias, dos empates y tres derrotas, por un total de 16 puntos; pero Liverpool amasaba en ese mismo tramo 18 y se consagraba por 12ª vez campeón de Inglaterra. El equipo de Clough había podido finalmente conseguir un decepcionante 5° lugar a cuota 48 puntos, muy lejos de las 60 unidades con las que Liverpool se había nuevamente proclamado campeón.

El Liverpool le había así sacado a Clough su talismán preferido, el objetivo al cual él mayormente ambicionaba para esa campaña 1979-80 y en pos de cuya victoria habría estado listo a sacrificar las demás fichas de la temporada. El conjunto de Bob Paisley confirmaba su impresionante comunión con la gloria en el torneo local: Liverpool había conquistado su cuarto título en cinco temporadas, época en la cual el Nottingham Forest había sido el único en grado de arrebatarle esa hegemonía.

El de Paisley se confirmaba de manera sensacional como el equipo con el que tarde o temprano uno tenía que hacer cuentas en esos años, si quería ganar algo. ¿Y quién mejor podía saberlo si no el propio Nottingham Forest de Brian Clough? Desde su retorno en la máxima categoría, el Forest en las últimas tres temporadas habían enfrentado a Liverpool en 13 partidos oficiales, con hasta siete encuentros jugados por copas.

Para la Copa de Europa 1979-80 ambos equipos ingleses estaban entre los grandes favoritos y, si bien esta vez todo hacía pensar que sería imposible verlos cara a cara en la primera ronda, nadie descartaba al comienzo de esa temporada que alguna instancia del certamen podría volverse a teñir de rojo.

Sin embargo, si el ámbito local había sido tan generoso con Liverpool, cuando las dos armadas rojas marchaban sobre Europa la suerte cambiaría de bando.

SO, EUROPE AGAIN!

Se puede decir que el Nottingham Forest, campeón de Europa, arrancó la defensa de su cetro continental desde donde su dominio había comenzado: enfrentando a los campeones de Suecia. 112 días después de vencer a Malmö en la gran final de Múnich, el 19 septiembre 1979, el Forest recibía en Nottingham para la ida de la primera ronda al Öster Vaxjo. Fundado en 1930, este club sueco, cuyos colores son el rojo y el azul, había vivido en 1968 una experiencia muy parecida a la del Nottingham Forest. Ese año el Öster, de la mano del técnico húngaro Vilmos Varszegi, se había consagrado campeón de Suecia por primera vez, ganando el título al año después de ascender, tal como haría en Inglaterra el Nottingham de Clough en 1978. La diferencia con el Forest era que el conjunto de Vaxjo había cumplido esa hazaña en la que era su primera temporada absoluta disputada en la máxima categoría.

A partir de esa consagración, para el Öster había empezado su época dorada: dos subcampeonatos en 1973 y 1975, el título de 1978 -que lo había clasificado a esta edición de la Copa de Europa- más otros dos triunfos en el torneo nacional, que llegarían en ese 1980 y en el sucesivo 1981.

Era aquel de todos modos un sorteo extremadamente clemente para Clough y sus dirigidos. El destino tenía una deuda con el Nottingham, y luego de haber pescado a Liverpool en la primera ronda de la edición 1978-79, un emparejamiento más cómodo era definitivamente bienvenido entre los jugadores del Forest.

***

Luego del retiro de Frank Clark, Clough necesitaba urgentemente de un lateral para cubrir la banda izquierda. Sin embargo, también precisaba de un jugador que pudiera jugar como central, para contar con alguien que además de Needham reemplazase a Lloyd y Burns en la zaga cuando fuese necesario. No solo el retiro de Clark dejaba un jugador menos al Nottingham para el papel de lateral defensivo izquierdo, sino que Colin

Barrett -sustituto natural tanto de Clark como de Viv Anderson- nunca había llegado a recobrar su mejor forma tras la grave lesión al colateral de un año antes. Por otro lado, David Needham era el único hombre confiable para sustituir a uno de los dos zagueros titulares, lo cual le dejaba pocas opciones a un Forest sumamente urgido de cara a una temporada que se anunciaba repleta de encuentros y desafíos clave.

Para matar a dos pájaros de un tiro, la solución fue nuevamente escocesa y llevó el nombre y el apellido de Frank Gray. Defensor de 1954, jugaba prevalentemente de lateral izquierdo, pero sabía adaptarse a la posición de central defensivo. Surgido en Leeds United, su debut profesional había llegado en 1972, siendo uno de los últimos canteranos lanzados en Primera por Don Revie: Brian Clough había podido apreciarlo -aunque muy brevemente- en sus célebres e infames 44 días en Elland Road, a fines de verano de 1974.

Finalista derrotado con Leeds United en la Copa de Europa 1974-75, Frank Gray tenía ahora la gran ocasión de volver a subirse encima del escenario más importante del fútbol continental y además vistiendo la camiseta del campeón defensor de Europa.

***

La alineación del Forest que inició su defensa del título europeo de clubes veía al nuevo llegado Gray integrar la línea de defensa por el siguiente once inicial:

1. Shilton; 2. Anderson, 3. Gray, 4. McGovern, 5. Lloyd, 6. Burns, 7. O'Neill, 8. Bowyer, 9. Birtles, 10. Woodcock, 11. Robertson. Ausente de la formación Trevor Francis, quien había regresado a Estados Unidos para jugar la temporada verano/otoño con Detroit Express (volvería solamente a finales de año). El rival tenía muy poca consistencia. El Öster de Bo Johansson no presentaba a jugadores que se habían destacado o destacarían a nivel internacional.

Los de Vaxjo lograron contener a la ofensiva del Forest durante los primeros 45 minutos, pero en la parte complementaria el equipo de Clough encontró finalmente el camino del gol gracias a Ian Bowyer: el héroe de Colonia abrió el marcador al minuto 62 y al minuto 74 anotó el 2-0 definitivo, que ya proyectaba al Nottingham Forest rumbo a los octavos de final.

En el partido de revancha el 3 octubre 1979, el Nottingham sufría un poco más de la cuenta. Al minuto 52, Öster reabría momentáneamente la serie con un gol de Nordgren, aunque al minuto 79 el tanto de Tony Woodcock ponía el 1-1 conclusivo, gracias al cual el Garibaldi estiraba su invicto en partidos europeos a once encuentros consecutivos sin derrotas. Mientras los jugadores del Nottingham abandonaban el terreno de juego en la cada

vez más fría Suecia, una noticia desde la Unión Soviética sacudía al mundo del fútbol como un temblor: la geografía de esa Copa de Europa 1979-80 de ahí en más no sería la misma.

NOTTINGHAM FOREST = INGLATERRA

En la primera ronda de la Copa de Campeones 1979-80, el Liverpool, ganador de dos de las últimas tres ediciones y lógicamente uno de los grandísimos favoritos de las vísperas, se había visto emparejado por el sorteo con Dinamo Tbilisi de la URSS. Club fundado en 1925, para Dinamo Tbilisi la eliminatoria contra Liverpool era la primera de su historia en Copa de Europa, pero no constituía su debut en las competiciones continentales: en su registro dos clasificaciones a daños del Inter de Milán en la Copa UEFA 77-78 y de Napoli en la UEFA 78-79.

En el partido de ida de la primera ronda de la Copa de Europa 1979-80, el conjunto de Akhalkatsi no manifestaba algún temor frente al monumental Anfield Road y al calor de la KOP, enfrentándose al gran Liverpool de Paisley de igual a igual. El Dinamo saldría finalmente derrotado por 2-1, pero el gol del momentáneo 1-1 anotado por Chivadze dejaba amplio margen para superar el turno.

El 3 de octubre 1979, Liverpool visitaba el estadio Vladimir Lenin de Tbilisi: 90 mil espectadores estaban allí presentes para empujar a sus ídolos hacia el sueño, para demostrar que el socialismo podía triunfar sobre occidente. Dinamo bailó a Liverpool desde el comienzo hasta el final. Los Reds se vieron sepultados debajo de un humillante pero finalmente generoso 3-0 (podría haber sido más) con los goles de Gutsaev, Shengelia y un penal de Chivadze, que hicieron tocar el cielo a la multitud que había incesantemente alentado al cuadro local.

En las laderas del monte Cáucaso un temblor sacudía a la Europa del fútbol. El Liverpool, por segundo año consecutivo, estaba fuera de la Copa de Europa en primera ronda. Y por segunda temporada al hilo, el Nottingham Forest entraba en los octavos de final de la máxima competencia como único representante del fútbol de Inglaterra.

***

Con la salida del Liverpool, el Nottingham Forest de Brian Clough avanzaba en la Copa de Europa 1979-80 aún más favorito que antes del comienzo del torneo. Sin embargo, sería engañoso considerar a partir de este dato al Forest, campeón defensor, como principal candidato a la victoria final.

En la edición número 25 de la Copa de Europa, la del jubileo, la UEFA había establecido que la gran final se disputaría en el estadio Santiago Bernabéu de Madrid, palco de la final del venidero Mundial de 1982 y, sobre todo, casa de ese Real Madrid que tras 14 años de sequía anhelaba renovar los pasados laureles de gloria que aún lo colocaban en la cima del historial del máximo certamen (al cierre de esta publicación el Real Madrid siempre ha sido el líder de victorias en el historial de la Copa de Europa).

El Merengue había por eso entrado en el torneo con toda intención de llegar el 28 de mayo a la final, en la que eventualmente sería local. En la primera ronda, el Real se despachó del Levski Sofia con un 3-0 global: 1-0 de visitante en la ida, con gol del argentino Roberto Martínez, en tanto que en la revancha, el 2-0 interno llevaba las firmas de Vicente Del Bosque y Laurie Cunningham, de penal. Éste, un talentoso mediocampista inglés de 23 años, era uno de los volantes más prometedores del panorama europeo. Había llegado desde West Bromwich Albion para reforzar el sector entre línea del mediocampo y ataque, y se había convertido durante el verano europeo en el primer jugador británico de la historia en vestir la camiseta del Real Madrid.

***

Más allá de la eliminación de Liverpool, la primera ronda de la Copa de Europa 1979-80 no había producido enormes sobresaltos. Por historia y tradición la segunda caída más importante era la del Milan, eliminado por Porto: luego de igualar 0-0 la ida en Portugal, el Diavolo se había visto superado por 1-0 en San Siro por el Dragón, gracias a un gol de Duda.

El Ajax, otro campeón histórico con cierto grado de ambición, no tenía en cambio ningún empacho en vapulear con un contundente 16-2 global a HJK Helsinki de Finlandia, repartiendo con un geométrico doble 8-1 la gran masa de goles propinada al desafortunado equipo finés.

Por segunda temporada consecutiva el fútbol de Alemania Occidental no estaba representado en el máximo torneo europeo por Bayern Múnich. Luego de la aparición de Colonia en la edición anterior, esta vez le tocaba a Hamburgo hacer las veces del balompié teutón sobre el escenario más prestigioso. La primera ronda no había presentado a los alemanes occidentales un escollo excesivamente desafiante: Hamburgo, con un 5-1 global (3-0 afuera en la ida y 2-1 en casa a la vuelta), superó sin inquietudes a Valur de Islandia, en una serie en la que se destacó la fuerza de artillería de Horst Hrubesch, centrodelantero de la selección de Alemania Federal y autor de tres tantos en la eliminatoria.

Tres goles los anotaba también Carlos Bianchi, el Virrey de Liniers, quien con Estrasburgo de Francia empezó el desafío de la Copa de Europa 1979-80 enfrentado a Start de Noruega. Fue 2-1 para los franceses el partido de

ida en Escandinavia, mientras en la revancha, con un triplete de Bianchi, 4-0 final en Estrasburgo. El exdelantero de Vélez Sarsfield y Paris Saint Germain fue el primer argentino luego de Di Stefano en anotar tantos goles en un partido de la máxima competición europea.

Despedido del certamen el Austria Viena -semifinalista de la temporada anterior-, avanzaban entre otros a octavos de final también Dynamo Berlín de Alemania Oriental y Celtic de Escocia.

CRUZANDO LA CORTINA DE HIERRO: EL ARGES PITESTI DE NICOLAE DOBRIN

El sorteo de los octavos de final le hizo nuevamente el guiño a Nottingham Forest, entregándole como rival el Arges Pitesti de Rumania, un contrincante para no subestimar, pero definitivamente un obstáculo aún bastante accesible. Fundado en 1953, el Arges Pitesti, apodado las Águilas Violetas, vestía una camiseta color violeta y blanco. Su participación a la Copa de Europa llegaba de la mano del segundo título rumano de su historia, que el club de Valaquia había conquistado en 1978-79 luego del primero logrado pocos años antes, en 1971-72. El mínimo común denominador de las dos victorias (así como de la misma década de oro de 1970) era el mediopunta Nicolae Dobrin, considerado el más talentoso rumano de esa época, probablemente el más grande jugador de esa nacionalidad antes de la aparición de Gheorghe Hagi.

Tal es así que el mismísimo Real Madrid lo había pretendido unos años antes. Gracias al campeonato rumano ganado en 1972, el Arges había ingresado en la Copa de Europa 1972-73. Allí, tras superar la primera ronda, el equipo de Pitesti había pescado en octavos de final al Real Madrid. Una serie en la que el conjunto rumano acarició el sueño de dar el gran batacazo: en el partido de ida en Rumania, de hecho, el Arges había clamorosamente ganado por 2-1 con los tantos del propio Dobrin de penal y Prepurgel, quien había puesto las cifras definitivas; en el retorno en Madrid, sin embargo, el Real había dado vuelta a la serie con un triunfo por 3-1 y Carlos Alberto Santillana con un gol al minuto 87 evitó la disputa del tiempo suplementario. Durante la eliminatoria, el histórico mandatario madridista Santiago Bernabéu quedaría tan deslumbrado por las jugadas y la habilidad técnica de Nicolae Dobrin, en ese entonces de 25 años, que el presidente del Real de inmediato quiso abrir una negociación para traerlo a Madrid. Una oferta de 2 millones de dólares era una propuesta imposible de rechazar a principios de los años 1970, más todavía para el club de una ciudad de un país del Bloque Oriental. Sin embargo fue el presidente rumano Nicolae Ceausescu en persona quien bajó el pulgar al traspaso de Dobrin al

Real Madrid: el talentoso futbolista había sido declarado por "patrimonio de la patria socialista" y, por ello, intransferible fronteras afuera. Pese a la grandísima ocasión perdida, Nicolae Dobrin no había por eso dejado de ponerle el mayor compromiso posible defendiendo la camiseta de Arges. Con más de 40 presencias con la selección nacional, Dobrin había encontrado con el público del Estadio 1° de mayo una comunión que pocos otros futbolistas deben de haber experimentado en la historia del fútbol. Presente en el primer equipo de Arges desde 1961 (había debutado a los 14 años), para Dobrin la de 1979-80 era la 19ª temporada consecutiva con la camiseta del club de Pitesti.

UN INVICTO DE LEYENDA

La tanda de encuentros de octavos entre Nottingham Forest y Arges Pitesti arrancó la noche del 24 de octubre de 1979 en el City Ground. Después de 16 minutos prácticamente la suerte del campeón de Rumania ya estaba echada. Primero, al minuto 12, fue Tony Woodcock quien anotó el 1-0 para Nottingham Forest, aprovechando un rebote de la defensa sobre un clásico centro desde la izquierda de John Robertson y enfilando con la zurda a un metro y medio del arco contrario. Transcurrían luego apenas cuatro minutos y al 16 llegó el inmediato 2-0 de Garry Birtles: lanzamiento desde banda derecha de Martin O'Neill, papelón de los defensas rumanos y el joven delantero de Clough, solo frente a la portería contraria, no falló y superó nuevamente al guardameta Christian Gheorghe.

En el complemento, los Arbolitos Traviesos se limitaron a administrar la doble ventaja haciendo valer la mayor talla técnica. Finalmente, al minuto 80, el Arges se quedó sin el defensor lateral Mihai Zamfir, expulsado por doble amarilla.

Victoria mayúscula del Nottingham, que una vez más, tras el encuentro de ida, ya contaba con una seria hipoteca sobre la clasificación a la sucesiva etapa del torneo. Sin embargo, no era todo lo bueno que le brindaba al Forest esa nueva noche europea. El triunfo contra el Arges significaba el 12° partido consecutivo sin perder en Copa de Europa, uno más de los 11 del Real Madrid de Di Stefano y Gento entre 1957 y 1958; mismo número de encuentros del invicto del Inter de Milán de Herrera entre 1964 y 1965, y dos escalones por debajo del récord del Ajax de Cruyff, cuyos partidos consecutivos sin derrotas en Copa de Europa entre 1971 y 1973 habían llegado a 14.

***

El Nottingham Forest no tardaría más de dos semanas en dejar a sus espaldas al Inter de la década de 1960 y acercarse un paso más a la marca del Ajax.

El 7 de noviembre 1979, el Garibaldi volvió a superar al Arges Pitesti, esta vez en campo contrario. Como en la ida, también en ese encuentro de revancha el Forest resolvió el trámite en el primer cuarto de juego con un arranque demoledor. Al minuto 5 fue Ian Bowyer quien, con su tercer gol en el torneo, quebró el cero del tanteador, gracias a un remate cercano sobre un córner de Robertson mal controlado por la zaga rival. Luego al 23, sobre un centro bajo de Woodcock, fue una vez más Garry Birtles que puso el grito para guardar definitivamente en caja fuerte la calificación hacia cuartos de final. Para el delantero y excarpintero era aquel el segundo gol en la Copa de Europa 1979-80, pero también su 8° absoluto en 13 partidos en la máxima competición continental, considerando los seis anotados en la edición 1978-79: realmente asombroso para un joven que hasta un año antes emplazaba baldosas y azulejos en departamentos.

Al comienzo del segundo tiempo ingresó Gary Mills, el más joven campeón de Europa de la historia. La particularidad de esta última sustitución es el motivo por el que el sustituido John O'Hare abandonó la cancha: estaba todavía en plena resaca. Según contó en una nota al diario The Guardian, la noche anterior al encuentro, creyendo que no sería incluido en la formación inicial, había exagerado un poco con la cerveza, llegando a tomar hasta seis pintas. Por eso durante el entretiempo en un momento había resuelto fingir un desgarro e ir a tomarse un descanso.

***

Con su primera visita al otro lado de la Cortina de Hierro, el Forest terminaba de instalarse en la leyenda de las copas europeas: 13 partidos consecutivos sin perder, con nueve victorias y cuatro empates.

Para el Arges de Nicolae Dobrin era el adiós al gran fútbol continental. Sus principales figuras partían hacia la capital Bucuresti para engrosar las filas de Rapid y Steaua, que dominarían los años 1980 en Rumania, con incluso algunos éxitos europeos. El pequeño club de Pitesti, en cambio, seguiría jugando con su viejo capitán hasta 1983. Dobrin dejaría el fútbol ese año. En su carrera de DT ha conducido al Arges en cuatro diferentes etapas entre 1983 y 2001, llevando a los violetas a jugar la Copa UEFA 1998-99, única participación internacional desde la Copa de Europa 1979-80. Nicolae Dobrin falleció en el 2007 a los 60 años: la vieja cancha del Arges ya llevaba su nombre desde 2003. En cuanto al Arges Pitesti, el club ha quebrado en 2013. Ese mismo año un grupo de fieles hinchas ha decidido constituir una nueva institución sobre las cenizas del viejo Arges, llamando al equipo FC

Arges 1953. Mientras se escribía este libro, el nuevo conjunto de Pitesti disputaba la cuarta división regional del fútbol rumano.

OCHO PARA LA VICTORIA

El Nottingham Forest confirmaba su presencia entre las mejores ocho de Europa y podía mirar con gran optimismo a la venidera primavera boreal. Además del equipo de Clough lograban el pase a cuartos de final Ajax, Celtic, Dynamo Berlín, Estrasburgo, Hajduk Split, Hamburgo y Real Madrid.

Las dos series más apasionantes de los octavos de final habían sido la llave en la que el Real Madrid había noqueado al Porto y la eliminatoria en la cual Hamburgo había dejado en el camino a Dinamo Tbilisi.

El clásico ibérico entre Real y Porto exaltaba la importancia de la nueva adquisición del club merengue, Laurie Cunningham. El inglés, en el partido de ida en Portugal, selló el marcador al minuto 52 con el importantísimo gol del descuento, para el 2-1 final favorable a los Dragones. En el partido de revancha del Bernabéu, Cunningham, al minuto 71, botó el tiro de esquina sobre el cual Gregorio Goyo Benito encontró de un cabezazo el definitivo 1-0 que entregó al Real Madrid partido y eliminatoria, estirando el sueño madridista de coronarse campeón frente a su público.

El mano a mano entre Hamburgo y Dinamo Tbilisi arrancó en Alemania Occidental, con el verdugo de Liverpool en ventaja gracias a un gol de David Kipiani. El local reaccionó y dio vuelta a la justa con las conquistas de Kaltz, Keegan y Hartwig para el 3-1 final. En la vuelta en Georgia esta vez los soviéticos no pudieron frente a un conjunto hamburgués prolijo y prolífico: tras la ventaja de Dinamo con Gutsaev al minuto 5, los tantos de Keegan y Hrubesch pusieron en una bóveda la clasificación de los campeones alemanes. El encuentro entregó aún grandes emociones: primero, con el empate del local, merced a un nuevo gol de Kipiani, y a continuación con el definitivo 3-2 para Hamburgo anotado por Buljan.

***

El Nottingham Forest de Brian Clough despedía un 1979 extraordinario: segunda Copa de Liga consecutiva, el triunfo en Copa de Europa, un segundo puesto en el torneo local 78-79 con 60 puntos y una clasificación a cuartos de final de la nueva Copa de Europa eran resultados que confirmaban que ese Nottingham Forest era una máquina que fabricaba sueños y que de ella brotaba constantemente magia. El campeonato entre noviembre y diciembre se le había escapado desde las manos a Clough y a su asistente Peter Taylor. Pero ellos estaban seguros de que para el Forest el 1980

guardaba aún grandes sorpresas. Se venían para el Nottingham otros meses de grandes victorias y vueltas olímpicas.

LA SUPERCOPA UEFA

La Unión Soviética invadía Afganistán y el mundo occidental hacía frente común boicoteando los Juegos Olímpicos de Moscú y embargando las importaciones de trigo desde la URSS. Ronald Reagan era electo como el 40° presidente de los Estados Unidos, en tanto que en Gran Bretaña la primer ministro Margaret Thatcher consolidaba sus políticas de austeridad con medidas siempre más apremiantes sobre los salarios del sector minero. La reacción de los trabajadores era feroz. Desde el 2 de enero hasta mediados de abril una huelga sin antecedentes en la posguerra paralizaba al sector, reportando daños significativos a la producción: 8,8 millones de horas de trabajo se veían desplomadas en una movida que involucraba a más de 100 mil obreros en un nuevo Invierno del descontento. Era en esta atmósfera de renovada Guerra Fría a nivel global y de ulterior movilización obrera en Inglaterra que el Nottingham Forest se presentaba a la cita en 1980.

Antes de emprender nuevamente el camino de defensa de la Copa de Europa, al equipo de Brian Clough le esperaba la cita con la Supercopa UEFA, en ese entonces denominada Supercompetition. Un trofeo que años más tarde sería entregado a finales de agosto en partido único, pero que en sus primeros 25 años de vida (1973-1998) se disputaba en el corazón de la temporada, entre diciembre y febrero, con partidos de ida y vuelta en la cancha de los dos clubes. De un lado, el campeón de la Copa de Europa; del otro, el vencedor de la Recopa Europea. Ésta fue una competición disputada entre 1960-61 y 1998-99 en la cual participaban los clubes ganadores de las respectivas copas nacionales o, en su defecto, los subcampeones de aquellas (no es un hecho infrecuente que un club consiguiera el doblete doméstico campeonato-copa, lo cual en esa época obligaba a entregar el cupo para la Recopa al subcampeón de la copa nacional). La temporada 1978/79 había visto en esta manifestación el triunfo del FC Barcelona. El club azulgrana, bajo el mando de Joaquim Rifé, había conquistado el trofeo superando en una apasionante definición al Fortuna Düsseldorf de Alemania Occidental, con un 4-3 luego de la prórroga. No era el gran Barça que se había visto en los 1960, tampoco por supuesto el de Cruyff en los 1990 ni el de Lionel Messi que apilaría títulos. Aun así, para el Nottingham el desafío representaba una chance más de hacer historia.

El Barcelona estaba viviendo una larga época de transición. Su último triunfo en la Liga había llegado en la temporada 1973-74, cuando con Johan

Cruyff en el terreno de juego y Rinus Michels como conductor, el equipo culé había roto una sequía de 14 años sin ganar el campeonato español.

A principio de la década de 1980, el club catalán estaba a mitad de camino de una nueva era sin torneos locales en su cosecha: recién en 1985 -luego de otra hambruna de once años-, el Barça volvería a triunfar en la Liga. Tras el título conquistado de la mano de Cruyff y Michels, desde 1974-75 hasta 1978-79, el Barcelona en cinco temporadas había llegado tres veces segundo, una vez tercero y en la última campaña de la victoria de la Recopa hasta había finalizado en el 5° puesto.

Johan Cruyff había abandonado la institución en 1978; el otro gran holandés, Johannes Neeskens, justo después del triunfo en la Recopa de 1979. Pero estas bajas habían sido asimismo suplantadas por nuevas y muy importantes incorporaciones: en el verano boreal de 1978 había llegado el centrodelantero austríaco Hans Krankl, procedente de Rapid Vienna y de brillante desempeño en el Mundial argentino con su selección; luego en 1979, el Barça acababa de sumar desde Borussia Mönchengladbach a Allan Simonsen, delantero danés, Balón de Oro 1977. A ellos se agregaban brillantes jugadores salidos de la cantera como Juan Manuel Asensi, así como los argentinos Juan Carlos Heredia y Rafael Zuviría.

***

En la temporada 1978-79, Krankl se había revelado como la figura indiscutida, anotando 36 goles en 40 partidos entre todas las competiciones: la frutilla del postre fue el cuarto tanto del Barcelona en la gran final de la Recopa. Pero la llegada de Simonsen había desdibujado los equilibrios de la delantera, de la cual Krankl se sentía el líder por lo hecho en la campaña anterior. Su incomodidad frente a la presencia de un as de espadas como Simonsen, la tensión que ello generaba en el vestuario y la merma que finalmente traía a la armonía del plantel estaban entre los principales ingredientes que habían generado la crisis por la que el Barcelona estaba pasando en ese 1979-80. El Barça había cerrado el año solar 1979 en 11ª posición, con ya siete derrotas acumuladas. Krankl, molesto por la inesperada competencia, había sido cedido a préstamo en su patria, al First Vienna, y para sustituirlo el Barcelona había decidido buscar al otro lado del océano.

Desde el Vasco da Gama de Brasil llegaba por una cifra alrededor de 800 mil dólares Carlos Roberto de Oliveira, para todos Roberto Dinamite, así apodado por la potencia de sus remates. Dinamite, autor de tres goles en el Mundial argentino, debutó con el Barça el 20 de enero contra Almería, anotando ambos tantos en el triunfo por 2-0.

UNA NOCHE DE HÉROE: LA EXTRAÑA HISTORIA DE CHARLIE GEORGE

Era este el Barcelona con que debía verse la cara con el Nottingham Forest de Brian Clough en la sexta edición de la Supercopa UEFA. Un equipo culé, en crisis de resultados por cierto, pero como de tradición, dotado de talento y grandes futbolistas.

El miércoles 30 de enero de 1980, el City Ground de Nottingham recibía a Forest y Barcelona para el primer capítulo del súper desafío, en una noche fría y con una cancha bien embarrada por las lluvias de los últimos días, incluyendo al chaparrón de esa misma mañana. Frente al no nutridísimo público de 23 mil espectadores y a las órdenes del árbitro de Alemania Oriental Adolf Prokop (hablaremos de él nuevamente), el equipo de Clough saltaba al recinto con la camiseta suplente de las grandes ocasiones, la amarilla con bordes azules, en tanto que el Barça vestía su clásica casaca con bastones verticales azulgrana.

El equipo catalán presentaba estos once: 1. Artola; 2. Zuviría, 3. Migueli, 4. Olmo, 5. Serrat, 6. Costas, 7. Simonsen, 8. Lándaburu, 9. Roberto Dinamite, 10. Asensi, 11. Rubio.

Brian Clough, quien podía contar nuevamente con Trevor Francis -de regreso desde los Estados Unidos-, dejaba fuera por precaución al capitán McGovern y se encomendaba a esta oncena: 1. Shilton; 2. Anderson, 3. Gray, 4. O'Neill, 5. Lloyd, 6. Burns, 7. Bowles, 8. Francis, 9. Birtles, 10. George 11. Robertson.

El 10 de Nottingham Forest para ese primer partido era toda una sorpresa: Charles Frederick George, o simplemente Charlie.

"Si agarras a Charlie y lo exprimes, suelta Arsenal desde todos sus poros", escribiría años más tarde Nick Hornby, hincha de Arsenal y autor, entre otras, de la novela Fiebre en las gradas (Fever Pitch, por su título original).

Efectivamente George, muchacho nacido en la periferia de Londres en el año 1950, desde siempre había sido fanático de Arsenal, club al que seguía desde que tenía cinco años y en el que después terminó formándose como futbolista, haciendo su debut profesional en Primera División en el verano de 1968. Pelo largo, flequillo rebelde, un poco Beatle, un poco hijo de las flores, Charlie George había sido ídolo de Highbury durante siete temporadas (1968-1975) donde en sus vaivenes con el DT Bertie Mee había coleccionado más de 50 goles en todas las competiciones. ¿Qué hacía Charlie George en Nottingham Forest a principios de 1980?

Estaba jugando con un contrato de prueba, uno de esos acuerdos que se estipulan para un mes o dos, donde si el jugador rinde según las expectativas del director técnico, se incorpora de manera definitiva al plantel.

La razón detrás de este trato temporario era que Tony Woodcock ya no era más un jugador del Nottingham Forest: Woodie por 650 mil libras se fue a Colonia, donde lo había querido fuertemente el DT Hennes Weisweiler, impresionado por la actuación del colorado en la doble semifinal de Copa de Europa del año anterior.

Brian Clough, más allá de contar nuevamente con Francis, necesitaba de un sustituto adelante y por ello se había nuevamente encomendado a los consejos de Peter Taylor. Su primer asistente una vez más apostaba con George a otro jugador que rondaba los 30 y que él estaba convencido con poder reciclar, como había ocurrido con Dave McKay en Derby y con Larry Lloyd ahí mismo en Nottingham.

***

Y allí la fortuna dio claras muestras de ponerse nuevamente de su lado: al minuto 9 de esa primera final de Supercopa, Charlie George dominó el esférico cerca del área rival y la tocó a su derecha para que la dominara Trevor Francis. El héroe de Múnich devolvió hacia George un centro preciso sobre el cual el exdelantero de Arsenal cerró la pared con un mayúsculo cabezazo esquinado: la pelota pasó a la izquierda del guardameta Artola y descansaría al fondo de la red. ¡Gol de Charlie George!

Volvía el éxtasis del City Ground. Nottingham Forest 1-Barcelona 0. Un resultado que leído a distancia de años deja un raro sabor, aunque en ese entonces era el Forest el conjunto dominante en Europa y un marcador de ese tipo obedecía a la lógica del momento.

El 1-0 en el tablero no sufriría más alteraciones. Y si no lo hizo fue tanto por mérito del arquero catalán Artola, así como de los dos postes que desviaron los intentos de Trevor Francis, encendidísimo en su primer partido internacional desde la gloriosa final contra Malmö.

El Barcelona había evitado una derrota mucho más severa y como notaba el enviado de Mundo Deportivo, Alberto Sanchis, "los duendecillos del bosque esta vez fueron barcelonistas" ante esa "oleada amarilla" que había desplegado "un fútbol de otra galaxia". En suma, incluso para el periodismo catalán, el 1-0 final le quedaba corto al Nottingham Forest.

Al margen de un desenlace no completamente satisfactorio en su proporción, el ingreso en el equipo de Charlie George a la postre se había revelado triunfal: en su partido número dos con el Garibaldi -su estreno en el City Ground- su primer gol ya había sido decisivo y dejó al Nottingham a tiro de su segunda consagración internacional. Pero, para sellar la victoria,

el Forest tenía que ir a jugar a Barcelona en un infierno poblado por 90 mil gargantas, listas a socavar su ventaja en la serie.

SUPERCAMPEONES

El martes 5 de febrero un Camp Nou colmado de pasión y banderas blaugranas acogía a Barcelona y Nottingham Forest para la segunda parte de una final que se presentaba un tanto anómala en cuanto a tiempos y protagonistas, pero que en definitiva estaba hecha a medida del momento que uno y otro equipo estaban viviendo: tanto el Barça como el Forest no estaban protagonizando campañas exaltantes en sus respectivas ligas y los dos necesitaban un envión anímico de cara a los cuartos de final de Recopa Europea y Copa de Europa, donde españoles e ingleses iban a ingresar de ahí a un mes como respectivos campeones defensores.

En esta ocasión, el Barcelona lucía su casaca suplente, camiseta amarilla con banda transversal azulgrana estilo River Plate; el Nottingham Forest saltaba al campo de juego en su tradicional Red Garibaldi y pantaloncitos blancos.

1. Shilton, 2. Anderson, 3. Gray, 4. McGovern, 5. Lloyd, 6. Burns, 7. Francis, 8. Bowles, 9. Birtles, 10. George, 11. Robertson eran los once presentados por Clough, que para la gran revancha recuperaba a McGovern. Joaquim Rifé presentaba una alineación con pocas variantes respecto a la de ida, con Carrasco y Estella titulares en lugar de Zuviría (suspendido) y Landáburu.

Desde el vamos fue el Barcelona que hizo el partido, obligado por la desventaja global y asimismo por la majestad de un marco local incondicionadamente volcado en su sostén. Allan Simonsen era el que más presencia marcaba en el sector defensivo de un Nottingham Forest que, como escribió Mundo Deportivo, "jugaba a medio gas" o "al gato y al ratón", esperando agazapado que el encuentro decantara en su favor.

El Barcelona sacó provecho de este comienzo y al minuto 25 el árbitro alemán (esta vez occidental) Eschweiler pitó un penal para los catalanes. Combinación de pases entre Rubio y Roberto Dinamite, y el brasileño adivinó un toque desmarcante hacia el área para Simonsen: el danés se internó en el área y Gray lo derribó, aunque sin tanta violencia. Desde los once metros, Roberto Dinamite esta vez amagó el remate potente y acomodó de precisión a la izquierda de Shilton. 1-0 para el Barça y el deprimido Camp Nou de esa temporada volvía a prenderse en llamas.

Pero era ahí que los hombres de Brian Clough volverían a recobrar vigor. Al minuto 38, Kenny Burns protestaba por un empujón a sus daños, que también parecía meritorio de la pena máxima. Era de todos modos la señal de que el Nottingham Forest estaba por lanzar el dardo envenenado. Al minuto 42, el Garibaldi logró un saque de esquina, uno de los apenas cuatro córners conseguidos a lo largo de todo el encuentro. Pero el Nottingham explotó esa rara chance de maravilla. Comba de Robertson desde el banderín izquierdo, mala salida de Artola y el balón, primero, cabeceado por Lloyd hacia el área chica, y acto seguido, Kenny Burns, también de cabeza, terminó alojando el esférico en la portería desguarnecida. ¡Yes!

El 1-1 inclinaba ya la serie en favor de los hombres de Clough. Para llevarse el triunfo ahora el Barcelona estaba obligado a ganar 3-1 y el gol sufrido a minutos del descanso era un balde de agua helada.

***

A comienzo del complemento, el Nottingham Forest tenía la posibilidad de cerrar definitivamente la contienda, cuando al minuto 48 el colegiado Eschweiler, esta vez sí, le adjudicó al Rojo de East Midlands un penal por falta de Olmo sobre Bowles. Pero Artola volvió a lucir los guantes del City Ground y tirándose a su derecha adivinó la intención de Robertson, protagonista esa noche de un rarísimo yerro desde los doce pasos. Era la última ilusión que el Barcelona tenía de permanecer en la carrera para el pergamino continental. El local se lanzó desesperado al ataque: Simonsen al 68, al 71 y al 78 intentó repetidamente ganar la resistencia de Shilton, pero el arquero inglés una y otra vez hizo gala de las artes de custodio impecable de su portería, destrozando los gritos de gol que las gargantas catalanas estaban listas a entonar. Más bien era una pañuelada la que acompañaba el final del encuentro, con los hinchas barcelonistas agitando sus blancos trapos para manifestar su disconformidad por una campaña que ya lucía los semblantes del fracaso.

El triple silbato final era otra apoteosis para un Nottingham Forest que al compás no ya de los años, sino de los meses, tenía que hacer espacio en su vitrina para acoger nuevos trofeos. 997 días habían transcurrido de su ascenso a Primera, conocido en ese abrazo del alma en el aeropuerto de Palma de Mallorca. Ahora, a poco más de 200 kilómetros al norte, en Barcelona, el Forest conquistaba con la Supercopa UEFA el sexto triunfo desde su retorno en la máxima categoría, lo cual marcaba un ritmo de un trofeo conquistado cada seis meses. Una racha sensacional para un club que en 112 años de historia había conseguido apenas dos FA Cup.

Gracias a este logro, el Nottingham Forest se ha convertido en el único club en dar una vuelta olímpica internacional en el Camp Nou delante del Barcelona. Para Charlie George se trató ya de la despedida. Finalmente, de acuerdo con Clough y la dirigencia, el atacante no prolongaría su estadía en Nottingham, de donde volvería a Southampton. Cuatro presencias y un solo gol. Pero, así y todo, fue el gol que le permitió conquistar su único laurel

internacional oficial. Su carrera continuaría hasta 1983 entre Southampton, el misterioso Bulova de Hong Kong, una rápida vuelta a Derby y dos fallidas aventuras con Dundee United de Escocia y Coventry.

***

John McGovern recibió de las manos de Artemio Franchi la placa de la Supercompetition con la cual el equipo dio la vuelta olímpica. Eran solo aplausos los que el Camp Nou tributaba a los hombres de Clough. El sábado siguiente llegaría el Real Madrid en Cataluña y con doblete de Cunningham terminaría de hundir a un Barça que finalmente cerrará una de las peores temporadas de su historia, sin ningún título en su nombre. La estrella de Roberto Dinamite diluiría cada día más su luminosidad, hasta apagarse de forma anónima. Finalizará de ahí a unas semanas su aventura en Barcelona con apenas tres goles en 14 presencias, antes de un pronto regreso a su Brasil natal. Adeus, saudade.

***

John McGovern y sus compañeros salieron de la cancha ya en horas de la madrugada. A aguardarlos fuera del Camp Nou, un remolino de hinchas del Barcelona: "Pensé que estaba por pasar algo feo", contó en una nota al diario The Guardian el entonces capitán del Nottingham Forest. "Esos hinchas no parecían dispuestos a algo bueno, pero a medida que nuestro micro se alejaba del garaje del estadio hacia las calles de Barcelona entendimos que éramos el equipo europeo del momento: los aficionados locales, lejos de insultarnos o lanzarnos objetos, no paraban de aplaudirnos y alentarnos. Una imagen inolvidable", agregó.

En la fría madrugada de Barcelona, transitando por las ramblas, el Nottingham Forest de Brian Clough disfrutaba de ese perfume de España tan familiar ya entre sus jugadores. Madrid y el estadio Bernabéu, sede de la gran final de la Copa de Europa, quedaban a algo más de 600 kilómetros. Sin embargo, el recorrido para alcanzarlo aún estaba atestado de obstáculos peligrosos: el primero de ellos se encontraba detrás del muro más famoso de la historia.

EL VIAJE AL OTRO LADO DEL MURO

Para los cuartos de final de la Copa de Europa 1979-80, la suerte elegía como rival del Nottingham Forest al Dynamo de Berlín, equipo de la entonces República Democrática de Alemania, o Alemania Oriental.

El Dynamo que le tocaba en suerte al Forest de Clough no era cualquier equipo en la vieja Alemania socialista. Era en buena sustancia el "equipo", es decir, el club que no solo ganaba, sino que era el que tenía que ganar siempre la Oberliga (el máximo campeonato de la difunta RDA) y eso no obedecía meramente a una obligación deportiva, sino a decisiones tomadas en los altos mandos del poder.

Fundado en 1954 por la fusión piloteada de algunos equipos (e inicialmente integrado en la estructura del homónimo club polideportivo), el Dynamo Berlín en el primer cuarto de siglo de su vida no había ganado un solo título, ni en el torneo ni en la copa nacional. Una semifinal de Recopa de Europa en 1972 y tres subcampeonatos en el torneo local no eran exactamente algo que pudiera conformar a la directiva de este club, sobre todo si su presidente respondía al nombre de Erich Mielke y el mismo resultara ser el titular del Ministerium für die Staatssichereit, el Ministerio por la Seguridad del Estado, el poderoso servicio secreto de Alemania Oriental que el mundo entero ha conocido como STASI, uno de los servicios de seguridad más efectivo y represivo que jamás hayan existido en la historia.

LA STASI SALTA A LA CANCHA

El fútbol en la vieja República Democrática de Alemania no era la punta de lanza en el panorama deportivo. El régimen de Berlín Este priorizaba las principales disciplinas olímpicas, como atletismo y natación, de las que podían derivar para el país medallas y prestigio para la patria socialista. Por eso, como se descubrió años más tarde gracias a la desclasificación de numerosos documentos oficiales, el poder político de la RDA impulsó durante al menos un cuarto de siglo un intenso programa de dopaje 'de estado'. ¿Fue el fútbol parte de este diseño? Sí, aunque de manera muy desdeñable comparado a otros deportes. Alemania Oriental sí tuvo muy buenos éxitos con su selección olímpica (un oro, una plateada y dos bronces) así como con sus seleccionados juveniles. Pero su selección mayor apenas se clasificó al Mundial de 1974 y nunca alcanzó la fase final de una Eurocopa.

Los clubes eran expresión de las principales industrias, organizaciones sindicales y aparatos del estado, cada uno maniobrado de acuerdo a los intereses predominantes y a las luchas por el poder que atravesaban el sistema híper burocratizado y corrupto de la entonces Alemania Oriental. El Carl Zeiss Jena era expresión del sindicato del Partido Unificado Alemán (SED); el Dynamo Dresden obedecía a la Volkspolizei, la policía nacional; el Vorwärts representaba al ejército; el Magdeburgo, campeón de la Recopa 1974, a la industria estatal automotriz; el Wismut Karl Marx Stadt era el club de la industria minera.

Los jugadores pasaban de un equipo al otro (y los equipos de una ciudad a otra) según los antojos de éste o aquel dirigente, con todas las consecuencias que este tipo de manejo podía traer a la regularidad de los campeonatos, a partir de los arbitrajes, a menudo arreglados para favorecer al equipo y la facción política dominante.

El del fútbol de la República Democrática de Alemania era un panorama avasallado a las tramas de poder que azotaban su estructura estatal. Erich Mielke y su poderosa STASI al final de la década de 1970 habían decidido que para el Dynamo Berlín había llegado la hora de la toma del poder futbolístico.

Finalizado el torneo de 1977-78, Mielke en persona se había presentado en el vestuario de los jugadores del Dynamo Dresden, flamante campeón de la Oberliga, para entregarles el siguiente mensaje: "Compañeros, a nombre de todo el partido y del Ministerio de Seguridad los quiero felicitar por esta nueva conquista. Sin embargo, también es mi deber informarles que a partir del año que viene le tocará al Dynamo de Berlín ser el campeón".

Una vez llegados a la cumbre con el triunfo en el campeonato 1978-79, el Dynamo Berlín y su directiva no estarían más dispuestos a resignar y compartir su hegemonía: desde 1978 hasta 1988 el equipo de la STASI se adjudicará por diez ediciones consecutivas la Oberliga, gracias a toda clase de manipulaciones, desde la sencilla corrupción e intimidación a los árbitros a la incorporación forzosa en el club de todos los mejores jugadores del país.

Se podría decir que la dictadura que el Dynamo Berlín instauraba sobre el campeonato fuese el precio que el gobierno de Alemania Oriental pagaba a Erich Mielke por el formidable aparato de espionaje que la STASI había armado alrededor del fútbol nacional. En 1966 Mielke había establecido que los equipos de fútbol de la RDA se independizaran de las grandes instituciones polideportivas y que fueran nucleados bajo la supervisión del Ministerio de Deportes.

Con la cúpula del estado en su control, los clubes de fútbol de Alemania Oriental no solamente pasaron a ser manipulados más ágilmente, sino que se convirtieron en verdaderos almacenes de espías, que a su vez establecían conexiones con otras redes de espionaje interno, formando así un complejo entramado de colaboradores que llegó a contar con más de 90 mil empleados y más de 300 mil informantes: entre ellos, el árbitro Adolf Prokop (nombre en código Gustav), el que había pitado Nottingham Forest-Barcelona de Supercopa UEFA en el City Ground al comienzo de ese 1980; otro colegiado de punta de la federación, Rudi Glöckner (alias Hans Meyer), quien arbitró la final del Mundial México 70 Brasil-Italia; además de miles de futbolistas, entre ellos el futuro técnico trotamundos Bernd Stange (nombre en clave Kurt Wegener). No sorprende entonces que el Dynamo Berlín fuera el club más odiado de todo el país, a partir del principio de su era de gloria, comenzada en 1978-79, con el entrenador Jurgen Bogs al mando del equipo. Un conjunto destinado a socavar el propio destino del fútbol de la RDA y, quizás, también a dar una pequeña y paradójica contribución para derribar ese estado socialista que le permitiría competir sin rivales durante una década.

CAMINANDO SOBRE LA CORNISA

A un mes del triunfo en la Supercopa UEFA, el miércoles 5 de marzo de 1980 el Nottingham Forest volvía a desandar su camino europeo, recibiendo en el City Ground a Dynamo Berlín para el primer acto de los cuartos de final de la Copa de Europa. Para el equipo de Clough se trataba de un partido casi definitivo para las ambiciones de la temporada: tras perder en Bolton el sábado 1°, el Forest, en el 7° puesto, estaba momentáneamente fuera de las posiciones útiles para clasificarse a las copas europeas. Apartado de la carrera para el campeonato y de la FA Cup, la Copa de Europa y la Copa de Liga representaban los últimos recursos para salvar la temporada.

El equipo de Berlín Este se presentaba en Nottingham invicto, habiendo eliminado primero a los polacos de Ruch Chorzow y a continuación, en octavos, a los suizos de Servette, quedando en la competencia como único club procedente de un país del Pacto de Varsovia.

Clough debía renunciar a Viv Anderson en defensa y a Ian Bowyer en el mediocampo y apostaba en estos once hombres, que saltaban a la cancha con la famosa casaca suplente de color amarillo: 1. Shilton; 2. Gunn, 3. Gray, 4. McGovern, 5. Lloyd, 6. Burns, 7. O'Neill, 8. Bowles, 9. Birtles, 10. Francis, 11. Robertson. Un 4-4-2 elástico que con el adelantamiento de John Robertson sobre la línea de los atacantes se transformaba en 4-3-3.

El Dynamo respondía en su camiseta color vinotinto con un 4-3-1-2, donde los delanteros Riediger y Netz eran acompañados por el enganche Hartmut Pelka, con el capitán Frank Terletzki ordenando la maniobra desde el sector central.

El campeón de Alemania Oriental, al margen de toda consideración inherente al favoritismo que le entregaba el sistema político/futbolístico de su país, demostraba una gran propiedad de los medios técnicos, que lo hacía meritorio de su presencia en esa instancia del certamen.

Al minuto 27, Wolf Rüdiger Netz amagó un adelanto de Kenny Burns, quien terminó derribando al piso el adversario, recibiendo por ello una tarjeta amarilla. Sería la única de todo el encuentro para el Nottingham

Forest, pero aun así esa jugada señalaba la dificultad con la que chocaba el equipo inglés.

En los últimos diez minutos del primer tiempo, el Nottingham Forest arrinconó al Dynamo con su maniobra envolvente, pero salvo un lindo remate de Robertson al cruce de los palos, todas las restantes jugadas vieron al conjunto local tirar centros al área alemana, sin que nadie terminase de disparar hacia el arco de Rudwaleit.

***

En la etapa final la tendencia no varió. El Nottingham Forest continuó sus martilleantes ataques al área del Dynamo Berlín, pero siempre faltaba el hombre que cuando la pelota llovía en el área chica empujase el esférico hacia la meta. Parecía un partido que de un momento a otro podría brindar un único desenlace, el del gol del triunfo del Forest. Pero por desgracia del Nottingham, de Clough y de los 30 mil que los acompañaban en esa noche de fin de invierno, el marcador al minuto 63 se le ponía en contra al Garibaldi. El número 10 de Dynamo, Hartmut Pelka, envió un largo pelotazo para Terletzki. El capitán alemán enfrentó a Gunn a la altura del vértice del área y tiró un centro hacia el segundo palo, donde listo a la cita estaba el goleador Riediger: doble amague sobre O'Neill y Burns y el 9 berlinés con un firme zurdazo la esquinó a la derecha de Shilton. Nottingham Forest 0-Dynamo Berlín 1.

Caía un ensordecedor silencio sobre el City Ground. Era desde el 11 de abril de 1979, desde el gol de Van Gool de Colonia en la ida de la semifinal de la anterior Copa de Europa, que el público del estadio de West Bridgdford no experimentaba el sinsabor de ver a su cuadro superado en el marcador en un partido internacional.

Y podría haber sido peor todavía. El Forest, como era de esperarse, reaccionó e inclinó la cancha en su favor: Bowles, Francis y Birtles coleccionaron cada uno una chance para empatar. Pero era el Dynamo Berlín el que estaba más cerca de anotar el 2-0. Al 85, nuevamente el artillero Hans Jürgen Riediger quedó mano a mano con Shilton, con el arquero que se reveló una vez más providencial con su salida baja.

No había para más. El Nottingham Forest perdía su primer partido en Copa de Europa. Exultaba el Dynamo Berlín, que con el triunfo acariciaba el sueño de convertirse en el primer club de Alemania Oriental en clasificarse a una semifinal de la máxima competición europea.

Se detenía en 13 partidos consecutivos el invicto de Nottingham Forest en la competencia mayor: el Ajax conservaba el récord de 14 encuentros seguidos sin perder, establecido entre 1971 y 1973.

Pero con la primera derrota internacional no solamente se desvanecía la posibilidad de igualar una marca tan grande de la historia futbolística europea, sino que existía la viva impresión entre los hinchas que abandonaban el City Ground que esa era la caída del imperio.

EN EL CORAZÓN DE LA GUERRA FRÍA

El Nottingham Forest llegó a un punto crítico de los gloriosos años de su edad de oro. Derrotado por Dynamo Berlín en la ida de los cuartos de final de Copa de Europa, el Rojo de East Midlands, el 15 de marzo de 1980, también perdía 1-0 la final de la Copa de Liga frente a Wolverhampton Wanderers, que luego de haber abierto el camino a Clough en la conquista del título de 1972 con Derby y el fundamental ascenso de 1977 con Nottingham, cobraba con el DT del Forest los intereses de los favores pasados.

El Nottingham Forest terminaba así una serie invicta de 25 partidos en la Copa de Liga. Además del trofeo, el Garibaldi perdía también la chance de ser el primer cuadro en triunfar por tres años seguidos en la competición. Ahora sí, la Copa de Europa se transformaba en el último asidero al que aferrarse. Todo indicaba a esa altura que el campeonato ya no brindaría chances de acceder a las competiciones europeas. La única sería defendiendo victoriosamente el torneo más importante del Viejo Continente.

***

Era con esta congoja deportiva que el Nottingham Forest de Brian Clough se disponía a visitar Berlín Este, la capital de Alemania Oriental. Berlín era entonces aún la ciudad de los dos mundos: el capitalista al oeste, y el socialista al este. Repartida en cuatro áreas de influencia al final de la Segunda Guerra Mundial, la vieja capital alemana quedó luego dividida en dos a partir de 1948, a raíz de la falta de acuerdos entre las superpotencias sobre el estatus y futuro de Alemania, a su vez dividida en dos estados a partir de 1949. Berlín experimentaba en consecuencia una situación sumamente particular: su área metropolitana se hallaba dentro del territorio de la República Democrática de Alemania, en la órbita geopolítica de la Unión Soviética. Pero la parte occidental de la ciudad (aquella correspondiente a los viejos sectores norteamericano, británico y francés) estaba bajo la soberanía de la República Federal de Alemania, la Alemania Occidental.

Berlín Oeste era en ese sentido un enclave de la RFA en territorio oriental. Por esta razón, pasarse del este al oeste de la ciudad se había convertido desde los primerísimos años de la división en la forma más directa y sencilla para varios habitantes de Alemania Oriental de huir hacia la otra Alemania.

Entre 1948 y 1961 la división de Berlín se había concretado con el uso de caballos de frisia, vallas y alambrado. El grueso de los 2,5 millones de alemanes que pasaron de la RDA a la RFA en ese período, lo hizo transitando clandestinamente desde los sectores orientales hacia los occidentales de la antigua capital. Para erradicar el fenómeno de la fuga hacia occidente, el 13 de agosto 1961 el presidente de la República Democrática de Alemania, Walter Ullbricht, ordenó la construcción de un muro, que para maquillar sus reales finalidades fue oficialmente denominado Barrera de protección antifascista. Sin embargo, esa construcción, con sus 155 kilómetros de largo, devendría para todo el mundo en el Muro de Berlín, el emblema mismo de la Cortina de Hierro que partiría en dos a Europa hasta 1989.

***

El Nottingham Forest desembarcaba en una Berlín Este que había decididamente abandonado los modales de la Ostpolitik y que respiraba a pleno los vientos de Guerra Fría que los eventos internacionales habían restablecido en las relaciones este-oeste. Baterías de cañones antiaéreos soviéticas dominaban el panorama alrededor de la pista del aeropuerto de Schönefeld.

John Robertson, muy poco avivado en torno del renovado clima de tensión entre los bloques, había tenido la brillante idea de ahondar sobre la historia contemporánea de Alemania trayendo consigo desde Inglaterra un libro sobre la historia de la era nazi, con una cruz esvástica roja bien impresa sobre la tapa. No era de sorprenderse que las autoridades aduaneras de Alemania Oriental lo interrogaran durante media hora y terminaran secuestrándole el texto.

***

La cancha de Dynamo Berlín era entonces (y sigue siendo al cierre de esta publicación) el Friedrich Ludwig Jahn Sportpark, un centro de alto rendimiento deportivo construido por la RDA debido a que el Olympiapark, el parque olímpico de Berlín 1936 con anexo el Olympiastadion, había quedado en el oeste de la ciudad (allí se jugaron partidos del Mundial de Alemania Occidental 1974).

Como recordó al autor de este libro Alan Smith, hincha que siguió al equipo para el partido, "había algunos jóvenes de nacionalidad alemana que nos acompañaban a la cancha, vestidos como aficionados de fútbol. Ellos se presentaban como hinchas de otros equipos que venían a sostener al Forest, pero daban fuertemente la impresión de ser agentes de STASI infiltrados para vigilar nuestros movimientos. Una vez que tomamos el micro para volver hacia Alemania Occidental, nos pararon al menos tres veces para averiguar si entre el equipaje no había alguien que intentara aprovechar de nuestro viaje para pasarse al oeste".

Ubicado en Prenzlauer Berg, en el distrito de Pankow, donde tenía su sede el gobierno de Alemania Oriental, el campo de juego de Dynamo Berlín estaba cercado por una pista de atletismo, unas tribunas con un aforo de cerca de 30 mil espectadores (20 mil sentados) y a espaldas de la principal grada... el Muro de Berlín.

TRES GOLPES DE PICO EN EL MURO

Berlín Este, miércoles 19 de marzo de 1980. Una fecha que en el hemisferio boreal se ubica a dos días del comienzo astronómico de la primavera. Sin embargo, la noche al lado del Muro estaba helada, con una temperatura ligeramente debajo del cero, incluso demasiado fría para que nieve.

Como escribió el reportero Duncan Hamilton en su libro Provided you don't kiss me "hacía tanto frío en Berlín Este esa noche que me puse cuatro sweaters encima, una gorra de invierno, los guantes y la bufanda, y aun así estaba convencido de que para el final del primer tiempo moriría de hipotermia".

El puntapié del partido estaba de hecho oportunamente previsto para las 18, cuando aún las temperaturas no habían alcanzado el punto más álgido. Así y todo, los jugadores del Nottingham Forest empezaron la entrada en calor sin estar particularmente abrigados, vistiendo exclusivamente sus clásicas camisetas Rojo Garibaldi; los locales, por lo contrario, realizaban sus ejercicios precompetitivos con guantes y calzas invernales. Los vestuarios del Ludwig Jahn Sportpark se encontraban cerca de una playa de estacionamiento, en el centro del complejo polideportivo donde estaba emplazada la cancha de fútbol. Para alcanzar el terreno de juego los futbolistas tenían que recorrer cerca de 150 metros. Una distancia donde psicológicamente una gran porción de la victoria podía ser lograda: "Los jugadores del Dynamo Berlín estaban totalmente en el pánico", recordó Peter Taylor en una entrevista. "Cuando los dos equipos estaban caminando rumbo al campo de juego, se notaba en los rostros de los futbolistas alemanes una grandísima ansiedad, mientras los nuestros aparentaban mucha tranquilidad. Si allí cerca hubiese estado una taquilla de apuestas me habría lanzado inmediatamente a jugarme una buena plata sobre nuestra clasificación", añadió.

El primer tiempo dio fe de la sensación de que había tenido Taylor antes del comienzo del juego. En la etapa inicial, un Nottingham Forest privado de Kenny Burns y que recuperaba a Viv Anderson, no se mostraba de ningún modo en apuros, y con tres golpes de pico derribaba el Muro del Dynamo Berlín. El primer golpe lo asestaba Trevor Francis al minuto 15: tiro libre desde círculo central de Larry Lloyd que llovía al área del Dynamo;

Needham saltaba y pivoteaba de cabeza para Francis, quien llegaba a la frontal del área chica y la empujaba de derecha a espalda de Rudwaleit. Serie igualada. Dynamo Berlín 0-Nottingham Forest 1.

Llegaba el minuto 35. O'Neill picaba sobre la derecha para recibir en profundidad. El norirlandés, buscando nuevamente por carril diestro, encontraba con pase filtrado a Trevor Francis cerca del área chica, en posición de extremo derecho. El número 10 del Forest, espaldas al arco, daba media vuelta esquivando la intervención del rival y con la derecha disparaba un violento remate que pegaba en la parte baja del travesaño y rebotaba dentro del arco. Another brick in the wall, como cantaban los Pink Floyd desde unos pocos meses. Otro ladrillo en el muro. Otro ladrillo que venía destrozado. Dynamo Berlín 0-Nottingham Forest 2.

El gol que ponía virtualmente punto final a la serie llegaba unos minutos más tarde, al 39, gracias a un penal por falta sobre John Robertson. El mismo Robertson se presentó desde los once metros y volvió a ser impecable en la ejecución: pelota a la izquierda, Rudwaleit a la derecha y 3-0 en el marcador. Al descanso, el Garibaldi ya tenía guardado en el bolsillo el pasaje para la semifinal.

Pero Brian Clough, pese a la experiencia internacional acumulada por sus dirigidos en el último año y medio, no se confiaba y no quería ninguna baja de tensión. Ni bien los jugadores del Forest regresaron al vestuario, el técnico les ordenó a todos de tomar asiento y pidió "que nadie diga una sola palabra". Transcurría así un entero entretiempo en silencio, con jugadores y miembros del cuerpo técnico sentados sin proferir un solo aliento. ¿Un modo de recargarse? ¿De reflexionar? ¿De mantener elevada la concentración? Seguramente una forma original de pasar un descanso luego de un primer tiempo tan chisposo y exaltante cual había sido el del Nottingham Forest esa noche. Una vez más Brian Clough había encontrado la manera adecuada para que sus futbolistas tomaran consciencia de dónde estaban parados, pues él intuía que el equipo local no se entregaría tan fácilmente.

✳✳✳

Tenía toda la razón. Al inicio del segundo tiempo, el Dynamo Berlín consiguió el descuento ya al minuto 4, también gracias a un penal, provocado paradójicamente por infracción de Robertson. El capitán del Dynamo, Frank Terletzki, disparó potente, Shilton llegó a tocarla, pero sin poder desviar el recorrido del balón. El Ludwig Jahn Sportpark volvía a ilusionarse. El cuadro berlinés inclinaba la cancha para intentar el milagro de igualar el pleito, pues solo empatando el Dynamo podía clasificarse. Sobre un tiro libre de Terletzki, el centrodelantero Riediger con un cabezazo estrelló la parte baja del travesaño. Después, ya en los últimos minutos, el Dynamo volvió a rozar el ulterior descuento con Netz, pero el número 11 del conjunto de la RDA en el mano a mano con Shilton la colocó demasiado ancha hacia el segundo palo.

El árbitro pitó el final. Terminaba el invierno más largo y complicado del Nottingham Forest de Brian Clough desde su retorno a Primera División. El equipo de East Midlands por segunda temporada consecutiva estaba entre los mejores cuatro de Europa. El hombre de la noche había sido sin lugar a dudas Trevor Francis, un delantero a quien Alemania le gustaba tanto que quería a las dos: en Múnich -Alemania Occidental- había anotado su primer gol en Copa de Europa en la gran final del año anterior frente a Malmö; en Berlín Este -Alemania Oriental- acababa de anotar con el doblete al Dynamo su segunda y tercera conquista en la máxima manifestación continental, determinantes para estirar el sueño europeo.

Para el Dynamo Berlín, en cambio, el sueño terminaba allí. El equipo de Berlín Este disputará otras nueve ediciones consecutivas de la Copa de Europa: solamente en la temporada 1983-84 volverá a alcanzar los cuartos de final, cayendo eliminado por la Roma de Italia.

Con la caída del Muro de Berlín y la inmediata reunificación de Alemania, el Dynamo logrará la admisión a la tercera división nacional y para distanciarse desde los años de la República Democrática y de la STASI cambiará de nombre en FC Berlín. Sin embargo, a partir de 1999 el club volvió a recuperar su nombre original, aunque no su escudo. La histórica D roja, abandonada durante los primeros años de reunificación, fue una de las víctimas de la economía de mercado: una empresa la registró como marca propia obteniendo sus derechos de explotación, sin que la institución deportiva pudiera rehacerse de ella. En su lugar aparece el oso, emblema de la ciudad. El Dynamo Berlín sigue jugando en la misma cancha, con el mismo color vinotinto, pero al finalizar este trabajo su ubicación en la jerarquía futbolística teutona es aún más baja, jugando el cuadro de la exRDA en la cuarta divisional alemana. Nunca ha participado a la Bundesliga y jamás ha vuelto a disputar las copas europeas.

LOS LANCEROS DE ÁMSTERDAM

Entre el Nottingham Forest y su segunda final consecutiva de Copa de Europa quedaba el obstáculo del Ajax, el equipo holandés que con el Fútbol Total y su máxima estrella, Johan Cruyff, había iluminado el Viejo Continente al comienzo de la década de 1970. El cuadro de Ámsterdam, dirigido entonces por Leo Beenhakker, se presentaba a la penúltima etapa del torneo como la mejor delantera del certamen, gracias a los 30 goles realizados en 6 partidos, con un sensacional promedio de 5 por encuentro.

Una cifra digna del apodo del club, los Lanceros, pues el nombre mismo de la institución se inspira en el personaje de la mitología griega Áyax el Grande, quien aparece en la Ilíada el como segundo guerrero griego más fuerte luego de Aquiles y que solo muere suicidándose, sin jamás ser vencido. Igualmente cabía considerar que los rivales enfrentados en los primeros dos turnos habían sido todo menos que irresistibles, como HJK Helsinki de Finlandia y Omonia Nicosia de Chipre, superados respectivamente con resultados globales de 16-2 y 10-4.

Recién en cuartos de final el Ajax se había medido con un rival temible, pero el Estrasburgo de Francia también se había rendido sin gran honor, finalmente superado con un global de 4-0 (0-0 la ida en Francia, 4-0 para Ajax el retorno en Holanda) en una serie penalizada por la decadente temporada de Carlos Bianchi: el delantero argentino, cinco veces goleador de la Ligue 1, luego de un gran comienzo de campaña, había experimentado una degradación patente de su relación con el técnico Gilbert Gress, quien finalmente descartó al Virrey en ambos encuentros de la llave.

Mas allá de los 30 goles, el Ajax ya no era el equipo grande que hacía apenas unos siete años deslumbraba las plateas europeas. Del ciclo de las tres Copa de Europa consecutivas (1970-71, 1971-72 y 1972-73) solo había quedado Ruud Krol, en tanto que a su alrededor se habían sumado jóvenes procedentes de las formaciones de base y extranjeros recientemente incorporados. Entre estos últimos sobresalía Soren Lerby, danés de 22 años, hasta ese momento goleador de esa Copa de Europa 1979/80 con nueve conquistas (le marcó cinco a Omonia de Chipre en el 10-0).

En el Ajax de Beenhakker, además de Lerby, brillaban el otro danés, el volante central Frank Arnesen, jugador del año en Holanda en 1978; Simon Tahamata, delantero holandés de origen indonesio, en el club desde 1976; Tscheu La Ling, wing holandés de origen chino, llegado a Ámsterdam en 1975.

***

En la otra semifinal se iban a enfrentar el Real Madrid y el Hamburgo. Los alemanes occidentales, con algún que otro escalofrío, habían dejado en la marcha a Hajduk Split de Yugoslavia, gracias a los goles de visitante: 1-0 la victoria de los hamburgueses en la ida en casa; derrota por 3-2 en el partido de revancha en Croacia.

Por su parte, el Madrid había superado con apuros al Celtic Glasgow: 0-2 en la ida en Escocia; triunfo por 3-0 en el segundo juego en el Bernabéu, con los goles de Santillana, Stielike y Juanito. Fue una de las tantas remontadas que caracterizarían esa década en la historia del Real.

Se mantenía intacta la posibilidad de ver al Merengue jugar de local la gran final de la Copa de Europa del jubileo. Para el Nottingham Forest, eventualmente, una perspectiva amedrentadora y fascinante a la vez: desafiar al máximo ganador en su cancha en su segunda posible final. Pero antes había que superar un último escalón.

"¡NOTTINGHAM FOREST, LIMPIA EL PISO CON EL AJAX!"

City Ground, Nottingham, 9 abril de 1980. Era la noche de la segunda semifinal de Nottingham Forest en la Copa de Campeones de Europa. En frente, el Ajax de Leo Beenhakker. Brian Clough una vez más había apostado a una aproximación relajada al partido. El día anterior al encuentro, pues, había concedido una entera jornada libre a sus dirigidos. Esta vez la cita había sido fijada directamente en la cancha dos horas antes del inicio, sin mayores indicaciones.

El City Ground estaba totalmente colmado. Al ingresar desde el túnel al campo de juego los jugadores del Forest, como el año anterior antes del partido contra Colonia, fueron bendecidos cada uno por el osito peluche vestido con camiseta, gorro y bufanda del club que un simpático aficionado de esa época solía presentarles en ese momento.

El Nottingham comenzaba nuevamente en condición de local su segunda semifinal de Copa de Europa vistiendo su clásica camiseta Garibaldi; el Ajax resignaba su clásica blanca con franja ancha y vertical roja, y saltaba al terreno de juego con una casaca suplente de color celeste.

El Forest, justo un mes antes, al ser derrotado por Dynamo Berlín, había desperdiciado la chance de despojar al club de Ámsterdam del récord del más largo invicto en la historia de la competición. Aun así, el equipo de Brian Clough estaba a un paso de devenir el séptimo club a jugar en años consecutivos la gran final de la Copa de Europa.

1. Shilton; 2. Anderson, 3. Gray, 4. McGovern, 5. Lloyd, 6. Burns, 7. O'Neill, 8. Bowles, 9. Birtles, 10. Francis, 11. Robertson fue el once, para cuya elección, Clough había tenido que descartar a Ian Bowyer, en lugar de quien actuaba Stan Bowles.

Beenhakker presentaba una alineación que, salvo al indisponible Arnesen, lucía a todos los demás titulares, con Lerby y Jensen, externos del mediocampo, listos a sumarse al tridente formado por La Ling, Schoenaker y Tahamata.

El partido tenía un solo amo de la cancha. Más allá de la talla histórica, el Ajax, joven e inexperto, quedaba desamparado a la merced de una marea roja que con el andar de los minutos se le hacía a cada rato más ingobernable. Robertson, al minuto 10, con una diagonal de derecha, rozó el caño izquierdo de Schrijevers. Birtles, al 25, con unos amagues enfiló amenazante el área desde la frontal, sin disparar al arco, pero sí aumentando la inseguridad de la defensa holandesa. Y al giro número 33 del reloj del árbitro suizo Daina (más preciso no podría ser) llegó el merecidísimo festejo. Sobre un córner desde la izquierda de John Robertson, Larry Lloyd peinó hacia el primer palo, el defensor Wijnberg repelió el balón sobre la línea, pero Trevor Francis, rapaz, apareció en el área chica para empujar la pelota al fondo de la red.

¡Yes! Nottingham Forest 1-Ajax 0. Para Trevor Francis era el cuarto gol en Copa de Europa, el primero anotado frente a su parcialidad. En el resto del primer tiempo solo había espacio para un cabezazo de Kenny Burns, pero el remate del zaguero escocés era demasiado débil para preocupar a Schrijevers.

En la parte final, el libreto se mantuvo fiel a la tendencia de la primera etapa, con el Nottingham Forest que seguía volcado a la ofensiva, mientras el Ajax, desorientado por la presión y la disciplina táctica de los hombres de Clough, continuaba manifestando su incapacidad de reorganizarse y esbozar alguna acción de peligro. Al minuto 57, Garry Birtles abrió excesivamente la zurda y su diagonal pasó largo de unos metros al palo izquierdo del portero rival. Pero como en el primer tiempo, la ocasión del número 9 se reveló el preludio al segundo canto de la noche.

Minuto 60: Stan Bowles jugó un pelotazo hacia el área del Ajax y Francis a toda velocidad se lanzó en soledad hacia la última línea, tratando de mantener el balón en juego y avanzar hacia el arco holandés. El portero Schrijevers salió mal y terminó abatiéndose sobre el héroe de Múnich. El árbitro Daina no tuvo dudas: penal. Y sin tener tampoco hesitaciones, John Robertson se acercó al disco para ejecutar la pena máxima. Como en Berlín, Robbo envió la pelota para un lado y el arquero se tiró en dirección opuesta. ¡Yes! Nottingham Forest 2-Ajax 0.

En la última media hora hubo dos ocasiones más para Trevor Francis, quien primero disparó excesivamente blando y centrado, y a continuación remató potente pero elevado para anotar un merecido tercero en favor del Nottingham.

El pitazo final de Daina para el 2-0 definitivo del Nottingham Forest entregó al fútbol europeo una victoria apabullante por la superioridad ostentada por el equipo de Clough. El Ajax, que jugaba la quinta semifinal de su historia en el torneo, había quedado sumamente diminuto frente a un Forest que había dictado los ritmos del juego desde el comienzo hasta el final. Habían tenido razón los hinchas locales al exponer antes del inicio del partido una bandera con que decía: "Nottingham Forest wipe the floor with Ajax (Nottingham Forest limpia el piso con el Ajax)", en alusión a la marca de detergentes para pisos que circulaba en ese momento. En efecto, le pasaron el trapo.

* * *

Francis después del gol decisivo en Múnich de la final de 1979 y el doblete en Berlín Este contra el Dynamo, confirmaba con el gol del 1-0 su tremendo valor como hombre de área capaz de desnivelar el partido, pero también -como visto en la ocasión del penal conseguido- se mostraba como alternativa a Robertson para fabricar los espacios favorables a las demás bocas de fuego del ataque.

En la otra semifinal, el primer duelo en el Bernabéu había sido para el Real Madrid, que con el mismo marcador de 2-0 superó al Hamburgo. El doblete de Carlos Santillana parecía abrir el camino al Real para la novena final de su historia, la segunda que jugaría de local luego de la de 1957.

¿Real Madrid-Nottingham Forest sería la final de Copa de Europa en el Bernabéu? Una sugestión de gran fascino para la definición del año jubilar: el mayor ganador histórico de la competición enfrentando en su cancha al campeón defensor del torneo, flamante ingresado en el Olimpo de la gloria. Pero quedaría meramente como una perspectiva de gran atractivo y nada más. Y la culpa de ello no la tendría el Nottingham Forest de Brian Clough.

LUZ ROJA PARA LA FINAL

Tras la desbordante actuación brindada en el partido de ida por los hombres de Clough, casi nada hacía suponer para la eliminatoria entre Nottingham Forest y Ajax un veredicto diverso de la clasificación a la final del equipo inglés. El único elemento que sugería que la serie podría estar aún en vilo era el muy buen rendimiento que históricamente Ajax ostentaba ante su público, donde solo había perdido una vez en 45 partidos internacionales, con una racha de 30 encuentros consecutivos de local sin derrotas en las copas europeas. Claro que una simple victoria con un gol de diferencia (y menos todavía un empate) de nada les serviría a los Lanceros de Ámsterdam para sacarle de las manos al Forest el pasaje para la final de Madrid.

Pese al enorme favoritismo que acompañaba al equipo de Clough, no todos aun creían en el segundo milagro que se estaba gestando. El relator Chris Ashley, de la emisora Radio Trent, seguía desde dos años la campaña

del Nottingham Forest, tanto a nivel local como en los cada vez más frecuentes viajes fuera de Gran Bretaña. Ashley apostó que si el Forest se clasificaba al partido decisivo, él volvería desde Ámsterdam en bici. Bueno, sacando el tránsito en buque por el Mar del Norte, hasta Nottingham son 550 kilómetros. No una infinidad, pero el que los tendría que recorrer se llamaba Chris Ashley, no Mark Cavendish...

***

Relajarse. No hay verbo reflexivo que mejor defina la esencia del éxito del Nottingham Forest. Brian Clough estaba casi obsesionado con el no entrenarse el día anterior de un partido, especialmente de un encuentro importante. El DT oriundo de Middlesbrough era maniático en la búsqueda de cualquier solución para alejar a sus dirigidos de pensamientos relacionados con el compromiso que los esperaba. El umbral del aburrimiento era muy elevado en una persona como Clough y era por esa razón que, según él, en vísperas de un partido clave, siempre se necesitaba de un buen condimento extra, que no fuera la mera reunión en el hotel jugando a las cartas, escuchando música o tomando allí unas cervezas. Por esa razón que en Ámsterdam Clough y Taylor, una vez terminada la cena en el hotel, decidieron llevar a los jugadores a dar un paseo un toque colorido.

De Wallen, ubicado en el centro histórico de Ámsterdam, es una de las zonas rojas más antiguas y célebres del mundo, activa según fuentes históricas ya desde el siglo XIII. Desde la segunda mitad de 1500, casas de apuestas y burdeles clandestinos empezaron a ir de la mano en las estrechas calles que en los orígenes de la ciudad constituyeron los canales colectores del río Amstel, el principal curso de agua que atraviesa a Ámsterdam. Ya bien entrado el siglo XX, De Wallen empezó a poblarse de locales de todo tipo, desde simples bares y restaurantes hasta los coffeshops en los que se puede fumar marihuana y hachís, pasando por los strip clubs, donde atractivas mujeres, despojándose de sus prendas, se exhiben en bailes sensuales. Además, mujeres que venden sus servicios no han dejado de marcar presencia por los diminutos caminos de esta zona céntrica de Ámsterdam: se estima que son más de 300 las vitrinas activas en la zona, a través de las cuales las prostitutas -verdaderas profesionales provistas de una licencia del estado- se muestran iluminadas por una luz roja para atraer a los clientes.

Era en este tipo de atmósfera que Clough y Taylor habían querido que los futbolistas transcurrieran un rato de la noche anterior a la revancha de la semifinal de Copa de Europa. Luego de haber dejado a sus dirigidos dar unas vueltas para echar un vistazo al atractivo entorno, el DT y su asistente condujeron a los jugadores al ingreso de un local de striptease. Ahí en la puerta, Clough se dirigió a Gary Mills, el volante defensivo de 18 años, el más joven campeón de Europa de la historia: "Bueno, muchacho, haga una cosa: toma bolígrafo y papel y vente con toda la información sobre los precios para que todos entremos a este lugar. Si consigues un descuento, mejor, obvio…".

Mills probablemente hubiera esperado durante su precoz trayectoria profesional que Brian Clough le pidiera incluso de probarse en el arco o entrenar durante 10 horas seguidas, pero difícilmente imaginaría que un día su técnico le pediría negociar un descuento para ingresar en un strip club. La finalidad no era en sí ingresar al local, sino la de poner a prueba al joven y a los demás componentes del plantel para que vencieran sus pudores y decidieran todos, juntos, acceder al local. Un equipo es un equipo: si hay que hacer algo, se hace todos juntos, todos deben seguir el mismo camino, incluso en una circunstancia tan fútil y amena como aquella.

Antes de que el conjunto de futbolistas y cuerpo técnico ingresaran para el show, desde la vereda de enfrente llovían algunos agravios e insultos. Unos hinchas de Ajax habían reconocido a algunos de los jugadores, varios encajados en el buzo del club. Brian Clough decidió cruzar la calle e ir a discutir con ellos, diciéndoles que debería darles vergüenza increpar de esa manera, cuando en Nottingham nadie se había atrevido a dirigir a los holandeses esa clase de palabras. Shilton, Lloyd y Burns, los más corpulentos, decidieron ir en auxilio de su entrenador, pero Peter Taylor los frenó: "Detengan sus ardores, muchachos, él sabe lo que hace". Después de unos minutos, la querella terminó con una estrechada de manos entre Clough y los aficionados locales, quienes recapacitaron y se despidieron del DT del Forest. Ahora sí, el show podía empezar. Sin más empachos, el Nottingham Forest ingresó al local y disfrutó de unas cervezas, charlando con turistas en busca de mujeres y echando miradas al escenario. Pasadas las 12, todos a dormir: al fin y al cabo a la noche siguiente había en juego un lugar en la 25ª final de la Copa de Europa.

CON CHAPA DE CAMPEÓN

La noche del 23 abril de 1980 en el estadio Olímpico de Ámsterdam, el Ajax se confirmaba un equipo casi imbatible en su terreno, coleccionando su 45° partido invicto sobre 46 de local en competiciones europeas. Pero el 1-0 final, con el 10° gol de Soren Lerby en el torneo, no les alcanzó a los Lanceros para clasificarse a la final del Bernabéu, donde por lo contrario estaría el Nottingham Forest de Brian Clough.

El Nottingham Forest se mostró un conjunto superior bajo todo punto de vista, con una organización táctica y una cifra estética seguramente más cercana al Ajax de los primeros años 1970 que al propio Ajax de Leo

Beenhakker. El equipo de Clough -en camiseta amarilla- cuando podía atacaba, buscando generar superioridad en campo contrario y no apenas esmerándose en tareas defensivas. La inteligencia y la habilidad en el manejo de la posesión neutralizaban el grueso de las jugadas ofensivas rivales: éstas, más allá de la vehemencia y determinación con las que Ajax las conducía, no contaban con la lucidez y prolijidad necesarias para aventajar a una defensa del Forest atenta y ordenada en la cobertura de los espacios, así como pronta y decidida en la salida en contragolpe.

El gol del Ajax llegó a mitad del complemento en una acción de pelota parada, con un cabezazo de Lerby sobre un córner de La Ling. Sin embargo, en el último cuarto del encuentro, el Nottingham administró sin mayores apuros, aún dueño de la ventaja global y consciente de que un gol en su favor aniquilaría cualquier veleidad contraria.

Con la nueva clasificación, el Nottingham Forest se convirtió en el séptimo club en disputar por al menos dos temporadas consecutivas la final de la Copa de Europa.

Soren Lerby, con su décimo tanto, se aseguraría el título de goleador de la edición 1979-80. El Ajax, por su parte, debería esperar algunos años para volver a imprimir su nombre en el historial de la manifestación. De la mano del DT Louis Van Gaal el triunfo llegaría nuevamente en la Champions League en 1994-95. Pero en 1980, el Nottingham Forest era más y en esos meses nadie parecía poder ponerle punto final a su supremacía. Y a Chris Ashley, el relator de Radio Trent que no creía a la nueva final del Nottingham, no le quedaba otra: pedaleó, pedaleó y pedaleó. Una semana duró su viaje en bicicleta de regreso desde Ámsterdam.

A MADRID SIN EL REAL

Sería finalmente Hamburgo el rival del Nottingham Forest en la gran final de Copa de Europa de 1980 en el estadio Santiago Bernabéu de Madrid. El gran sueño del Real de volver a jugar en su cancha el partido más importante del fútbol europeo (como había ocurrido en 1957) se desvanecía debajo de una lluvia de goles, una de las humillaciones más recordadas en la historia madridista. 5-1 era el marcador final con que el Hamburgo en el Volksparkstadion dio vuelta al 2-0 merengue de la ida y se aseguró por primera vez un lugar en el encuentro decisivo de la copa más importante.

Un penal de Manfred Kaltz al minuto 10 y una palomita de Horst Hrubesch al 17 habían adelantado 2-0 a los Pantaloncitos rojos, en un arranque fulminante. Pero al minuto 31 el Real Madrid parecía haber puesto la eliminatoria nueva e indefectiblemente de su lado con un gol de Cunningham, para el transitorio 2-1.

Sin embargo, el Hamburgo volvió a torcer el rumbo con el 4-1 en su favor la clasificación ya al término de la etapa inicial: primero, con un derechazo esquinado de Kaltz al 40; y a continuación, en el minuto 45, con otro cabezazo de Hrubesch, una verdadera pesadilla para su compatriota Stielike y Vicente Del Bosque, zagueros del Real esa noche.

En el segundo tiempo, el Madrid, con tan solo anotar el descuento, recuperaría la delantera con vistas a la clasificación. Pero terminante, justo al minuto 90, llegaría la última puñalada de la noche, con el quinto gol del Hamburgo firmado por Kaspar Memering. Desde el sueño de la Séptima frente a su público en el año del jubileo de la Copa de Europa, el Real Madrid se encontraba hundido en la peor de las zozobras.

En la siguiente temporada, una posibilidad de desquite quedaría a manos del Madrid, pero el equipo dirigido por Vujadin Boskov se rindió ante el Liverpool en la final jugada en París. Los años de sequía de triunfos en Copa de Europa (desde los catorce que llevaba en 1980) pasarían con el correr de las temporadas a ser 32. Recién en 1998, de hecho, el Real rompería el hechizo, superando en la final de Ámsterdam a la Juventus por 1-0. Sería el comienzo de unas décadas de renovada gloria y prestigio para el club más vencedor del fútbol de España.

Sin embargo, el 28 de mayo de 1980 el Real Madrid dejaría libre el escenario de su templo para una nueva final entre el fútbol de Inglaterra y de Alemania Federal. El pequeño/grande Nottingham Forest se alistaba para sellar su nombre en el reino de la inmortalidad.

A MADRID SIN FRANCIS

Diez días después de clasificarse a su segunda final seguida de Copa de Europa, el Nottingham Forest recibía una muy mala noticia: Trevor Francis -autor del decisivo gol en el título más importante- no jugaría la final de Madrid. El 3 de mayo de 1980 se desgarró el tendón de Aquiles durante el partido frente a Crystal Palace, por el torneo local (venció 4-0). Adiós a la final, adiós a otro gol en el partido más importante. Verdaderamente increíble. En un encuentro ya ampliamente ganado y sin ningún tipo de trascendencia para la suerte del Nottingham, Brian Clough perdía a su joya más preciada.

Una herida importante para las perspectivas del Nottingham Forest. Si el Garibaldi había llegado nuevamente al encuentro culminante de la Copa de Europa lo debía particularmente a Francis, decisivo en Berlín contra

Dynamo en la vuelta de cuartos de final, así como en el primer choque contra Ajax en las semifinales. Trevor Francis no podía saberlo, pero aquel de Ámsterdam en la revancha contra Ajax sería su último partido en Copa de Europa con la casaca del Forest. Volvería a jugar en el torneo mayor en la temporada 1987-88, con los Rangers de Escocia, sin poder igualmente darse el gusto de anotar goles y jugar en las instancias más importantes como había hecho con el legendario equipo de Brian Clough.

El Million pounds man se despedía de manera definitiva del torneo, no solamente porque no podría jugar, sino porque Clough decidió que Francis no acompañara al equipo en la concentración precedente a la final y en el día del partido. El Nottingham Forest viajaría a Madrid sin Trevor Francis, literalmente. Como el atacante estaba obligado a utilizar muletas, Clough consideró que la vista del héroe de Múnich en esas condiciones influiría negativamente sobre el estado anímico de sus compañeros. Por lo que Trevor Francis -hombre del partido en la final anterior- esta vez asistiría al encuentro decisivo por televisión desde el sur de Francia, donde había decidido ir a pasar las vacaciones de final de temporada.

BOWLES, UN AMOR QUE NUNCA DESPEGÓ

El 16 de mayo, a doce días de la final, el Nottingham Forest decidió obsequiar con un partido homenaje a John Robertson, para celebrar su exitosa trayectoria con el club. No era un partido para despedir al jugador (quien jugaría algunos años más en Nottingham), simplemente en Inglaterra en esos años se solían organizar partidos con finalidades benéficas, aprovechando el gran momento que estaba experimentando un futbolista. En el City Ground el Nottingham Forest iba a verse la cara con el Leicester City.

En el fútbol de 2000 un jugador haría de todo para ser titular en la gran final de Champions League y por ninguna razón (salvo a cambio, quizá, de la titularidad en la final de un Mundial) renunciaría a semejante oportunidad. En mayo de 1980, en cambio, hubo en el Nottingham Forest quien tiró por la borda un lugar en el partido más importante del fútbol europeo, por un capricho que realmente choca con las prioridades de un profesional de este deporte. A minutos del saque de envío del partido homenaje para John Robertson, Stan Bowles reventó y protagonizó una fuerte discusión con Peter Taylor. El motivo era el hecho de no haber sido incluido en la alineación para el amistoso contra Leicester.

Stan Bowles: Si ni siquiera me ponen ya para jugar un partido homenaje, ¿qué estoy haciendo yo aquí?

Peter Taylor: Por favor vete ya de mi despacho y cuenta hasta diez. Estamos a menos de dos semanas de la final de Copa de Europa y, aunque ahora no parezca, tú estás en juego para un lugar en ella, ¿entiendes?

Stan Bowles: Ya no importa, ya no puedo quedarme aquí. ¡Me voy!

Bowles acto seguido abandonó el City Ground, sin siquiera asistir al partido. Aunque cueste creerlo, terminaba así, en ese momento, su aventura con el Nottingham Forest.

El exfutbolista de Queens Park Rangers tenía miedo a volar y, salvo para el partido de Barcelona en Supercopa, nunca había viajado para los encuentros jugados por Copa de Europa. Lo grave es que en la mayoría de las circunstancias el futbolista no había avisado a Clough, quien demasiada paciencia había tenido para con su dirigido, a quien en varias ocasiones el técnico había recomendado de hacer como él: "Joven, haga como yo: emborráchate, tomate un Valium y pasa todo".

Bowles no se presentaría para tomar el vuelo rumbo la isla de Mallorca hacia la cual el Nottingham partía al día siguiente. Bowles no despegaba, como quizás nunca había despegado su romance con el ambiente del Nottingham Forest. Los campeones de Europa volaban nuevamente rumbo las Baleares. Los esperaba una vez más el único lugar donde Brian Clough y Peter Taylor podían llevar a su equipo para preparar la final de la Copa de Europa.

TODOS LOS CAMINOS CONDUCEN A CALA MILLOR

Cala Millor, 18 de mayo de 1980. A diez días de la final número 25 de la Copa de Europa, el Nottingham Forest empezaba su concentración en el pueblo de las islas Baleares, donde ya en otras ocasiones los jugadores del Garibaldi habían disfrutado del sol y del mar Mediterráneo.

Un lugar místico, un oasis donde relajarse, despejarse y olvidarse de todo. Clough y Taylor no conocían otro rincón del planeta que mejor se ajustase a su filosofía de gestión grupal y a su particular metodología de mentalización de cara a los compromisos más importantes. Si hubiera sido por ellos, es probable que hubieran directamente instalado el equipo allí durante la entera temporada.

Taylor había celebrado en Cala Millor con McGovern, Gemmill y John O'Hare el título de campeón del Derby County en 1972. Luego con los mismos futbolistas y Clough presente, habían hecho lo mismo en 1977, al lograr el ascenso a Primera División con Nottingham Forest. Y demás está

recordar que el Forest había pegado la vuelta también para festejar el título ganado al año siguiente.

Las instrucciones para la estadía de una semana eran las clásicas pautas que desde siempre regían en los días antecedentes a un partido de elevada trascendencia: no correr, no entrenar bajo ningún concepto, alejar lo más posible de la mente cualquier pensamiento relacionado al fútbol, lo cual sin celulares, Internet y redes sociales seguramente debió ser por la época una tarea más fácil de cumplir que para un futbolista del siglo XXI.

Dormir era evidentemente importante pero los jugadores no estaban atados a horarios estrictos: si alguien regresaba al hotel a las 12 de la noche tenía prohibido levantarse antes de las 9 de la mañana; si regresaba a la 1, que no pusiera el despertador antes de las 10, y si se acostaba a las 2, no antes de las 11 y así siguiendo.

La posibilidad de estar a la vera del mar brindaba un plus extraordinario para divertirse y aflojar con la rutina de Nottingham y de las prácticas a orillas del Trent. Claro está que McGovern y compañía no se conformaban con tal de tostarse debajo del sol y dar unas brazadas entre las olas del Mediterráneo: el Dan's Place, uno de los bares más destacados de la localidad, era una de las metas obligatorias para los dirigidos de Clough, quien a su vez pasaba por la barra del local todas las noches (y quizá no solo por la noche). Mientras la mayoría de los futbolistas disfrutaba de la cerveza San Miguel, Viv Anderson, para no traicionar sus raíces de Jamaica, enseñaba a John Robertson el gusto del Tía María, el licor originario de la isla caribeña de sus padres.

Los turistas y locales que se cruzaban con los jugadores del Nottingham Forest no podían creer que esos muchachos consagrados a la fiesta y al alcohol de ahí a unos días enfrentarían por segundo año consecutivo la final de Copa de Europa.

Pero no todos en el grupo de Brian Clough estaban en la misma sintonía con este tipo de acondicionamiento. Mientras efectivamente era comprensible que para los jugadores de movimiento luego de 64 partidos oficiales sumar horas de práctica o amistosos no habría aportado mucho a su condición, el arquero Peter Shilton no podía contener su inquietud para realizar movimientos. Era un jugador sumamente exigente para con sí mismo y por eso trataba de entrenarse todos los días, incluso a escondidas cuando Clough daba un día libre a todos. En entrevistas brindadas para el libro I believe in miracles, Shilton recordó que en unos de los días pasados a Cala Millor fue a hablar con Peter Taylor -exguardameta que más fácilmente entendería su intranquilidad- para explicarle que él "necesitaba estar en contacto con la pelota, tirarme un poco entre los palos, hacer algo, más que nada para no perder la confianza".

Como el hotel donde se alojaba el Forest no estaba provisto de un jardín o pastizal, Shilton, pidiéndole unos minutos a otros compañeros, se había lanzado en la búsqueda de un rincón verde adecuado para simular situaciones de juego típicas para los quehaceres de su rol.

Finalmente, el cuida palos del Nottingham y sus compañeros solidarios encontraron una pequeña área de pasto frente a otro hotel y allí, acomodando ropa para simular dos palos, los futbolistas empezaron a patear el balón hacia el simulacro de portería donde se ubicaba Shilton. Sin embargo, pasaron menos de diez minutos y un responsable del hotel se acercaba a los futbolistas campeones de Europa: "Señores, por favor, les ruego que despejen inmediatamente el parterre y se retiren. Aquí no se puede jugar a la pelota". Como niños castigados que vuelven para sus casas con el rabo entre las patas, los jugadores del Forest tenían que volverse a su alojamiento. Shilton tendría finalmente que conformarse con unos zambullos a orillas del mar y unos ejercicios sobre la playa, a la espera de llegar a Madrid, donde, como había asegurado Taylor, habría una cancha para efectuar las prácticas adecuadas.

HAMBURGO Y KEVIN KEEGAN: ÚLTIMOS OBSTÁCULOS HACIA EL MILAGRO ABSOLUTO

Si bien el Nottingham Forest era el campeón defensor, el Hamburgo entraba a la final de la Copa de Europa 1980 con cierto favoritismo, tanto más por la ausencia en el equipo inglés del match winner de Múnich 1979, Trevor Francis. Hamburgo tenía a algunos de los mejores jugadores europeos del momento (Hrubesch, Kaltz, Keegan) y la contundente manita propinada al Real Madrid parecía señalar que el viento estaba cambiando en favor del club de Alemania Occidental. Fundado en el año 1919, el Hamburger Sport Verein traza sus orígenes al 29 de septiembre 1887, cuando en la ciudad a orillas del río Elba se fundó el SC Germania, el ideal predecesor de la institución polideportiva de la cual el equipo de fútbol de Hamburgo es parte. La principal distinción que el club ha ostentado durante su historia era la de ser la única institución en nunca descender, disputando entre 1963 y 2018 todas las ediciones de la Bundesliga. Esa racha se cortó y mientras se desarrollaba este libro buscaba su lugar en la Primera División.

En 1980 Hamburgo poseía en su vitrina cuatro títulos de campeón de Alemania, dos copas alemanas y una Recopa europea, certamen conquistado en 1977 y del cual los Pantaloncitos rojos (Rothosen) habían sido subcampeones en 1968.

Keegan, por su parte, era el vencedor del Balón de Oro de France Football para los años 1978 y 1979, e ingresaba a esa final para consagrarse entre los grandísimos de todos los tiempos.

Kevin Keegan contra Brian Clough. Dos mundos que siempre se habían rozado, sin nunca realmente entrar en contacto. El viernes 15 de agosto de 1969 es una fecha que podría haberlos juntado: Brian Clough y Peter Taylor habían recién logrado el ascenso a Primera con Derby County y Taylor había ido a ver el partido de Cuarta División entre Southend y Scunthorpe, para observar a algunos talentos. Uno de ellos, que jugaba en Scunthorpe, era cotizado a 15 mil libras, pero Taylor lo había descartado de su lista, considerándolo demasiado grácil para sostener la posición de centrodelantero a la cual lo había destinado su técnico. Como escribirá más tarde Taylor en un libro de propia pluma: "Debería haberme dado cuenta que la mejor posición de ese jugador sería de la mitad por arriba, actuando detrás de los atacantes". Mala suya, porque el jugador tachado del elenco era justamente Kevin Keegan.

Brian Clough contra Kevin Keegan, 10 agosto de 1974. Es decir, Leeds United contra Liverpool, Wembley, Charity Shield. Para el DT, entonces a la conducción de Leeds, un día para el olvido: derrota en los penales y el comienzo de la caída que tras apenas 44 días marcaría su alejamiento desde Elland Road. Para Kevin Keegan -pese al triunfo de Liverpool- tampoco fue un día para el recuerdo: tras una hora de juego el volante ofensivo de los Reds protagonizó una tremenda gresca con el capitán rival Billy Bremner y los dos terminaron expulsados.

De ahí en más los caminos de Keegan y Clough no volverían a cruzarse más hasta ese 1980 en el que ambos iban en busca de su segunda Copa de Europa, como futbolista y técnico respectivamente.

Mientras Brian en 1975 había bajado al purgatorio de la Segunda División para rescatar al Nottingham Forest, Kevin y el Liverpool hicieron colección de trofeos domésticos e internacionales. Luego del doblete campeonato inglés/Copa UEFA 1972-73 y la FA Cup 1973-74, llegó el renovado doblete campeonato inglés/Copa UEFA en 1975-76 y a continuación el más prestigioso doble triunfo campeonato inglés/Copa de Europa en 1976-77.

Clough, ascendiendo con su Nottingham Forest, parecía haber estado nuevamente a punto de desafiar al talentoso astro del fútbol inglés. Sin embargo, tras el triunfo en la Copa de Europa de 1977, Keegan había elegido seguir el mismo derrotero de los Beatles, cruzando el Mar del Norte e instalándose a orillas del Elba, en la ciudad de Hamburgo. Justo cuando Brian Clough y su Nottingham Forest habían emprendido un glorioso camino que pondría en jaque la supremacía de Liverpool, Kevin Keegan se había empezado a transformar para los hamburgueses en Súper

Ratón. Mientras sus excompañeros de Merseyside sufrían tremendamente la horda roja del Nottingham, que le arrebataba a Liverpool el campeonato y la Copa de Europa, Keegan, el viejo King Kevin, ya quedaba lejos, en otro mundo, un mundo que parecía alejarlo de ese ciclón llamado Nottingham Forest. Su partida con destino Hamburgo, a la postre, daba casi la sensación de haber sido estudiadamente pensada para evitar enfrentarse con ese equipo que desde East Midlands venía azotando a los mares del fútbol inglés e internacional.

El hecho de que ahora a Keegan le tocara enfrentarse al Nottingham Forest confirmaba lo que era ya evidente desde casi tres años: para ganar en Inglaterra, o fuera de ella, antes o después al que fuere le tocaría verse la cara con el equipo de Brian Clough, seguramente la novedad más sorprendente e intrigante de los últimos diez años.

Keegan en 1977 había zafado desde el cambio de las corrientes internas cruzando el Mar del Norte y dejando a Inglaterra. Ahora, sin embargo, para conquistar las aguas del resto de Europa debía finalmente capear la más grande de las tormentas.

SHILTON ATAJANDO BOCINAZOS

El Nottingham Forest el lunes 26 de mayo alcanzaba Madrid a poco más de dos días del saque de envío de la gran final. El conjunto de Brian Clough estaba alojado en las afueras de la ciudad, para buscar un poco más de tranquilidad luego de los festines de Cala Millor.

Ahí Peter Shilton se había mostrado el más inquieto en cuanto a la aproximación con la gran cita. ¿Cómo habría atajado luego de esos días de laxitud casi permanente? ¿Lograría encontrarse en su mejor condición? Shilton, por cuan humilde y muy dedicado a su trabajo, estaba consciente de que una nueva victoria del Forest dependería en larga medida de su actuación.

Es cierto que el equipo de Clough venía con un final de temporada in crescendo, pero en Madrid, además de las bajas de Francis y Bowles, se agregaba la de Colin Barrett, nuevamente muy desafortunado con su rodilla. El lateral defensivo sufría una recaída de la lesión de un año y medio antes y no podría estar siquiera en el banco de los suplentes. Esto quería decir que para jugar el partido no habría a disposición de Brian Clough más de 15 jugadores. No había que olvidar que la final del Bernabéu representaría el encuentro número 65 de la temporada para el Nottingham Forest y varios entre los 15 convocables habían superado los 60 compromisos en esa

campaña. Un lastre significativo desde un punto de vista de la condición atlética.

Por eso era tan justificable la elección de Clough de no desgastar a sus dirigidos con ulteriores entrenamientos, así como la preocupación de Peter Shilton, quien como arquero conocía perfectamente las delicadísimas implicaciones de su rol, en especial en la eventualidad de un partido en el que el Nottingham debería redoblar sus esfuerzos para contener las ofensivas rivales.

Era por ello que Shilton se había obstinado tanto en Cala Millor con tal de efectuar un mínimo de práctica de cara al encuentro decisivo. Y por esa misma razón, una vez que el Nottingham había llegado a su hotel en Segovia, en las afueras de Madrid, el guardameta citaba a Jimmy Gordon, el principal asistente de campo de Clough y Taylor. Los dos salían juntos a la tardecita en el predio del hotel para hacer algunas atajadas en la cancha que tenía a disposición la estructura. Sin embargo, en cuanto Shilton y Gordon se acercaron al recinto, descubrieron que éste no solo no tenía pasto, sino que estaba hecho de cemento. Shilton no podía lanzarse entre los palos y caer sobre esa superficie, a no ser que deseara lesionarse y dejar aún más desamparados a sus compañeros con vistas a la final.

Finalmente, echando un vistazo al otro lado del alambrado del campo de juego, Shilton y Gordon divisaron en el medio de la ruta una vasta mediana verde que separaba los dos carriles. No lo dudaron ni un segundo: Shilton instó a Jimmy Gordon a salir del predio, cruzar la ruta e instalarse en el espacio verde. Allí colocaron unos buzos para hacer de 'palos' y Jimmy Gordon empezó a efectuar unos disparos hacia ese simulacro de portería, para que Shilton se sintiera finalmente cómodo para saltar de un lado a otro.

No es posible saberlo, pero es probable que no fueran muchos los automovilistas que mientras tocaban la bocina a esos dos tipos que jugaban al fútbol en el medio de la ruta, supieran a quién dirigían sus bocinazos. A Peter Shilton no le importaba. Atajaba balones y bocinazos sin inmutarse, finalizando el acondicionamiento hacia la gran noche del Santiago Bernabéu. Hasta en el medio de una autovía, una final de Copa de Europa merece siempre un pequeño retoque de preparación.

NOTTINGHAM-HAMBURGO: LA FINAL

Cuando la noche del miércoles 28 de mayo de 1980 los buzos con los colores y el escudo del Nottingham Forest asomaron junto a once futbolistas desde el túnel del estadio Santiago Bernabéu, la sensación de milagro era ya latente en el caluroso aire de la Avenida Castellana y de toda la ciudad de Madrid. Tras haber logrado contra todo pronóstico su primer triunfo en la Copa de Europa un año antes en el estadio Olímpico de Múnich, el Nottingham Forest de Brian Clough saltaba al recinto de juego del Bernabéu -palco de la final del venidero mundial de España 82- para disputar su segunda final consecutiva en el máximo torneo para clubes de Europa. Poco más de tres años había transcurrido desde ese abrazo agónico en la terminal del aeropuerto de Palma de Mallorca, cuando Clough y sus dirigidos habían festejado un ascenso a la Primera División que se había concretado también merced a los resultados adversos de sus rivales directos.

Frente al Forest estaba el Hamburgo de Branko Zebec, que volvía al Bernabéu a 49 días de distancia del 0-2 contra el Real Madrid en la ida de las semifinales. Sin embargo, en la revancha, los alemanes occidentales con un estruendoso 5-1 le habían luego arrebatado al Madrid la clasificación y con ella la posibilidad para el Real de desfilar en casa en la gran final. Ésta era en particular la razón por la cual el gran recinto de Chamartín no recibía a los 22 hombres y al árbitro portugués António Garrido con su aforo agotado. El Santiago Bernabéu registraba para la final número 25 de la Copa de Europa unos escasos 60 mil espectadores, ecuamente repartidos entre aficionados de Nottingham Forest y Hamburgo.

En Hamburgo, a último momento, Hrubesch quedó apartado de la alineación inicial. El delantero había sufrido un pequeño pero importante desgarro al muslo derecho y por eso había decidido de acuerdo con el técnico que ingresaría recién al comienzo del segundo tiempo.

Hamburgo: en el arco Rudolf Kargus (1); línea de defensa con Manfred Kaltz (2), Peter Nogly (3), Ditmar Jakobs (4), Ivan Buljan (5) ; en el mediocampo Caspar Memering (8), Holgar Hieronymus (6), Felix Magath (10); en ataque Kevin Keegan (7), Willi Reimann (9; inicialmente en lugar de Hrubesch) y Jurgen Milewski (11). El de Zebec era un 4-3-3 que se volvía 4-3-1-2 cuando Keegan se ubicaba unos metros atrás de los atacantes.

Brian Clough para su Nottingham Forest, vista la ausencia de Francis, proponía un 4-3-2-1 que tantos adeptos encontrará tres décadas más tarde: en el arco Peter Shilton (1); clásica línea defensiva de cuatro de derecha a izquierda integrada por Viv Anderson(2), Larry Loyd (5), Kenny Burns (6) y Frank Gray (3); tres volantes bajos con el capitán John McGovern (4) actuando como enlace defensivo, con Gary Mills (10) e Ian Bowyer (8) a los costados; John Robertson (11) volante ofensivo izquierdo, con Martin O'Neill (7) wing derecho; el único delantero de la noche con la camiseta número 9 en la espalda, el héroe de la anterior Copa de Europa, Garry Birtles.

Por primera y única vez en la historia de la Copa de Europa/Champions League un equipo presentaba solamente cuatro jugadores suplentes en su banco: juntos a Clough y Taylor, además del arquero juvenil Jimmy Montgomery, se sentaban John O'Hare, David Needham y Bryn Gunn.

El portugués António Garrido a las 20.30 horario de Europa Central dio el silbatazo de inicio de la final número 25 en la historia de la Copa de los Clubes Campeones Europeos.

UN GORDITO DE ORO

Un momentito. Antes de que la pelota empezase a rodar un importante episodio ocurrió mientras los jugadores de Nottingham y Hamburgo estaban aproximándose al centro de la cancha. Cuando los futbolistas habían salido desde la manga, Kenny Burns se encontró cerca a Kevin Keegan y el escocés decidió que el momento era propicio para echar una mirada desafiante al Balón de Oro antes que el árbitro diera el puntapié inicial.

Larry Lloyd se acercó a Keegan, su excompañero en Liverpool, y -según cuentan las leyendas y anécdotas- así se dirigió al jugador de Hamburgo: "Ey Kev, mira, nos conocemos ya desde hace mucho tiempo. Me caes bien y por eso te quiero aclarar algo: Kenny Burns está planeando cagarte a patadas esta noche. Me dijo que eres un hombre muerto. Míralo nomás si no me crees".

Tanto la mirada amenazante de Burns como el relato de Lloyd a Keegan eran evidentemente provocadoras exageraciones que no se verían reflejadas fehacientemente durante el desarrollo del encuentro. En efecto solo habría dos intervenciones duras y decididas de Kenny Burns sobre el doble Balón de Oro, una de las cuales, al minuto 21, resultaría en una tarjeta amarilla para el zaguero escocés. Pero más allá de ese episodio, el juego duro de Burns y Lloyd no se tradujo en ningún tipo de carnicería. Lo ocurrido antes del inicio del partido se presentó más bien como una táctica psicológica tal vez soberbia y atrevida por parte de los dos defensores centrales; una estrategia que finalmente tuvo el efecto que ambos probablemente esperaban: amedrentar a Keegan, quien con el correr de los minutos reculó cada vez más hacia su propia mitad de cancha, abandonando gradualmente su posición de enganche.

***

La gran final en sus primeros minutos exhibía a un Hamburgo determinado en la búsqueda de su primer histórico triunfo y un Nottingham Forest que sin excesivos empachos le dejaba la iniciativa al equipo alemán, de mayor poder del balón en las fases iniciales del pleito. Al minuto 4, Felix Magath de tiro libre desde 20 metros obligó a Peter Shilton a la primera atajada seria de la noche, con el arquero de la selección inglesa que tapó al córner el peligroso disparo de zurda del 10 hamburgués.

El Nottingham Forest de Brian Clough se encomendó a una táctica de espera y contragolpe. Al minuto 7, Viv Anderson despegó rápidamente con un contraataque que Garry Birtles finalizó con una diagonal: la pelota terminó por muy poco al lado del caño diestro de Kargus. El Hamburgo continuó hilvanando jugadas en proximidad del área del Nottingham, pero el conjunto de Clough, pese a los tantos días de descanso, defendía con orden y sin cometer errores. Los alemanes demostraban una mejor condición atlética, incluso, quizás, una mayor determinación en perseguir el triunfo, pero se veían traicionados en una y otra ocasión por el apuro de rematar hacia la meta de Shilton, sin procurar buenos ángulos para superar la resistencia del fenomenal portero del equipo campeón europeo en defensa.

Llegaba así el minuto 19, con el Nottingham atacando. Gary Mills era anticipado por Memering, pero el balón terminaba sobre banda izquierda, entre los mágicos pies de John Robertson. Con su diestro de hadas, el gordito escocés acarició la pelota, la bautizó y luego, levantando la mirada, invitó a Manfred Kaltz a que lo desafiara. El lateral derecho alemán intentó vanamente anticipar a Robertson y quedó en ridículo ante la maestría del pibe de Escocia, quien amagó con irse por izquierda y finalmente se despegó de Kaltz tirándose hacia el lado opuesto. Robertson continuó acercándose a la zona de peligro. El número 11 dio un pase vertical a la puerta del área para Garry Birtles y siguió corriendo rumbo al área. Birtles, espaldas al arco, apretado por una doble marcación, logró defender el esférico y tocarlo atrás nuevamente hacia John Robertson. El escocés se encontraba sobre tres cuartos. La portería y la silueta de Kargus se hacían cada vez más nítidas. Kevin Keegan, retrocedido hasta casi su área, procuraba sacarle el balón de los pies del volante del Forest. Para Robertson era el último amague. Solo quedaba apretar el gatillo de la magia y pintar nuevamente de rojo la noche más grande de Europa. El remate de derecha fue un proyectil que como una hoja cortó el pasto a ras del suelo. Kargus se tiró hacia su poste izquierdo, pero el tiro de Robertson fue demasiado esquinado para que el portero alemán pudiese alcanzarlo. La pelota dio en el interior del palo y finalmente descansó al fondo de la red. ¡Yes! El tablero de las finales de Copa de Europa seguía sin mentir: Nottingham Forest 1-Hamburgo 0.

EL IMPERIO CONTRAATACA

John Robertson, el del pase a Francis para el decisivo gol de la final del año anterior en Múnich, esta vez era el hombre que rompía el equilibrio. Si por un lado el abrazo entre los jugadores con camiseta roja tras el gol de Robertson mostraba la natural algarabía y felicidad que acompañan momentos como esos, por otro lado exhibía una sobriedad casi impresionante y que produce mucha estupefacción si se compara a cómo los futbolistas del siglo XXI se esmeran para demostrar la grandeza de sus conquistas con toda clase de festejos, incluso en partidos cuya importancia queda a leguas de aquella de la final que el Nottingham estaba ganando por segundo año consecutivo.

El Hamburgo reaccionaba con rabia y vehemencia. Justo un minuto después del gol de Robertson, el equipo alemán llegó cerquísima del empate inmediato, pero Shilton se superó sobre el violento disparo de Kaltz.

Al final de la primera etapa, sobre un pivoteo de cabeza de Keegan, fue Milewski quien desde el límite probó lastimar con un derechazo a los de Clough, pero Shilton cacheteó el balón al tiro de esquina.

***

El complemento fue un monólogo de Hamburgo, que aplastó literalmente al Nottingham Forest dentro de su área. Branko Zebec al inicio de la etapa final sacó al mediocampista Hieronymus e insertó a Horst Hrubesch, intentando explotar todas sus bocas de fuego para remontar la desventaja, pese a las imperfectas condiciones del centrodelantero. El equipo de Clough, sin embargo, se defendía con admirable tenacidad. El imperio resistía a los ataques externos, y contraatacaba. El Nottingham parecía inspirarse al título del segundo capítulo (el quinto nominalmente) de la saga Las guerras de las galaxias- el imperio contraataca, estrenada en Estados Unidos y Gran Bretaña justo ocho días antes (en España y América Latina saldría dos meses después).

El dominio territorial de Hamburgo era abrumador, pero su asfixiante presión continuaba siendo estéril. El conjunto alemán occidental cercaba los últimos 20 metros del rival inglés sin encontrar el resquicio hacia la portería de Shilton. A los jugadores hamburgueses, como notaba el periodista español Andrés Astruells (Mundo Deportivo), "les faltaba agilidad en los movimientos, velocidad en los despliegues y sobre todo una buena dosis de imaginación".

El último cuarto del partido vio por un lado la desesperada caza del Hamburgo al empate para estirar la contienda al alargue; por el otro, la lucha codo a codo del Nottingham Forest para defender el 1-0 que desde su mismísima consecución aparecía como la máxima aspiración para esa noche madrileña. Manfred Manny Kaltz, con un zurdazo poderoso, golpeó la parte exterior del palo izquierdo de Shilton al minuto 65.

Transcurrieron diez minutos y al 75 fue Peter Nogly quien con un terrorífico remate de derecha llamó a Peter Shilton a la última gran proeza de la noche: el disparo parecía casi naturalmente directo al cruce de los palos, pero Shilton, con otra tanta naturalidad, dio el salto hacia la escuadra a su izquierda y por enésima vez quebró los sueños goleadores de un futbolista rival, desviando el balón al córner. Sobre el siguiente tiro de esquina y tras una serie de rebotes, fue Kevin Keegan quien se encontró con la pelota del empate, pero su conclusión cercana no encontró la portería contraria.

Clough le daba minutos de gloria y de lucha también a John O'Hare y Bryn Gunn, ingresados en lugar de Mills y Gray. En los ultimísimos giros de reloj, fue el Forest el que tuvo la última llameada del encuentro: Garry Birtles, en contragolpe, quedó mano a mano con Kargus, pero la pelota le quedó atrás y se tropezó. Una señal de cansancio evidente tras una temporada larga y agotadora. Una oportunidad que en diferentes circunstancias no hubiera desperdiciado.

MILAGRO COMPLETO

Llegaba el triple pitazo final de Antonio Garrido que desataba otra fiesta a tinta roja y sellaba en los almanaques del fútbol el milagro más grande de la historia de este deporte: el Nottingham Forest de Brian Clough era nuevamente campeón de Europa. El equipo que 1.104 días antes no sabía siquiera si lograría el ascenso a Primera, ahora se aprestaba a dar su segunda vuelta olímpica consecutiva sobre el palco más importante del fútbol europeo.

El Nottingham Forest, luego de Real Madrid, Benfica, Inter de Milán, Ajax, Bayern Múnich y Liverpool, devenía así en el séptimo club en la historia de la Copa de Europa en conseguir el trofeo por al menos dos temporadas consecutivas. Al cierre de esta publicación a este grupo extremadamente selecto de instituciones se ha sumado el AC Milan, que bajo el mando de Arrigo Sacchi conquistó los triunfos en las campañas 1988-89 y 1989-90.

El Nottingham se convirtió con la victoria en la Copa de Europa 1979-80 en el primer club en contar en su vitrina con un mayor número de Copas de Europa que de títulos de campeón en su torneo nacional.

***

No había sido una victoria brillante la del Nottingham Forest. Una vez más, como había ocurrido el año anterior en Múnich frente a Malmö,

Brian Clough había conquistado Europa sin poder saborear por completo la supremacía mediante una aplastante victoria final. Nuevamente había sido 1-0 el marcador, un resultado que desde 1975-76 había salido en cuatro finales de cinco, y que entre 1980-81 y 1984-85 saldría con la misma relación.

Se puede decir que Clough en las dos finales (aunque había sido lejos superior el año antes) no había sabido demostrar de manera definitiva la superioridad de su conjunto. En el Bernabéu, su Nottingham se había visto superado en el juego por Hamburgo, y si el Forest había ganado su segunda copa con las grandes orejas lo debía sobre todo a la inmensa habilidad de Peter Shilton, probablemente en esos años de oro del Nottingham Forest el mejor arquero de todo el mundo, incluso mejor que Dino Zoff.

El guardameta había tenido razón en su obstinación de entrenarse antes de la final, en Cala Millor sobre la playa, así como en Madrid en el medio de la autopista. Si la atajada de Coventry en 1978 el día de la victoria del campeonato quedaba como su tapada insignia, el partido contra Hamburgo, dada también la importancia del encuentro, puede ser calificado como la mejor actuación de su carrera: "Ha sido aquella la noche más larga de toda mi vida", recordó el portero en una nota a Daniel Taylor, autor del libro I believe in miracles. En ella subrayaba: "En ningún otro partido el equipo rival me echó tanta presión encima".

El Nottingham Post titularía al día siguiente "Champions of Europe! Again! (¡Campeones de Europa! ¡De nuevo!"). La foto de tapa fue obviamente para Shilton, héroe de la noche española. Sin embargo, "Every player an hero (Cada jugador un héroe)", sentenciaba Brian Clough. El DT, ante las observaciones de varios periodistas sobre la superioridad táctica de Hamburgo y el juego defensivo, definido incluso cobarde por el reportaje del Times, elogió a sus dirigidos, destacando los méritos de su actuación.

"Al fútbol es mejor jugar atacando y teniendo la pelota, pero hay veces en las que no puedes hacerlo. En tantos años de carrera no vi a un equipo tan aplicado y seguro. Shilton, Burns, Lloyd… pero hacer nombres ahora es injusto e inútil, pues toda persona involucrada con Nottingham Forest fue ganadora de esta Copa de Europa. Le dimos a Hamburgo una lección de orgullo, aplicación, determinación y dedicación, todos aspectos sobre los que no se hace bastante hincapié en el fútbol inglés. No tuvimos otra opción que defendernos, entonces si uno tiene que defender, también debe hacerlo con oficio. Mis jugadores lo hicieron con admirable abnegación. No fuimos afortunados, fuimos muy buenos", declaró Clough en la rueda de prensa post partido.

Razones para enorgullecerse de la actuación defensiva no le faltaban. Ese equipo de Hamburgo era el mismo que un mes antes había anotado cinco contra el Real Madrid. Una vez finalizado el partido, Clough, con todavía más apuro que el año anterior, tomó el camino del vestuario, dejando nuevamente la apoteosis para sus jugadores.

EL REENCUENTRO CON ELLA

La Copa de Europa junto al presidente de UEFA, Artemio Franchi, aguardaban nuevamente las manos del capitán de Nottingham Forest, John McGovern, quien por cuarta vez en 14 meses se aproximaba al mandatario de la confederación europea para recibir un trofeo: luego de la Copa de Liga y Copa de Europa en 1979 y la Supercopa UEFA en Barcelona al principio de ese mismo año, McGovern se alistaba una vez más para la entrega de aquella Copa de los Clubes Campeones Europeos que tras 1973 y esa semifinal perdida contra Juventus, cuando jugaba con Derby, debió haberle parecido como una quimera. Ahora, esa misma criatura estaba por alcanzar sus dedos por segunda vez en 363 días.

En esta oportunidad, los jugadores no subieron a la tribuna, pues para la ocasión la UEFA había elegido otorgar el trofeo directamente en el terreno de juego. Pero en 1980 -como en 1979-, las medallas fueron entregadas solo después de la copa, por lo que se procedió inmediatamente a la donación del premio. Esta vez McGovern no tuvo ninguna discreción al aproximarse al pequeño podio ("La segunda vez es más fácil"), casi como si no viese la hora de agarrar entre sus manos el emblema del triunfo y voltearlo una vez para demostrar la grandeza de su equipo.

Los futbolistas con camiseta Rojo Garibaldi acompañaban a su capitán en fila india. Tras una rápida estrechada de manos con el presidente Franchi, McGovern levantó al cielo nuevamente la Copa de Europa, esta vez más liviana que nunca. La premiación, la vuelta olímpica -así como había sido durante el entero partido- tenían como banda sonora las trompetas que se harían famosas de ahí a dos años en el Mundial 1982.

Mientras los jugadores de Hamburgo observaban la escena como un grupo de condenados a la espera del pelotón de ejecución (el desquite para varios llegaría en 1983, cuando Hamburgo daría el batacazo frente a la Juventus), los futbolistas del Forest se amasaban encima del capitán y de la copa, casi de la misma forma que habían celebrado el ascenso de 1977 en el aeropuerto de Palma de Mallorca, cuando todos se habían hacinado alrededor del teléfono público desde el que Clough había llamado a Nottingham para conocer el desenlace de aquel campeonato de Segunda División.

El más feliz de todos en la noche del Santiago Bernabéu parecía Martin O'Neill. Su aporte para la victoria de la edición de 1978-79 había sido indiscutible, pero su apartamiento en la final de Múnich era una herida que no había podido sanar, no al menos hasta la noche de Madrid, donde en cambio sí jugó y batalló 90 minutos para finalmente poder sentir más auténticamente como propia esa copa.

***

Mientras el micro del Nottingham Forest llevó al equipo al aeropuerto de Barajas al día siguiente de la segunda victoria consecutiva en Copa de Europa, Brian Clough pasó en reseña a sus jugadores, felicitándolos nuevamente por la determinación mostrada frente a Hamburgo en la consecución del nuevo triunfo. Una vez vuelto en su asiento delantero se dirigió a Peter Taylor: "Ey, Pete, oíme: ¿qué es lo que hemos ganado con este equipo y en cuánto tiempo? ¿Cuántos son, cuatro años? Dos Copa de Europa, una Supercopa UEFA, un campeonato inglés, una Charity Shield, dos Copa de Liga... ¿ha habido alguna vez alguien que ganó eso en tan corto tiempo?

Peter Taylor, sonriendo, le recordaba: "Te has olvidado de algo Brian: todo esto ha comenzado cuando ganamos la Copa Anglo-Escocesa...".

CAPÍTULO 8

EL OCASO DE LOS DIOSES

"Aún no terminamos, hay más por delante, esto recién empieza. Este equipo va a conseguir grandes cosas, espera y verás. Todavía no conseguimos la FA Cup". Así se dirigía Peter Taylor al entonces joven reportero Duncan Hamilton, cerca de la puerta de los vestuarios del estadio Santiago Bernabéu, donde el Nottingham Forest acababa de consagrarse Campeón de Europa por segunda vez consecutiva.

¿Por qué la estrella del Nottingham Forest dejó de brillar tan luminosamente de buenas a primera? El adiós en el verano de 1980 de jugadores como Colin Barrett (al Swindon Town) y de Garry Birtles (al Manchester United, pero regresaría en 1982) y los malhumores de John Robertson, quien reclamó un premio por el partido homenaje jugado antes de la final de Copa de Europa, no eran tal vez elementos suficientemente influyentes para explicar el inicio del declive que de manera abrupta se abatía sobre el equipo de Brian Clough.

En cambio, el comienzo del final probablemente se puede atribuir a la publicación de un libro. With Clough by Taylor fue el libro que Peter Taylor publicó en septiembre de 1980. El texto nació como autobiografía de Taylor, pero en sus páginas se leía sobre todo una biografía de Brian Clough descrita desde el punto de vista de su principal asistente. Evidentemente estaban presentes entre las hojas varios cuentos, anécdotas y narraciones en torno a las principales etapas que los dos habían compartido, desde Hartlepool hasta el Nottingham Forest. Pero también juicios de cierto modo desafiantes para con el carácter del director técnico. En algunos fragmentos de la obra, de hecho, Taylor describía a Clough como inseguro y que para ocultar sus vacilaciones adoptaba un perfil de persona segura en sí misma, atrevida y descarada, sin que ello obedeciese necesariamente a su auténtica personalidad. El libro, además, sugería que ya existiese una

fractura significativa entre él y el DT, una grieta que a la postre resultaría insanable.

Así concluía su obra Peter Taylor: "Desde el restablecimiento de nuestra colaboración técnica todo ha sido un largo final feliz y ahora hemos firmado unos nuevos contratos que nos vincularán al Nottingham Forest hasta 1983. Sin embargo, ambos sabemos que esto no va a poder durar para siempre y que algún día deberemos separarnos nuevamente. Espero que ese día sea cabalgando el éxito y en buenos términos, y que el fútbol nos recuerde como los pioneros de un nuevo estilo de conducción: los primeros en entender que dos mentes trabajan mejor que una".

El Nottingham Forest de esos años por el grueso de la prensa, de los hinchas y de los expertos de fútbol en general era el Nottingham Forest de Brian Clough. Pero para Taylor no era quizá tan así. El exarquero y principal colaborador de Clough no desconocía su posición de subordinado al lado del director técnico. Salvo en los comienzos de Middlesbrough, cuando Taylor había respaldado la titularidad de Clough, luego, cuando los dos dejaron el campo de juego para abocarse a la dirección técnica, la dupla entre los dos siempre había sido "Clough y Taylor".

En reconocimiento al papel de Taylor, Clough solía decir metafóricamente: "Yo soy la vitrina de la tienda, él la mercadería que está adentro". Una frase que describía sobre todo el diferente peso mediático que Brian Clough había tenido y querido tener con respecto a Taylor, más reacio que su colega a aparecer delante de cámaras y micrófonos. El asistente no había tenido mayores empachos en dejarle a Clough la primera plana a lo largo de los años, sin siquiera reclamarle otra botella de whisky cuando Clough -como ocurría con bastante frecuencia en esos años- recibía una en concepto de premio al mejor técnico del mes.

Pero luego del Bernabéu y de las dos Copa de Europa al hilo, Taylor se había mostrado cada día menos tolerante hacia la asociación del éxito y de los triunfos del Forest a la sola persona de Brian Clough. En el libro (y muy explícitamente en ese final), Peter Taylor reivindicaba su parte en la gestación y concreción del milagro del Nottingham Forest. Ese magnífico ciclo era también fruto de su trabajo, de sus intuiciones y al igual de su capacidad de motivar a algunos de los protagonistas más importantes de la secuencia de victorias cuando ésta se estaba materializando. ¿Quién había traído a Larry Lloyd? ¿Quién había insistido para incorporar a Kenny Burns y ubicarlo de vuelta en la posición de zaguero? ¿Quién había salvado de la total perdición a ese genio de John Robertson? ¿Y quién había insistido sobre ese flaquito escocés llamado John McGovern? ¿Quién, tras el 3-3 frente a Colonia en la ida de la semifinal de la Copa de Europa 1978-79, con truenos y saetas había arengado en el vestuario a las tropas del Nottingham para mantener alto el moral e ir a Alemania para ganar 1-0?

Peter Taylor sentía esos triunfos que el mundo atribuía al solo genio de Clough como conquistas donde su impronta había quedado firme y plasmada y en ese libro, aunque con cierta discreción, lo quería dejar bien claro a todo el mundo.

UN LIBRO SECRETO

Pero no era en sí el contenido del texto lo que generaba el conflicto entre Clough y Taylor, sino otro aspecto que había sumamente enfurecido al DT: el libro se había publicado sin que él fuera informado y sin que él pudiera leer algo de ello antes de que se lo mandara a la imprenta.

"Yo no quería escribir una biografía o autobiografía", recordó Clough en una nota a Duncan Hamilton. Y agregó: "Eso es el simple motivo por el que nunca en mi vida lo quise hacer. Cuando después me enteré de que estaba a punto de salir el libro... bueno, a la mierda. Taylor no hubiera vendido ni una copia sin mi nombre y mi cara en la portada, sin mis anécdotas y opiniones en cada una de las páginas. No éramos exactamente unos desconocidos entre nosotros Taylor y yo".

A la vez que continuó: "No tengo ningún problema si alguien quiere ganarse un dinero con mi nombre. Pero no me gusta que lo haga sin antes haber pedido mi permiso. Cuando descubrí que el libro estaba a punto de publicarse, me lo quedé para mí, no fui a reclamarle nada a Taylor: quería ver si tenía las agallas de contármelo".

Para Brian Clough la publicación del libro había resultado como una traición a los principios de amistad, lealtad, a la confianza y al vínculo profesional construidos en años de colaboración. Nada después de septiembre de 1980 sería como antes.

LA CAÍDA LIBRE Y EL ADIÓS DE
TAYLOR

Con las arcas de la institución sumamente comprometidas, el Nottingham Forest en el verano boreal de 1981 arrancó un proceso de desmantelamiento del equipo de los sueños. Varios fueron los jugadores de los años de oro que dejaron las orillas del río Trent: Larry Lloyd iba al Wigan; Kenny Burns y Frank Gray al Leeds (para el segundo se trataba de un retorno); Trevor Francis al Manchester City; Ian Bowyer a Sunderland (aunque volvería en el

verano de 1982); Martin O'Neill al Norwich City; en tanto que John O'Hare cruzaba el Atlántico por un puñado de dólares, que lo llevaban al Dallas Tornado de Estados Unidos.

La única incorporación de relieve, la del delantero Justin Fashanu, se revelaba un fiasco total: 1 millón de libras habían desembolsado Clough y Taylor al Norwich City (como había ocurrido con Francis) para obtener a cambio, sin embargo, la miseria de tres goles en 32 encuentros.

Tras la decepcionante campaña de 1980-81 sin títulos y el 8° puesto, la de 1981-82 finalizaba todavía peor. En un torneo en el cual se empezaron a asignar 3 puntos por cada victoria, el Forest terminó 12º con 57 unidades, a 30 de distancia del campeón, que naturalmente era Liverpool. En la temporada 1982-83 el Nottingham Forest, que hasta unos dos años antes dominaba el fútbol europeo, no disputaría competiciones continentales por el segundo año consecutivo.

***

El 1981-82 marcaba la separación definitiva de Clough y Taylor. En diciembre de 1981, Brian Clough sufría un colapso cardíaco, producto entre otras cosas de la creciente tensión que dominaba en el ambiente y que lo obligaba a algunos meses de convalecencia. Peter Taylor asumía la dirección del equipo, pero era ahí que su estatus de subordinado relucía todavía más. La prensa local se interrogaba incesantemente sobre la fecha que Clough podría volver a tomar el bastón de mando en el City Ground, como si Taylor hubiese sido siempre un actor de reparto, imposibilitado a suplir la ausencia de Cloughie.

Fue así que llegó la primavera de 1982 y el día 5 de mayo, un miércoles. En el City Ground, el Nottingham Forest, con Clough desde hacía unas semanas nuevamente en el puente de comando, sufría a manos del Manchester United la 14ª derrota de la temporada. El equipo estaba en la posición 13 de la tabla. Luego de la nueva caída, Peter Taylor se presentó en el vestuario, como siempre había hecho en esos años. Tras una charla con los jugadores, el asistente se despidió de los futbolistas con un rutinario "nos vemos el viernes", día que el Forest reanudaría las prácticas. Pero él mismo sabía que era una mentira. La puerta del camarín del estadio de West Bridgford se cerraba por última vez detrás de su silueta. De acuerdo con Clough y la directiva, al día siguiente, Peter Taylor presentó su renuncia. Salía así, luego de casi seis años en el Nottingham Forest, un hombre fundamental en esta historia. Pero lo peor entre Brian Clough y Peter Taylor aún tenía que suceder. Y sería la ruptura definitiva.

PETER TAYLOR VUELVE A DERBY: LA GUERRA TOTAL

La Dream machine ya no existía más. Con Taylor se habían marchado desde el City Ground Peter Shilton, John McGovern y David Needham, mientras regresaban Garry Birtles (mala experiencia en el Manchester United) e Ian Bowyer, quien tampoco se había ambientado en Sunderland.

Dirigiendo al Derby County en 1982-83, Peter Taylor se dio el gusto de eliminar al Nottingham Forest desde la FA Cup, con un 2-0 en enero de 1983, sellado incluso por el gol de otro ex, Archie Gemmill. Una eliminación que no ofuscó igualmente la buena temporada del Nottingham. El conjunto de Brian Clough finalizó el torneo 1982-83 en 5ª posición con 69 puntos, lejos del campeón (¿Adivinaron? Liverpool), pero logrando una posición final que le valía al Forest la clasificación a la Copa UEFA 1983-84. Una temporada nuevamente positiva, con 20 victorias, 62 goles anotados y el regreso luego de tres años a las competiciones internacionales.

Pero para Peter Taylor ese triunfo había sido una revancha. Si tras ese encuentro poco cambiaría para la temporada del Nottingham Forest y del Derby County, desde un costado simbólico la victoria significaba mucho para el exasistente de Clough: Taylor daba una prueba que sabía cómo manejar a un equipo en los momentos difíciles. El Derby era último, es cierto, pero él había llegado solo dos meses antes, había conseguido las tres victorias del campeonato y, sobre todo, había vencido a Clough. Ello le daba la posibilidad de reanudar el debate que él mismo había desatado con la publicación de su libro dos años y medio antes: ¿Habían sido solo méritos de Brian Clough en Derby y Nottingham? ¿O Peter Taylor había tenido los propios?

Quizás el entusiasmo que le generó a Taylor esa victoria fue lo que lo impulsó unos meses después a dar el último paso para enemistarse de manera irreparable a Brian Clough.

***

Tras asumir en Derby, Taylor se puso nuevamente en contacto con Clough, tratando de persuadirlo con volver a Derby y renovar los pergaminos de los primeros años 1970.

Brian Clough nunca había tomado seriamente la propuesta de Taylor de volver a Derby, sobre todo por lo ocurrido en las últimas dos temporadas en Nottingham. Pero sí había utilizado tal ofrecimiento como forma de chantajear a la directiva del Nottingham Forest, para obtener un contrato más oneroso y mayores poderes en la gestión del mercado de pases. Con el recuerdo aún fresco del doblete en Copa de Europa, la perspectiva que

Clough abandonase al Forest aterrorizaba a la directiva de Nottingham, más todavía si lo haría en pos de volver al Derby County, el archienemigo de toda la vida. Fue gracias a esta maniobra de curtido estratega que Clough se convirtió en la figura absoluta del Nottingham Forest, amo y señor del club en el cual su posición sería durante años incontrastable.

Peter Taylor, sin embargo, no se había dado por vencido. Quería demostrarle al mundo que podría construir a un equipo a su imagen, con su impronta, y él solo conducirlo a las cumbres de la gloria. El no de Clough a su oferta de restablecer una colaboración no le había impedido de hurgar en el pasado reciente para dar vida a su nueva criatura.

John Robertson era de cierto modo un hijo de Taylor. Éste, a partir de su llegada al Forest, había puesto a Robertson bajo su ala protectora: fue severamente regañado durante la primera concentración en Augsburgo. De ahí al Bernabéu había ido de menor a mayor, con la cereza sobre el postre del gol decisivo en la final contra Hamburgo.

Peter Taylor le había regalado a Robertson los mejores años de su vida y como la trayectoria del volante escocés había nuevamente tomado una bajada abrupta que parecía alejarlo del City Ground, el exasistente de Clough no lo pensó dos veces y le propuso a John Robertson un contrato de más de 200 mil libras para jugar en Derby County.

Nada de descabellado si se mira desde la óptica del fútbol profesional, más aún desde el punto de vista del siglo XXI. Pero eran los años 1980, Taylor había dejado al Nottingham Forest menos de un año antes y, sobre todo, como había ocurrido con la publicación de su libro, una vez más había jugado a cartas cubiertas: no había avisado a Brian Clough de su intención de traer Robertson al Baseball Ground y de la relativa negociación abierta a tal efecto.

Era el final. El final definitivo de cualquier tipo de relación entre Brian Clough y Peter Taylor. Recelo, desconfianza, antipatía y suspicacia habían dominado las relaciones entre los dos a partir de la salida del libro With Clough by Taylor y hasta mayo de 1982, momento de la salida consensuada de Taylor desde el Nottingham Forest. Pero incluso en el marco de esa guerra fría los dos técnicos habían mantenido un buen trato y un cierto grado de mutuo respeto. Ahora no. Ahora no habría siquiera más espacio para ningún tipo de formalidad. A partir del descubrimiento de la negociación entre Robertson y Taylor, Brian Clough rompió toda relación y todo contacto con su viejo amigo y asistente, ya devenido en su peor enemigo. En represalia con Robertson, además, Clough decidió embargarle el resto del sueldo al jugador escocés, lo cual llevó a las partes a un tribunal.

En junio de 1983 el fallo de una corte de Nottingham estableció que el Derby County debía desembolsar las 113 mil esterlinas que restaban para pagarle a John Robertson. Un fallo que condicionaría negativamente la campaña de pases de Derby para la temporada 1983-84 y que a la postre podría considerarse como una de las causas del descenso a Tercera División que el County sufrió en 1984, con Peter Taylor dimisionario a unas fechas del final del torneo.

Pero lo que más importa es que tras ese día de junio 1983 en el Tribunal en lo Civil de Nottingham, Brian Clough y Peter Taylor nunca más se volvieron a encontrar y nunca jamás volvieron a mediar alguna palabra. Sería durante todo el resto de la década un cruce a distancia de acusaciones mediante la prensa. En una entrevista de julio 1983, Clough definió a Taylor una "serpiente de cascabel" y comentó que "con él (Clough ya ni pronunciaba su nombre) nos cruzamos casi todos los días sobre la A52. Pero si su auto se rompiese y lo viera haciendo dedo, no me pararía y seguiría de largo".

Un día de 1989, cuando el periodista Duncan Hamilton lo visitó en su despacho, Clough hojeaba un diario en el que aparecía una entrevista a Peter Taylor. En la nota su exasistente, entre otras cosas, le recomendaba a Clough de retirarse cuanto antes del fútbol, para no sucumbir ante la presión mediática y la de directivos cada vez más exigentes. Clough -relatado por Hamilton en su libro Provided you don't kiss me- estrujó al diario y terminó arrojándolo al cesto de la basura. De nada servirían los elogios que en los siguientes meses Taylor dirigió a Nigel Clough, el hijo de Brian, devenido desde 1984 en el mejor delantero de Nottingham Forest: "No me importa absolutamente nada lo que él diga sobre nuestro Nigel. No voy a agarrar ese teléfono, no le voy a llamar. Una vez éramos amigos, pero nunca jamás volveremos a serlo. Y eso es todo".

***

El 4 de octubre de 1990, mientras disfrutaba de una vacación en Mallorca, en la localidad Costa de los Pinos, Peter Taylor murió de fibrosis pulmonar a sus 62 años. Se iba así uno de los héroes más grandes de la historia del Nottingham Forest. Era una pérdida grande para el fútbol inglés, el Forest, el Derby County y que de repente sumía en el dolor más hondo el propio Brian Clough. El técnico transcurriría el resto de su vida lamentando no haber enterrado el hacha de guerra. Cuando en 1993 Clough fue obsequiado con el Freedom of Nottingham, la condecoración más importante de la ciudad, el DT oriundo de Middlesbrough declaró: "Mi único remordimiento es que mi amigo no esté aquí".

DE LA GLORIA AL ALCOHOLISMO: EL DESCENSO Y EL ADIÓS DE BRIAN CLOUGH

Brian Clough quedó al mando del Nottingham Forest hasta mayo de 1993. Nunca jamás volvió a salir campeón de la League y tampoco pudo volver a triunfar en el campo internacional. La temporada 1983-84, en la cual el Forest participó en la Copa UEFA (la actual Europa League) pareció abrirle el camino hacia ese gran triunfo que tanto habría necesitado para alejar para siempre el fantasma de Peter Taylor y demostrar que él, sin su histórico brazo derecho, podía triunfar solo. Pero el sueño se truncó en la semifinal contra los belgas de Anderlecht. Tras ganar de local 2-0 el encuentro de ida, el Nottingham viajaba a Bélgica como gran favorito. El 0-3 final marcó un duro traspié, que le quitó a Clough y a su equipo la ilusión de recuperar la grandeza de los años anteriores. Un resultado sobre el cual pesaban las polémicas y controvertidas decisiones del árbitro español Guruceta Muro, quien además de cobrar un dudosísimo penal en ocasión del 0-2, también anuló inexplicablemente un gol del Nottingham Forest sobre la hora, que habría significado el 1-3 y la clasificación de los ingleses por los goles de visitante. Solo 15 años más tarde se reveló que el colegiado ibérico (entretanto fallecido) había recibido una coima por parte del club belga.

En el Nottingham Forest de esos años llegarían a destacarse importantes protagonistas del fútbol internacional, como el arquero holandés Hans Van Breukelen, el mediocampista Steven Hodge (el dueño de la camiseta de Maradona de Argentina-Inglaterra del Mundial 86), el lateral Stuart Psycho Pearce, el volante irlandés Roy Keane, además del hijo de Brian Clough, el ya mencionado Nigel, aun al cierre de esta publicación segundo goleador histórico del club.

Pero el Forest era otro Forest. Los finales de los años 1980 si bien vieron al Nottingham volver a triunfar en la Copa de Liga (1988-89 y 1989-90) y alcanzar en tres ocasiones el tercer puesto, nunca podrían acercarse a las cumbres de gloria de la edad de oro vivida entre 1976 y 1980. A la decadencia financiera y técnica del club se agregó encima la tragedia del Heysel. Antes de la final de Copa de Europa 1985 entre Juventus y Liverpool, una avalancha humana provocada por la violenta agresión de los hooligans dejó un trágico y sangriento saldo de 39 víctimas fatales. El partido, disputado finalmente por razones de seguridad, finalizó con la victoria por 1-0 de la Juventus. Al margen de la enorme catástrofe, la violencia de los delincuentes de Liverpool terminaría perjudicando el entero movimiento futbolístico de Inglaterra. Días después del horroroso desenlace, la UEFA decidió suspender a todos los clubes ingleses por 5 años desde todas sus competiciones, con una sanción de 8 para Liverpool (luego reducida a 6 años). Aquello le quitó la posibilidad al Nottingham Forest de jugar en tres temporadas de la Copa UEFA, desde 1988-89 hasta 1990-91.

***

En esa misma campaña 1990-91, Brian Clough y su Nottingham tuvieron la chance de conquistar el gran trofeo que faltaba a la colección: la FA Cup/ Copa de Inglaterra. Pero en Wembley, después del tiempo extra, el Forest perdió 2-1 por el Tottenham. Lo llamativo fue la actitud de Clough: si bien sabía que estaba jugándose su gran última chance en el fútbol, antes del comienzo del suplementario había quedado inexplicablemente sentado en el banco, sin darle el mínimo aliento a sus dirigidos, casi todos en su primera final importante de la carrera. Su rostro parecía el de un hombre rendido al fracaso y consciente que lo mejor de sí ya había quedado en el pasado.

Esa máscara lucida en Wembley era el reflejo de una vida que desde hacía algunos meses había empezado a correrle encima en sentido contrario. Como visto muchas veces lo largo de este relato, el alcohol jugó un rol social increíblemente fundamental en las victorias domésticas y europeas del gran Nottingham Forest de los años de oro. Como en ocasión de la borrachera a base de champán que Clough y Taylor habían programado en el hotel de Londres la noche antes de la final de Copa de Liga de 1979. O como las cervezas tomadas sobre el micro antes de los partidos contra Liverpool y Malmö en la primera Copa de Europa. O aún en la siguiente campaña europea, con el paseo en la zona roja de Ámsterdam antes de la semifinal con Ajax y la semana de relax y libertad en Mallorca, en preparación a la segunda final consecutiva de la futura Champions.

Pero el alcohol desde una apariencia jocosa, ahora había asumido plenamente los tintes dramáticos de un monstruo que poco a poco había empezado a devorarse la vida de Brian Clough. Entre los varios autores y periodistas que han cubierto esos años del Nottingham y del fútbol de Inglaterra, existe una aceptada versión según la cual la muerte de Peter Taylor hundió a Clough en una insanable depresión. Clough era evidentemente una persona acostumbrada a tomar. Lo hacía para no aburrirse en las concentraciones, para relajarse antes de volar en avión, para festejar una victoria o, como visto, para incentivar el espíritu de camaradería entre él y sus dirigidos.

Pero ahora que su aventura en el Forest había tomado una parábola descendiente y que el sentimiento de culpa por no haber hecho la paz con Taylor lo estaba matando, Clough se abandonó a ingestiones alcohólicas cada vez más copiosas y frecuentes. Entre 1990 y 1993 no era insólito que llegase tarde y completamente ebrio a los entrenamientos o que directamente no se presentara para dirigir las prácticas. Su capacidad de interacción también estaba siendo afectada. Como señala en su obra el

periodista Duncan Hamilton, "eran varias las ocasiones en las que Clough empezaba una oración y se perdía en el medio de ella, sin saber cómo terminarla". O más grave todavía: "En las últimas temporadas estaba más que claro que Clough no podía mantener el control del equipo, ya que le era cada día más difícil dominar a sí mismo. Un día, mientras charlábamos sobre la condición del plantel, Clough no pudo recordar el nombre de uno de sus titulares. 'Viste, el tipo ese, rubio, que juega en defensa, a la derecha. Uh... dale, lo ubicas ¿no?".

Así y todo, la directiva toleraba estas conductas y ese estado, pues los resultados seguían avalando la posición de Clough, quien con la incorporación de jóvenes como Roy Keane, Teddy Sheringham y el escocés Scott Gemmill -el hijo de Archie- logró mantener el Forest a un nivel de discreta competitividad. En este sentido, la campaña de 1991-92 podía ser saludada positivamente. A pesar de no lograr el regreso a Europa, el Forest finalizó el torneo de Primera en octava posición y alcanzó además a dos finales en Wembley: la primera era la de la séptima y última edición de la Full Members Cup, ganada 3-2 en la prórroga contra Southampton; la segunda en la Copa de Liga, donde esta vez el Nottingham tenía que rendirse frente al Manchester United de Alex Ferguson.

***

Pero estos resultados escondían la enfermedad que poco a poco se estaba llevando la vida de Brian Clough. Solamente con la campaña 1992-93 y la primera temporada de la nueva Premier League todos los problemas del técnico salieron a flote. El equipo viajaba de derrota en derrota. Clough, si es que se presentaba a la rueda de prensa, lo hacía luciendo la cara de un individuo más cercano a los 70 años, cuando tenía 58. Su rostro, perennemente demacrado, no podía disimular con su rojez el constante abuso de alcohol que él se obstinaba a negar, así como negaba la situación cada vez más precaria en la cual el Forest se hundía fecha tras fecha. "Este equipo no puede descender", seguía reiterando Clough, que a las críticas continuaba a oponer los triunfos conseguidos, como si los laureles del pasado resguardaran al Nottingham Forest de la amenaza de descenso.

Era un hombre que ya no podía sostener el ritmo de un mundo que había cambiado radicalmente desde los días en los que él lo había pisado por primera vez. El fútbol eran un deporte cada vez más atlético, donde la búsqueda de recursos tácticos se hacía siempre más espasmódica y Brian Clough había sido excesivamente terco con su actitud en ignorar los esquemas de los equipos contrarios y las habilidades individuales de los rivales de turno. Sus métodos de los años 1960 ya no alcanzaban para hacerle frente a las estrategias cada día más elaboradas que presentaban sus colegas. La silueta y el rostro de Clough parecían en esa temporada inaugural de la Premier League el holograma de otra época, una figura que no encajaba más con esa realidad, donde el star system de la Premier corría frenéticamente hacia el siglo XXI. Era como un viejo general que había combatido demasiadas batallas y que como el Quijote ahora se encontraba enfrentando a los molinos de viento.

***

A pesar de todo, el City Ground el 1º de mayo se colmó de pasión, como en las mejores noches de Copa de Europa. En el Día de los Trabajadores, el Nottingham Forest celebró por última vez el working class hero Brian Clough: el Nottingham fue superado 2-0 por Sheffield United y la derrota número 21 en el torneo decretó luego de 16 años su descenso a la segunda categoría del fútbol nacional.

Pero los hinchas ya habían entendido y se habían preparado a ese descenso. No importaba perder la categoría. No importaba que ello fuese el fruto de un drama humano que de a poco se estaba llevando lo mejor de una vida. Lo que contaba en ese sábado de primavera era abrazar a ese hombre, que había entrado en esa cancha como un emperador 6.690 días antes, el 6 de enero de 1975, y que ahora la abandonaba como si fuera una reliquia viviente. Pareciera que toda Nottingham estuviese allí para darle un último abrazo, una última caricia a ese sweater verde color Robin Hood que Brian Clough lucía por última vez ante su gente, y que había vestido en muchísimas de las 967 batallas conducidas hasta ese día. Era una dulce muerte, futbolística por cierto, pero la primera de las muertes de Clough.

El llanto melancólico de la gente era un adiós sincero y agradecido a una entera época del Nottingham Forest y del fútbol inglés. Un mundo en el cual Brian Clough había devenido en el indiscutido rey de ese pequeño club -Cloughie The King- ligando su nombre de manera indefectible al del Nottingham Forest.

Era la despedida a un mundo del fútbol que nunca más volverá a ser lo que era, pero que quedará vivo en la memoria y en los sueños de quienes aman a este deporte.

CAPÍTULO 9

ADIÓS A TODO ESTO

Había llegado al mundo en un primer día de primavera. Se iba un último de verano. El 20 de septiembre de 2004, a más de once años de su despedida del mundo del fútbol, Brian Clough saludaba para siempre la vida terrenal. Inútil fue un trasplante de hígado al cual se sometió en enero de 2003. Las décadas de abuso de alcohol -y en particular la de 1990- habían cobrado un precio durísimo con su salud y un cáncer de estómago terminó llevándose su vida: tenía 69 años.

Dos ciudades, Derby y Nottingham, desde siempre divididas por una pelota, se unieron en un común abrazo para despedir al hombre que había sido héroe en ambas patrias. Clough murió en el Hospital Municipal de Derby, la ciudad donde vivía desde casi 40 años y que no había abandonado cuando en 1975 había tomado las riendas del Nottingham Forest, prefiriendo viajar diariamente sobre la Autopista 52 para alcanzar el City Ground.

Como de tradición en Gran Bretaña, a un mes de la defunción suele realizarse una misa de sufragio para conmemorar al difunto y el 21 de octubre de 2004 estaba prevista una para Brian Clough en la catedral de Derby. Sin embargo, las autoridades locales tuvieron que desplazar la ceremonia a un lugar más amplio, ya que miles de personas habrían estado imposibilitadas a acceder al templo. El rito se llevó a cabo finalmente en el Pryde Park, la nueva cancha de Derby County, con la presencia también de miles de hinchas del Nottingham Forest. Desaparecía para siempre el mejor técnico que jamás dirigió a la selección de Inglaterra y era ahí que su nombre empezaba a hacerse leyenda.

A Brian Clough están dedicadas tres estatuas: una, emplazada desde el 16 de agosto de 2007 en el Albert Park de Middlesbrough -el parque que frecuentaba de niño en su ciudad natal-, que retrata a Clough jugador,

vistiendo la camiseta del Boro en sus años de goleador; la segunda es el conjunto de estatuas que reproduce a Clough y Taylor sosteniendo la copa del campeonato ganada con Derby County en 1972, colocada desde agosto de 2010 en las afueras del Pryde Park, el estadio del County; la tercera es la que está presente desde el 6 de noviembre de 2008 en la Old Market Square de Nottingham donde Old Big Ead está representado con su clásico sweater, pantalón deportivo y zapatillas, como vistió en la gran mayoría de los encuentros en los que dirigió al Nottingham Forest.

La Executive Stand del City Ground de Nottingham, la principal tribuna del estadio del club, se llama hoy en día Brian Clough.

Al director técnico de los años de oro están dedicadas también una marca de cerveza artesanal producida por la Castle Rock Brewery y la Autopista 52, la ruta que conecta Nottingham y Derby, pasó a llamarse A52 Brian Clough Way.

UNA HAZAÑA OLVIDADA EN UN MARE MAGNUM DE TRIUNFOS INGLESES

El Nottingham Forest de Brian Clough es quizás el menos recordado entre los grandes del fútbol. Tal vez porque nunca fue un grande, pero sí un pequeño club que de la mano de un gran estratega supo bailar sobre el mismo escenario de los grandes y al mismo nivel que ellos durante al menos tres años.

La Hungría de 1954, el River Plate de La Máquina, el Real Madrid de Di Stéfano, el Benfica de Eusebio, el Brasil de Pelé, el Inter de Herrera, el Brasil de México 70 (siempre con Pelé en la cancha), Alemania Occidental de 1972/74, el Ajax de Cruyff y la Holanda de 1974, el Independiente de Bochini, el Bayern de Beckenbauer y Müller, el Borussia Mönchengladbach de Weisweiler y Lattek, el Liverpool de Paisley, el Brasil de 1982, el Napoli de Maradona, el Milan de Sacchi o el de Capello, el Parma de Scala, la Juventus de Lippi, el Manchester United de Ferguson, el Boca de Bianchi, el Barcelona de Messi y Guardiola, la selección de España campeona europea y mundial o el Real de Cristiano Ronaldo y Zidane. Tantos son los equipos o las selecciones mundialmente recordados por sus enormes gestas o por el despliegue de juego encantador que han sabido entregar a las plateas de medio mundo.

Llamativo, sin embargo, es que el Nottingham Forest de Brian Clough haya en cambio tenido tan poco reconocimiento, pese a ser uno de los apenas ocho clubes que ganaron en campañas consecutivas la Copa de Europa. Una inadvertencia tan fuerte a tal punto que muchas personas -incluyendo apasionados de fútbol- preguntaron al autor de este libro de qué equipo iba a tratar esta narración y porqué el Nottingham Forest fuese meritorio de tanta atención.

***

Uno de los factores que probablemente opacaron la hazaña del Nottingham Forest de Brian Clough fue el hecho de que su secuencia de victorias se logró en una época donde los clubes de Inglaterra dominaron las competiciones europeas.

Las dos victorias consecutivas del Forest, de hecho, vinieron detrás de un doblete de Liverpool (1977 y 1978) y, luego del doble triunfo del equipo de Clough, hubo otra victoria de Liverpool (1981) y el solitario triunfo de Aston Villa (1982), por un total de seis conquistas consecutivas por parte de clubes ingleses en la Copa de Europa, una sucesión de coronaciones jamás repetida por otro país en la historia del torneo al cierre de esta publicación. En general, en la época entre 1966 (año del Mundial ganado en casa por su selección) y 1985 (el año de la tragedia de Juventus-Liverpool en el Heysel), Inglaterra consiguió con sus clubes la Copa de Europa en ocho ocasiones, con otros dos finalistas derrotados; tres Recopas de Europa, con otros dos subcampeonatos; cinco ediciones de la Copa UEFA, con dos subcampeones más. Ocho equipos entonces -además del Nottingham Forest- contribuyeron a hacer de Inglaterra el movimiento futbolístico de clubes más glorioso y poderoso en esa época.

UNA LEYENDA A LA SOMBRA DE OTRA

Otro elemento a tener en cuenta es que el Nottingham Forest llegó a esos triunfos actuando en el papel de aguafiestas de Liverpool, que es muy probable que de no perder esa serie contra el Forest en la primera ronda de la Copa de Europa 1978-79, quizás habría podido completar al menos un triplete de triunfos en la máxima competición y, tal vez, de la mano de una posible tercera Copa de Europa seguida, podría incluso haber estirado su serie a cinco victorias al hilo (considerando también la posterior conquista de 1980-81), quedando como un equipo verdaderamente inmortal. No cabe olvidar que, mientras el Nottingham Forest levantaba al cielo de Europa la copa con las grandes orejas, el Liverpool en el torneo inglés estaba imparable y conquistaba los títulos de la Primera División en 1978-79 y 1979-80 sumando en total 20 puntos más que el Nottingham (con victorias que valían 2 unidades), adelantando por 8 y 12 puntos, respectivamente, al equipo de Clough en los otrora mencionados torneos. Si se agrega a estos datos la victoria de la Copa de Europa en 1980-81 (la tercera en cinco temporadas), efectivamente es difícil resistir al interrogante: ¿fue

realmente más fuerte el Nottingham Forest de Brian Clough con respecto al Liverpool de Bob Paisley?

La consideración de quien les ha alcanzado esta historia es que probablemente no lo fue, al menos no en el largo plazo, y probablemente sea éste uno de los aspectos más fascinantes de toda la epopeya. La continuidad ostentada por los Reds de Merseyside entre 1975 y 1981 fue realmente impresionante, con cuatro campeonatos ganados (récord de 68 puntos en 1978-79) y un subcampeonato en Primera División (el de la temporada del Nottingham campeón), tres Copa de Europa, una Copa UEFA, dos Supercopas UEFA y una final de Copa de Liga.

Ya, la Copa de Liga. Fue probablemente el triunfo en la segunda copa inglesa que marcó el punto de giro de la historia gloriosa del Nottingham. Fue en esa doble final de marzo 1978 que el Forest supo que le arrebataría al Liverpool el título de campeón de la League en mayo, como efectivamente ocurrió al cabo de una serie invicta impresionante. Y fue después nuevamente contra los Rojos de Merseyside, en los dieciseisavos de final de la Copa de Europa en septiembre de ese mismo 1978, que el equipo de Brian Clough truncó el camino rumbo a la gloria de su rival también en el ámbito europeo.

Un semestre el de marzo/septiembre de 1978 que se reveló decisivo para darle al Nottingham Forest un nombre en la eternidad. Fueron los meses en los que el Nottingham sacó máximo provecho para quitarle a Liverpool una larga parte de gloria y flanquear al club de Anfield Road en la historia grande de esos años.

En una entrevista al diario The Guardian, Garry Birtles, el grácil delantero héroe de las noches europeas, quizás haya descrito de manera perfecta la epopeya del Nottingham Forest en los años grandes de Liverpool: "A veces cuando miro los partidos de Liverpool por televisión, me cae siempre un ojo sobre la grada principal, donde se ubica su histórica hinchada, la KOP. Ese grupo en todos los encuentros expone una bandera, sobre la cual son reportados los años de las victorias de Liverpool en Copa de Europa. Y entonces cuando empiezo a repasarlos se lee 77, 78, 81... Y ahí, ahí estamos nosotros, pienso siempre. Ese hueco entre la segunda y la tercera fecha es lo que cumplimos nosotros en esos años irrepetibles".

Las victorias del Nottingham Forest de Brian Clough aminoraron en esos tres años la grandeza de Liverpool. Sin embargo, el equipo de Anfield, aún con Bob Paisley al mando y luego con su sucesor Joe Fagan, ha sabido mantener más alto su nombre en los años siguientes, ganando otras dos Copa de Europa en 1980-81 y 1983-84 (más la trágica final perdida en 1985) además de un sinfín de campeonatos (siete en diez años) y Copa de Liga (cuatro consecutivas entre 1980-81 y 1983-84), prácticamente marcando una suerte de década de oro que va de 1975 a 1985 y que a la postre terminó eclipsando lo que hizo el Nottingham con Clough.

UN RECONOCIMENTO TARDÍO

El gran ciclo del Forest ha sido tan desdeñado que el propio Museo Nacional del Fútbol de Manchester no incluyó el equipo de Clough en su Salón de La Fama hasta el año 2016, cuando tal reconocimiento ya había sido otorgado a equipos cuyas victorias no llegan de ningún modo a igualar la grandeza de lo que hizo el Garibaldi entre 1977 y 1980. De hecho, salvo la selección inglesa campeona mundial en 1966 y quizás el Liverpool de Paisley, ningún otro equipo presente en el Salón de la Fama antes de 2016 superaba por importancia, cantidad o secuencia de triunfos al Nottingham Forest de Brian Clough. Estaba ya el Manchester United de Matt Busby, campeón de Inglaterra en 1967 y de Europa al año siguiente. Presente el Aston Villa de 1982, campeón de Europa al cabo de una campaña continental marcada incluso por un cambio de técnico durante su carrera rumbo al triunfo. E incluso ya habían recibido este obsequio equipos que ni siquiera se han coronado campeones continentales, como el Manchester United de los Busby Babes, bicampeones de Inglaterra entre 1955 y 1957, o el Manchester City de Joe Mercer, campeón de Inglaterra en 1967-68, de la FA Cup en 1968-69 y ganador de Copa de Liga y Recopa de Europa en 1969-70.

Solamente el 3 de noviembre de 2016, tras una petición del Consejo Municipal de Nottingham, el Forest de Brian Clough ha recibido el merecido reconocimiento.

UNA EPOPEYA SIN GRANDES ESTRELLAS

Otro elemento que contribuyó a dejar en el olvido la gran historia del Nottingham Forest es posiblemente el hecho de que no haya contado con una estrella indiscutida en el campo de juego.

El gran Real Madrid de 1955-60 fue sin lugar a dudas de Alfredo Di Stéfano más que de otros grandísimos fuera de serie que jugaron en ese fantástico lustro, como Puskás, Kopa o Rial. La Saeta rubia estuvo en las cinco victorias, como Francisco Gento, pero era indudablemente Di Stéfano el hombre que llevaba puesto el sello de esa enorme serie de triunfos, gracias a los 34 goles conquistados en las cinco exitosas campañas (siete tantos anotados en finales).

El Ajax del Fútbol Total es recordado como el Ajax de Johan Cruyff. Eso en primer lugar porque, luego de ganar la primera Copa de Europa en 1971, el técnico Rinus Michels le dejó el bastón de mando al rumano Raymond Kovacs, y en segunda instancia porque Cruyff, al margen de no ser el goleador del equipo (anotó 8 goles en las tres campañas), era el futbolista más talentoso del cuadro de Ámsterdam y casi siempre las jugadas decisivas de los holandeses pasaban por sus pies, ya sea por sus irresistibles amagues o por sus asistencias. Los tres Balones de Oro que le obsequiaron están ahí para recordarlo.

El Bayern que repitió el triplete de Ajax, inmediatamente después de los holandeses, fue un equipo cuyos líderes indiscutidos eran Franz Beckenbauer y Gerd Müller, protagonistas también con la selección de Alemania Occidental en el Mundial de México 1970, en el triunfo en casa de 1974 así como en la victoriosa Eurocopa de 1972. Beckenbauer y Müller eran columnas insustituibles tanto en el Bayern como en la Mannschaft: el Káiser -doble Balón de Oro- fue el primer capitán de la historia que levantó tres veces consecutivas la Copa de Europa; el centrodelantero, con sus 18 tantos, fue el goleador de las tres temporadas europeas.

El Nottingham Forest, en cambio, fue siempre, principalmente, el equipo de Brian Clough, su director técnico, pues no hubo durante esos tres años un jugador o dos que sobresalieran de manera clara e incuestionable por encima del resto. Valga por todos el hecho de que los 32 goles inscriptos en las dos triunfales ediciones de Copa de Europa fueron anotados por 12 jugadores distintos. Lo de John Robertson fue, tal vez, lo mejor que se vio de ese equipo desde un punto de vista estilístico: su finta para afuera y amague final para adentro, a los que se acompañaban esos centros teledirigidos como aquel para Francis en Múnich contra Malmö, quedarán junto a su gol contra Hamburgo en Madrid como los testimonios más fehacientes de su papel fundamental.

Pero al margen de Robertson, al analizar el doble triunfo europeo del Nottingham no se puede dejar de observar que en uno y otro momento fueron varios los jugadores decisivos en las distintas eliminatorias. El lateral defensivo Colin Barrett lo fue incluso más que Garry Birtles contra Liverpool en la etapa inicial del primer triunfo continental, porque ese latigazo contra los Reds a dos minutos del final del encuentro de ida destrozó psicológicamente a los de Merseyside, condicionando la sucesiva revancha de Anfield. Ian Bowyer fue determinante en la semifinal contra Colonia, en tanto que Francis por supuesto en la final contra Malmö.

En la segunda Copa de Europa, Bowyer fue nuevamente resolutivo en el primer turno contra Östers: Robertson y Francis dividieron los méritos en cuartos y semifinales, en tanto que la segunda final, más allá del decisivo gol de Robbo, fue sobre todo la obra maestra de Peter Shilton, quien con sus manos de piedra no dejó la mínima chance a Keegan, Hrubesch y Magath.

Todos fueron indispensables y tal vez nadie imprescindible. Salvo quizás el propio Peter Shilton. El arquero fue un baluarte esencial de ese ciclo, que comenzó con los apenas 24 goles en contra del victorioso campeonato de 1977-78. El resto de su carrera lo dejará en evidencia: en 1990, Shilton con sus casi 41 años disputaría como titular inamovible su tercera Copa del Mundo consecutiva con la selección de Inglaterra. Pero Shilton era un guardameta, y si el recuerdo del gran Nottingham Forest pasa más por la continuidad y las atajadas de su portero que por los grandes goles y los destellos de clase con el balón a los pies de sus compañeros, es entendible que en el imaginario y en la historia el Forest quede a la sombra de equipos que ganaron menos, pero brindado un recuerdo más luciente a los apasionados/as de todo el mundo. Los Barcelona de Cruyff (tanto el Barça del Cruyff futbolista, como su más exitosa versión con el holandés dirigiendo) o el Napoli de Maradona fueron unos cuadros que soñaron con llegar hasta donde se trepó el Nottingham Forest de Clough, pero que gracias a la presencia de Cruyff y Maradona, dos cracks a la altura de Di Stéfano, Pelé, Platini, Zico, Van Basten o Messi, supieron instalarse con mayor ímpetu en los recuerdos de los amantes de este deporte.

En síntesis, el Nottingham Forest de 1977-80 quedará como el equipo de Brian Clough (o de Clough y Taylor). Ninguno de los futbolistas que lo representaron supo sobreponer su imagen a la de su técnico y ello ha sido un aspecto que posteriormente ha pesado sobre las consideraciones de los críticos e historiadores, más allá de si el juego del equipo inglés terminó siendo brillante o menos.

UNOS TRIUNFOS "SIN GRANDES OBSTÁCULOS"

Un motivo por el que se desestimaron los triunfos europeos del Nottingham Forest, es porque los críticos y apasionados de fútbol tienden a minimizar el contexto y los rivales de las dos ediciones de Copa de Europa donde los Arbolitos Traviesos se apoderaron de la gloria máxima.

Ya en 1979 la conquista de Múnich por parte de los hombres de Clough fue cuestionada justamente por este aspecto: una final contra Malmö, un equipo prácticamente desconocido, parecía desprestigiar al torneo y ya en ese entonces el redactor del semanal británico World Soccer aludía a la posibilidad de modificar la máxima competición europea de clubes, para que se permitiera en ella la presencia de "equipos históricos". De

alguna forma insinuaba ya una fórmula del certamen cercana a la que los seguidores de fútbol han conocido en las primeras décadas del siglo XXI.

Acostumbrados con la actual Champions League a la presencia permanente de grandes multinacionales y marcas del fútbol contemporáneo como Real Madrid, Barcelona, Bayern Múnich, Juventus, Manchester United o Paris Saint Germain, los historiadores y apasionados tienden a restarle valor a esas dos copas conquistadas por el Forest, pues casi ninguno de los rivales enfrentados por el Nottingham estaba equipado con el arsenal de estrellas de los otrora mencionados clubes que desfilan en cada temporada de la Champions.

Luego de la salida en las salas cinematográficas del documental "I believe in miracles" de Jonny Owen (inspirado en el homónimo libro publicado por el autor Daniel Taylor), el diario Mirror, junto a los autores del juego para computadoras Football Manager, realizó una simulación en la cual el equipo de Brian Clough de 1978-79 fue catapultado en la Champions League 2015-16. Insertado en un complicado grupo junto a Juventus, Atlético Madrid y Bate Borisov, los de Clough superaron la zona en el segundo lugar con 10 puntos, dejando afuera sorpresivamente a la Juve. Sin embargo, en octavos de final nada pudo el Forest contra el Paris Saint Germain, victorioso en la eliminatoria con un 4-2 global (3-1 en casa y 1-1 en el City Ground).

Un paralelo simulacro se condujo con el equipo de 1976-77 -el plantel que logró el ascenso a Primera-proyectado en la temporada 2015-16 del Championship, la segunda categoría del fútbol inglés en ese momento. El objeto era determinar qué tipo de desempeño ofrecería ese equipo a lo largo de cuatro temporadas, es decir, el mismo lapso que tardó el Nottingham Forest de Brian Clough para convertirse de un equipo de Segunda División a bicampeón de Europa.

Efectivamente el ascenso a la Primera División (Premier League en este caso) fue logrado inmediatamente, de manera mucho más contundente incluso que en la temporada 1976-77, pues en la simulación el Garibaldi se adjudicó el torneo con 95 puntos. Pero después ningún milagro. En la Premier 2016-17 una tranquila permanencia lograda con el 12º lugar; luego en las dos siguientes campañas unos leves mejoramientos, con el 9º puesto en 2017-18 y una 8ª posición en 2018-19.

Para el Mirror fue la prueba terminante de que en la actualidad dominada por patrocinadores multinacionales, representantes multimillonarios y primadonnas con botines de oro, el Nottingham Forest no sería más que un discreto equipo.

EL MILAGRO MÁS GRANDE DE LA HISTORIA DEL FÚTBOL

Al margen de lo que hayan fallado los algoritmos de Football Manager y de los preconceptos que genera en el observador contemporáneo la parada de estrellas y la seductora música de la Champions League, lo cierto es que nadie nunca jamás repetirá lo que fue capaz de lograr el Nottingham Forest con Brian Clough a sus riendas y con Peter Taylor supervisando la obra de su superior. Esta historia en definitiva mereció ser traída a los lectores porque representa algo absolutamente único en los libros de historia del fútbol mundial.

En 2015, en ocasión de las celebraciones de los 150 años de vida del Nottingham Forest, Trevor Francis dio una nota para la página web oficial del club y dijo que su decisivo gol al Malmö en la final de la Copa de Europa de 1979 "fue el más importante de la historia del Nottingham Forest". Una afirmación que en verdad esconde demasiados aspectos que hacen de la epopeya del Forest algo único e irrepetible.

Porque ese gol no hubiera sido posible sin que una noche de febrero de 1977 una intensa neblina procedente del río Trent interrumpiera un partido de Segunda División del Nottingham contra el Southampton. Un encuentro que, si el Forest no hubiese ganado después en la repetición, probablemente habría condenado al equipo de Clough a quedarse en Segunda División también para 1977-78. Cada gol de esa temporada de ascenso fue tan decisivo como el de Francis en Múnich, porque el Forest ascendió como tercero, es decir, saltando sobre el último coche del tren que llevaba a la máxima categoría. Y, encima, lo hizo teniendo que esperar a que otro equipo, el Bolton Wanderers, completara su calendario.

¿Qué hubiera sucedido si el Nottingham Forest no hubiese ascendido, hecho que logró por muy poco? Seguramente no habría jugado y lógicamente triunfado en el campeonato de 1977-78. Y sin esta última victoria no habría entrado en la Copa de Europa de 1978-79 y ni siquiera habría seducido los apetitos de gloria de Trevor Francis, quien seguramente en enero de 1979 habría optado por irse al Liverpool, al Arsenal u otra institución de la Primera División con mayores ambiciones del Nottingham Forest, que a esa altura quién sabe dónde habría estado sin el abrazo del alma con el que en mayo de 1977 Clough y sus dirigidos celebraron en el aeropuerto de Mallorca el salto a Primera. Lo que se puede asegurar es que, sin el ascenso en 1977, en enero 1979, cuando Trevor Francis devino en el Million pounds man, el Nottingham Forest no habría estado en camino a esa final de Múnich donde Francis hizo su debut en competiciones UEFA anotando "el gol más importante de la historia del Nottingham".

***

Nadie logrará ganar el campeonato inglés a una temporada de ascender con el último cupo útil para promocionar, y luego del triunfo doméstico coronarse por dos temporadas seguidas en la UEFA Champions League. O, al menos, si algún día volviera a repetirse, no sucedería de la forma que lo hizo el Nottingham Forest, manteniendo a cinco titulares del equipo del ascenso (Robertson, Anderson, O'Neill, Woodcock, Bowyer), incorporando de a poco jugadores expertos pero ya descartados por los principales clubes (Burns, Lloyd, Gemmill, Clark) y solamente haciendo dos inversiones verdaderamente onerosas con el arquero Shilton y el delantero Francis, quienes de todas maneras no venían de clubes de jerarquía superior.

El mundo del fútbol hoy en día está todavía abierto a resultados parecidos, pero aun así lejanos de lo que cumplió el Nottingham Forest. Cuando se empezó a escribir este libro, el Leicester City, club también de la zona de East Midlands, se coronaba campeón del fútbol inglés. El Leicester se adjudicó contra todo pronóstico la Premier League 2015-16 con un equipo en el que actuaba incluso un futbolista, el artillero Jamie Vardy, que hasta cuatro años antes ni siquiera jugaba en las categorías profesionales. Aun reconociendo en la hazaña del conjunto conducido por el DT italiano Claudio Ranieri un suceso sumamente extraordinario, no dejan de existir diferencias abismales con las de Nottingham Forest. El Garibaldi ganó, de hecho, el torneo de Primera División inmediatamente después de conseguir el ascenso. En cambio, el Leicester City tuvo que ambientarse una temporada en la máxima división (14º puesto en la Premier League 2014-15) antes de producir su impresionante victoria. Además los Zorros (el apodo del Leicester) ascendieron en 2013-14 como campeones de la segunda categoría inglesa, sostenidos por las inversiones de un magnate tailandés de apellido impronunciable (Srivaddhanaprabha) y se consagraron campeones tras el fichaje de jugadores con una experiencia internacional (Robert Huth, Shinji Okazaki, Gokhan Inler) superior a la de varias de las incorporaciones del Forest de esos años. Y de la Champions ni hablar. En la campaña 2016-17 la marcha del Leicester City en su única participación en la vieja Copa de Europa terminó deteniéndose en los cuartos de final frente al Atlético de Madrid.

Si algún día una hazaña como la del Nottingham se repitiese será porque algún súper multimillonario invertirá centenares de millones en un club del English Championship, entregando el equipo a un técnico que cabalgue la onda del éxito (no como Clough de enero 1975 que venía de los fracasos de Brighton y de Leeds) y armando un plantel con una importante cantidad de estrellas internacionales, cuyos pases superen en larguísima medida la cifra invertida por el Nottingham en septiembre de 1977 para traer a Peter Shilton, o más todavía el gasto enfrentado en enero de 1979 para obtener a Francis, quien llegó al Forest con el equipo ya campeón de Inglaterra, en camino a su segundo triunfo consecutivo en la Copa de Liga (donde no jugó) y ya clasificado a los cuartos de final de la Copa de Europa, donde solamente actuó en la gran final.

***

Quizás varios de los rivales que le ha tocado enfrentar al Nottingham Forest en esos dos años no fueron efectivamente equipos de alto fuste y con destacados protagonistas del fútbol mundial.

Pero en septiembre de 1978 el destino le entregó al equipo de Brian Clough el que probablemente fue el obstáculo más complicado con el que podría haberse topado cualquier equipo, más todavía un club en su debut absoluto en las competiciones europeas. Ese Liverpool había sido el equipo más brillante de los últimos tres años. Los resultados internacionales que había logrado estaban ahí a testificarlo, con la Copa UEFA de 1975-76 y las dos siguientes ediciones de Copa de Europa que enaltecían a los de Merseyside por encima de todos. Haciendo una comparación con temporadas más recientes de cuadros europeos más recordados, ¿qué hubiese sido, por ejemplo, del Milan de Carlo Ancelotti si en septiembre de 2002, al comienzo de la Champions League 2002-03 (luego ganada por los rossoneri), el equipo italiano se hubiese visto la cara con el Real Madrid de los Galácticos (el entonces último campeón de la Champions) en una eliminatoria? ¿O cómo habría sido el camino del Barcelona de Pep Guardiola y Messi si en septiembre de 2008 -al inicio de su finalmente triunfal participación en Champions League 2008-09- hubiese jugado una eliminatoria directa contra el Manchester United de Alex Ferguson y Cristiano Ronaldo, campeón defensor en ese momento de la Orejona?

Tanto ese Milan como aquel Barcelona, aun quedando afuera, con las nuevas reglas de ingreso al torneo habrían tenido seguramente otras chances de entrar a la Champions, de la misma manera que lo hicieron en 2002-03 y 2008-09, respectivamente. En efecto, ni el Milan de Ancelotti -campeón de Europa 2002-03- ni el Barcelona de Guardiola -campeón continental en 2008-09- se clasificaron a esas respectivas ediciones de la Champions League como vencedores de sus ligas nacionales. El Nottingham Forest de Brian Clough tuvo en cambio (como quedó más claro a la postre) solamente esa oportunidad y la aprovechó de la mejor manera: pudo clasificarse al más importante torneo de Europa solamente al coronarse campeón nacional y después superó inmediatamente, en primera ronda, el escollo más amedrentador y peligroso que le podía tocar en ese momento.

Su excepcionalidad reside precisamente en esto, que viniendo desde abajo, con un equipo en el que actuaban varios intérpretes ajenos al fútbol de Primera División, supo explotar a la perfección todas las chances que se le presentaron a lo largo de tres años. Se encontró en el lugar justo y

en el momento indicado. Aprovechó una pequeñísima fase de flaqueza y saciedad en el ciclo de Liverpool para injertarse en su trama de triunfos y llevarse una enorme porción de historia del balompié. El Real Madrid -ya en ese entonces el máximo ganador de todos los tiempos en Copa de Europa- estaba ahí presente en esas dos ediciones, pero los dos rivales que lo bajaron de la carrera (Grasshopper en 1978-79 y Hamburgo en 1979-80) luego no pudieron contra la armada de Clough.

El del Nottingham Forest fue definitivamente el milagro más grande de la entera historia del fútbol. Probablemente también la mayor hazaña en absoluto, porque ningún otro club que triunfó en la historia de la Copa de Europa/Champions League tuvo que arrancar desde donde lo hizo el Nottingham Forest a fines de los años 1970, y en este sentido el de East Midlands puede ser visto como el equipo más grande de todas las épocas, al menos midiendo su fuerza por el valor de lo que ganó, el punto desde donde partió y la brevedad del tiempo en el que ha alcanzado una secuencia de logros que de por sí tiene pocos otros ejemplos en la historia.

El Real Madrid de Zidane (técnico) y Cristiano Ronaldo que ganó tres Champions entre 2015 y 2018 o el tan alabado Barcelona de Pep Guardiola que entre 2008 y 2012 ganó dos Champions y tres títulos consecutivos de la Liga (con triplete en 2008-09) fueron conjuntos que entregaron actuaciones espectaculares, estadísticas impensables y una cifra estética pocas veces vista en la historia de este deporte. Pero ¿desde dónde llegaban? En 2007-08 -la última campaña antes de la asunción de Guardiola-, el FC Barcelona fue semifinalista de la Champions League, tercero en la Liga de España y contaba con muchos jugadores que habían integrado el plantel del equipo en 2005-06, cuando el club catalán se alzó por segunda vez campeón de Europa; el Real Madrid en 2015, también semifinalista de Champions, con la última Copa de Europa conquistada apenas en 2014. En dichos términos prácticamente nadie podrá hacer lo que realizó el Forest. Un club hundido en la Segunda División de su país que de repente, en el breve lapso de poco más de mil días, conquistó a Europa como poquísimos otros clubes han logrado en la historia, quedando en un selecto elenco del que al cierre de esta publicación no hacen parte gloriosas instituciones como Barcelona, Juventus, Manchester United, Porto o Chelsea (y ni hablar de Arsenal, Atlético Madrid, Valencia o Anderlecht que ni siquiera ganaron una Copa de Europa/Champions League).

ADIÓS A TODO ESTO... NUNCA MÁS SE VERÁ ALGO ASÍ

Termina aquí entonces este cuento futbolístico de pobres que robaron a los ricos. Pero como Robin Hood, quien solamente podía robarle a los nobles pero no arrebatarle finalmente el poder, Nottingham Forest y sus hinchas que sí habían ganado grandes batallas, pero que no habían ganado la guerra. Intuían que el Forest, pese a esos enormes logros, no podría instalarse en la elite del fútbol europeo de modo estable. En 2005, cuando Liverpool -el gran rival de los años de oro- ganó la UEFA Champions League y conquistó su quinta Copa de Europa, el Nottingham Forest caía en el infierno de la League One, la tercera división inglesa, alcanzando el triste récord de ser el primer club campeón de Europa en descender al tercer nivel de la pirámide futbolística de su propio país.

Mientras me despido de ustedes, el Nottingham Forest lucha en la Segunda División (el Championship) tras 20 años fuera de la Premier League, ilusionándose con volver arriba, pero temiendo sobre todo caer nuevamente abajo, cautivo de un pasado glorioso que invade su ineludible dimensión provincial, alejadísima de días de triunfos que -al menos a corto plazo- no volverán.

Brian Clough esa mañana del 2 octubre de 1980, en esa conferencia de prensa el día después de la eliminación sufrida frente a CSKA Sofía en su tercera aventura en Copa de Europa, descorchó una botella de champán y tomó un trago mirando la Copa de Europa con mucha justicia y enormes razones: "We shall say goodbye to her in style (Tenemos que despedirla con elegancia)". Celebraba el adiós a algo que nunca más será visto en la historia de este deporte, a una aventura que nadie podrá repetir con ese mismo factor sorpresa, con esa estudiada improvisación, con esa azarosa e impresionante combinación de eventos que la hicieron posible y, sobre todo, con esa forma tan poco convencional de manejar a un plantel de jugadores, un auténtico grupo de amigos.

Esta fue la historia de un hombre orgulloso, ambicioso, seguro de sí mismo y de un equipo que junto a un viejo amigo supo plasmar a la imagen de su desmedida e insuperable avidez por ser el número uno. La historia de un equipo de fútbol que quizás no brilló por jugadas de antología, jugadores fenomenales y goles inolvidables. Sin embargo, es una historia que cada vez que volveremos a leerla, mañana o en mil años, nos hará amar siempre a este juego loco y maravilloso. Si aún conservamos un gran amor y pasión por el fútbol es también gracias a historias como la que le ha entregado al mundo el Nottingham Forest de Brian Clough.

AGRADECIMIENTOS

En la realización de esta obra ha sido fundamental la ayuda de Alan Smith, hincha del Nottingham Forest y -a su manera- protagonista de la época relatada en este libro. Su hospitalidad en Nottingham ha sido magnífica, haciéndome sentir en todo momento como uno más entre sus amigos más queridos, siempre disponible a aclarar todo tipo de detalle inherente el equipo, los acontecimientos particulares que vivió el cuadro de Brian Clough u otros aspectos de los principales protagonistas de la epopeya. Inolvidable la visita al City Ground en ocasión de un partido del Championship en agosto de 2016, así como inolvidables las pintas de cerveza tomadas antes y después del partido y en otras ocasiones (siempre disfrutadas de manera muy responsable).

Un agradecimiento grandísimo va por supuesto a Colin, quienes me puso en contacto con Alan Smith, permitiéndome a la postre recabar las otrora mencionadas informaciones y anécdotas sobre los años abarcados por el relato.

Una mención de honor va a Martín Baña, investigador del CONICET y titular de la cátedra de Historia de Rusia en la Universidad de Buenos Aires, gran apasionado de fútbol, quien de manera absolutamente gratuita ha prestado muchas horas de su tiempo para revisar y corregir los capítulos de este libro, dando una imprescindible contribución a su redacción.

Particularmente grato seré siempre también con Howard Neil Crowston, hincha del Nottingham Forest residente en la provincia de Buenos Aires, Argentina, por su asesoramiento histórico acerca de los aspectos más aparentemente insignificantes, pero importantísimos a la hora de detallar las atmósferas de los estadios y de los partidos del fútbol inglés a finales de la década de 1970.

Mucha gratitud para Javier Tabares, por su sostén a la hora de emprender este proyecto, así como a la propia editorial LIBROFUTBOL.com por haberme dado la oportunidad de traer a los lectores esta historia.

No puedo desconocer el rol importantísimo que tuvo para la realización de este texto el instituto de Periodismo General y Deportivo TEA y DeporTEA, de la Ciudad Autónoma de Buenos Aires, donde cursé la carrera de Periodismo Deportivo entre 2011 y 2013, consiguiendo allí las imprescindibles herramientas lingüísticas para poder redactar de la forma más correcta este libro. Un reconocimiento muy importante va al director Jorge Búsico, a Andrés Mazzeo, Pablo Vicente, Eugenia Cima, a la inolvidable Mirta Muñoz y sobre todo a Marcelo Máximo, así como a mis compañeros/as de cursada, todos indispensables en esos años para aprender a dominar y consolidar el conocimiento del idioma y desarrollar mi foco periodístico hacia temáticas no abarcadas por los medios dominantes.

Un particular reconocimiento también a Reyna, quien me acompañó durante los primeros años en la Argentina, indispensables para el aprendizaje del idioma castellano.

Como olvidar mi hermosa familia, mis padres Andrea y Luisa, mi hermana Matilde, mi cuñado Stefano, mi hermoso sobrino Giuno, así como mi tío Roberto y su familia brasileña, todos incondicionales en apoyar mis aspiraciones de una vida distante de mi país de origen aquí en Sudamérica.

Una dedicatoria especial también a Alan, Gastón, Lorenzo, Patricio y a mi sobrina Florencia (no necesariamente en este orden), amigos y compañeros de charlas infinitas sobre el fútbol y el deporte.

Imposible olvidar a mi gran amigo Cristóbal, sin el cual mi vida en la Argentina quizás ni existiría, pues fue él quien me hizo conocer y enamorar de este país en el cada vez más lejano 2007. Y, sobre todo, fue gracias a él que conocí en 2016 a Gabriela, mi amor, mi vida, mi todo, la que siempre está. Este libro no hubiera sido posible sin su incondicional e inigualable energía, que soportó mi trabajo y que a cada rato me empuja a ser mejor. Con amor este libro está dedicado a ella.

SOBRE EL AUTOR

Lorenzo Guarnieri nació en Roma en 1983. Licenciado en Relaciones Internacionales en 2010 en la Universidad Roma 3, vive en Buenos Aires desde 2011. Egresado desde el Instituto de Periodismo Deportivo y General Tea y DeporTea en 2013. Es locutor deportivo y publicó varios artículos para medios de Italia, Uruguay y Argentina.